U0154891

紫禁书系

清代皇帝宗庙制度研究

张小李◎著

故宫出版社

宗庙制度是皇家祭祖礼制，"皇帝宗庙"也就是皇帝的祖庙，由太庙和原庙构成。《左传》云："国之大事，在祀与戎。"在中国古代，祭祀天神、地祇、祖先，沟通天人，是皇帝巩固统治的重要手段，与军国大事同等重要。国家为何要祭祀天地与宗庙呢？晋代杨泉《物理论》云："祭宗庙，追养也；祭天地，报德也。"对天子来说，宗庙祭祀，是为了报答祖先的生养及对国家的功德，家国一体、公私兼顾；祭祀天地，是为了报答自然神祇繁育万物之德。此外，祭祀也是皇帝祈福、彰显统治合法性、凝聚宗族的手段。总之，国家祭祀尤其是宗庙祭祀，体现了古代皇帝敬天法祖、慎终追远的精神。

皇帝宗庙制度成熟于周代，此后历朝多有损益，但基本范式没有大的改动。清入关后，保留满洲传统的记述祖先功德的莽式舞，又全盘接受了中原传统王朝的宗庙祭祀系统，继承满洲民族特点和传承汉族传统并行不悖。

清代皇帝宗庙体系，除最重要的居于宫阙之左的北京太庙和位于沈阳故宫内的盛京太庙外，尚包括紫禁城奉先殿、景山寿皇殿、圆明园安佑宫、畅春园恩佑寺、承德避暑山庄永佑寺等原庙。故宫博物院长期致力于清代皇家遗址保护、清代档案整理及研究，为此牵头成立"清代宫廷史研究会"，中国第一历史档案馆、沈阳故宫博物院、承德市文物局、清东陵文物管理处、清西陵文物管理处、文化和旅游部恭王府博物馆、北京市天坛公园管理处、北京市颐和园管理处都是重要的理事单位。因清代皇帝宗庙由不同的实体单位管理，将北京太庙、盛京太庙、紫禁城奉先殿、景山寿皇殿、圆明园安佑宫等作为"大故宫"的一部分，进行清代皇帝宗庙制度的综合研究是非常必要的工作。在此背景下，张小李同志于2013年以"清代皇帝宗庙制度"为题申报故宫博物院课题并立项。

作者阅读了大量历代皇帝宗庙制度文献，梳理相关学术史，实地考察各个宗庙。对以太庙为主体的清代皇帝宗庙的庙数制度、升祔制度、祭祀制度等相关问题追根溯源，并全面考察其在清代的历史面貌，此外，还综合研究了原庙以及与原庙功能类似的养心殿东佛堂祭祖礼，考察了顺治朝多尔衮神主升祔太庙又"罢追封，撤庙享"这个充满迷雾的历史事件。

作者抓住清代皇帝宗庙制度的重点，拓展了学界对清代皇帝宗庙的认知，尤其是将景山寿皇殿、圆明园安佑宫、畅春园恩佑寺、避暑山庄永佑寺等作为研究对象，使清史、清宫史研究相融合，拓展了人们的视野。并能从古建筑的历史功能中走出来，综合故宫博物院、沈阳故宫博物院、圆明园遗址公园等清代主要宗庙宫室、苑囿的研究，使研究系统化、体系化。

中国封建社会是"家国同构"的政治体制，宫廷的宗庙制度也是皇朝典章制度的一个重要组成部分。皇帝是家国的主宰，所以宗庙制度也是国家祭典制度的核心。作者在宗庙制度研究中将文献档案、文物建筑及遗址考察相结合，在宏观的大历史视野下，探求宗庙制度的形成、发展、功用，再现了清代宗庙制度的历史面貌。

故宫学人的研究工作一直"在路上"。作者已经从历时性的角度研究了清代皇帝宗庙制度，而清代国家祭礼繁多，祭祀礼仪复杂，只关注、研究皇帝宗庙祭祀，容易只见树木，不见森林。希望作者今后从共时性的角度，将整个清代国家祭礼作为研究对象，厘清各项祭礼的共性与差别。

张小李作为年青的故宫学人，以数年之功，努力于学问，奉献这本厚重的研究著作。赘述数言，是为序！

朱诚如

2021年11月18日

于北京故宫城隍庙

目 录

绪　论

　　历代皇帝（天子）宗庙包括太庙与原庙（原庙：除正庙——太庙外的皇帝宗庙），皇帝宗庙不仅是皇帝祭祀祖先的礼制性建筑，还是国家政权的象征。清代皇帝正庙有北京太庙、盛京太庙；原庙包括紫禁城奉先殿，景山寿皇殿，圆明园安佑宫（已毁），畅春园恩佑寺（现仅存山门），承德避暑山庄永佑寺（部分损毁）、绥成殿等。如今，这些宗庙建筑中，北京太庙由北京市劳动人民文化宫管理，盛京太庙由沈阳故宫博物院管理，景山寿皇殿由景山公园管理处管理，安佑宫遗址由圆明园管理处管理，恩佑寺山门由北京市海淀区管理，永佑寺、绥成殿由承德避暑山庄博物馆管理，只有一处原庙即奉先殿归故宫博物院管理。在"故宫学"学术理念的大背景下，有必要将盛京太庙、景山寿皇殿、圆明园安佑宫等作为"大故宫"的一部分，统一在"清代皇帝宗庙制度"这个研究论题中进行综合研究。

　　研究清代皇帝宗庙制度，首要的工作是对皇帝宗庙制度研究学术史进行梳理。目前，学术界对商王、周天子宗庙制度研究的成果非常丰硕，这些论著利用考古发现与传世典籍，对殷周时期的宗庙制度及其相关的宗法制度、封建制度等进行了深入研究。王国维《殷周制度论》（《观堂集林》卷十）是周天子宗庙制度研究的奠基性著作，他提出宗庙制度与嫡庶制度密切相关，其核心要义是"尊尊"与"亲亲"："周人以尊尊之义经亲亲之义而立嫡庶之制，又以亲亲之义经尊尊之义而立庙制"，王国维在该文中还论证了"天子七庙"的庙数构成及亲尽毁庙制度。其他代表性论著还有唐兰《西周铜器断代中的

"康宫"问题》(《考古学报》1962年第1期)、陈梦家《殷墟卜辞综述》(中华书局，1988年)、钱玄《三礼通论》(南京师范大学出版社，1996年)、沈文倬《宗周礼乐文明考论》(杭州大学出版社，1999年)、章景明《殷周庙制论稿》(学海出版社，1979年)、刘雨《西周金文中的祭祖礼》(《考古学报》，1989年第4期)、刘源《商周祭祖礼研究》(商务印书馆，2004年)等。

从汉代到元代的皇帝宗庙制度，远承殷周宗庙制度，又各有变通与发展，如东汉明帝、章帝时确立了皇帝宗庙同堂异室制度，元代皇帝宗庙祭祀吸收了部分非华夏民族的祭祖元素。这一时期最为重要的研究论著是华东师范大学2005届博士研究生郭善兵的毕业论文《汉唐皇帝宗庙制度研究》，该文研究了西汉、东汉、三国两晋南北朝、隋唐皇帝宗庙制度，对汉以前皇帝宗庙制度也进行了综述。该文经过修改，更名为《中国古代帝王宗庙礼制研究》于2007年在人民出版社出版。其他的代表性研究著作还有李学勤《西汉晚期宗庙编磬考释》(《文物》1997年第5期)、成舒宇《两汉皇家祭祖考述》(西北大学2010届硕士毕业论文)、雷富饶《北朝宗庙祭祀制度研究》(兰州大学2011届硕士毕业论文)、王柏中等《北魏国家宗庙祭祀制度考述》(《北朝史研究：中国魏晋南北朝史国际学术研讨会论文集》，商务印书馆，2004年)、张华《唐代太庙禘祫祭祀相关问题研究》(陕西师范大学2010届硕士毕业论文)、郝宇变《北宋宗庙祭祀制度研究》(西北大学2007届硕士毕业论文)、张焕君《宋代太庙中的始祖之争——以绍熙五年为中心》(《中国文化研究》2006年夏之卷)、王岗《元代大都太庙考略》(《北京历史文化保护区文献整理与研究》课题，2006年)等。

明清皇帝宗庙制度一脉相承。明太祖朱元璋在南京建立了皇帝宗庙，明成祖朱棣在北京建立了皇帝宗庙，两者并存。嘉靖帝因"大礼议"之故，对皇帝宗庙制度屡有变更，但最终回到了明成祖朱棣时期的规制。中国社会科学院2003届博士研究生赵克生的毕业论文完善后出版的《明朝嘉靖时期国家祭礼改制》(社会科学文献出版社，2006年)是明代皇帝宗庙制度研究的代表性研究著作。该书以嘉靖皇帝"大礼议"为起点，研究了嘉靖时期的宗庙祭礼改制，含世庙祭礼，"同堂异室"与"都宫之制"的轮回，嘉靖时期宗庙祭祀改革，太庙功臣配享变动等。该书还研究了嘉靖时期的郊礼改制，帝王庙、孔庙及其他祭礼改制以及嘉靖朝祭礼改制的影响。

清朝入关后，继承了明代皇帝宗庙，并将本民族的祭祖礼仪与汉民族的皇帝宗庙祭祀进行严格区分，其皇帝宗庙祭祀没有糅进满洲因素。徐广源、韩熙合著的《太庙和皇帝的"家务事"——解密清朝皇家祭祖规仪》（中国国际广播出版社，2012 年），对太庙的建筑及其功能、太庙珍藏及祭器、太庙的祭祀典礼、皇帝名号（庙号、谥号等）、太庙祭祀管理、功王功臣配享等做了普及性介绍；[日] 楠木贤道《清太宗皇太极的太庙仪式和堂子——关于满汉两种仪式的共处情况》（《清史研究》2011 年第 1 期）研究清代满汉祭祖仪式的区隔，对理解清代宗庙祭祀与满洲祭祀礼仪非常具有启发意义。其他的代表性论著还有郑燕梅《故宫奉先殿建筑及其祭祀》（《中国紫禁城学会论文集》第三辑，紫禁城出版社，2004 年）、佟悦《清盛京太庙考述》（《故宫博物院院刊》1987 年第 3 期）等。

与前代皇帝宗庙制度研究相比，清代皇帝宗庙制度研究非常薄弱。第一，清代皇帝宗庙制度的研究论著少。学术界关于殷周王室宗庙制度的研究成果最为丰硕，汉唐皇帝宗庙制度研究成果也较多，清代皇帝宗庙制度研究成果远不能与殷周、汉唐相关研究相比，即使与明代皇帝宗庙制度研究相比，也非常薄弱。第二，清代皇帝宗庙制度研究多以综述类为主，缺乏系统的专题研究。皇帝宗庙制度是一个由多种制度构成的综合性礼制，构成皇帝宗庙制度的次级制度有庙数制度、祔庙制度、迁祧制度、原庙制度等，学界尚未对这些专门制度进行深入研究。第三，学术界的研究对象主要集中于北京太庙和奉先殿，盛京太庙略有涉及，其他原庙尚未切入。第四，即使研究成果较丰硕的北京太庙，其研究也尚未全面开展，现有研究成果以建筑为主，而祭祀器物、礼制沿革等研究非常薄弱。第五，学术界对清代皇帝宗庙制度研究的欠缺，制约了清代宫廷典制整体研究，也限制了"故宫学"背景下的大故宫研究。

基于此，笔者在研究清代皇帝宗庙制度的过程中，利用史物互证的研究方法，全面阅读与天子宗庙祭祀有关的资料。对北京太庙、奉先殿，盛京太庙，以及景山寿皇殿、圆明园安佑宫、避暑山庄永佑寺、绥成殿，进行实地调研考察，了解这些建筑及相关文物的保护状况，考察其在清代皇家宗庙祭祀活动中的使用功能，采集影像信息，收集相关文字资料，走访专家，考察清代皇家祭祀礼器，按专题撰写论文，并在此基础上整合出专著《清代皇帝宗庙制度研究》，力图全面阐述清代皇帝宗庙制度的全貌及其历史变迁，丰富学术界对清代宫廷典制的认知。

本书各章节的基本内容是：

第一章，《清代皇帝宗庙庙数制度与迁祧制度》。周代建立的天子庙数制度（天子七庙、天子九庙）及亲尽迁祧制度一直被后世奉为法则。皇太极改元崇德之际，建立了清朝皇帝宗庙制度，将四祖置于祧庙，但祧庙不是一室安置一代神主，说明皇太极未有明确的庙数观念。顺治帝入主北京后，清廷全面接收明代太庙，太庙前殿、中殿、后殿功能仍沿明制，太庙中殿为九室，可容九庙，意味着清代承继了明代的九庙之制。为了维系庙数的恒定，必须建立亲尽毁庙制度，但清朝太祖以降的皇帝宗庙是否亲尽迁祧，一直存在两个传统。其一，尊奉的传统：清朝前期的皇帝因功勋卓著，宗庙均百世不祧，以致形成历史惯性，后期的皇帝虽惨淡经营，但同样获得了宗庙百世不祧的尊崇。其二，试图建立皇帝迁祧制度的传统：康熙帝赞同宗庙迁祧，乾隆帝定原庙迁祧制度，道光帝去世之前，太庙中殿已满七室，道光帝意识到应建立祧庙制度，他以恢复天子七庙制度为由，要求其驾崩后不祔庙，而这种建议违背礼制，根本不可能被执行。咸丰帝虽未提出宗庙迁祧制度，但提出了限定郊坛配位。光绪朝穆宗将祔庙时，太庙九室已满，而皇帝宗庙世世均不迁祧，太庙不得不仿照奉先殿改制之法，从九室扩展为十七室（据1932年故宫博物院编《太庙考略》，太庙中殿为十五室），清代皇帝的宗庙庙数在制度上从九庙制变成了群庙制。光绪朝对建立宗庙迁祧制度最为急切。但第一个传统的影响力远远大于第二个传统，直到清朝国祚终结，皇帝宗庙亲尽迁祧制度始终未建立。

第二章，《清代太庙帝后神主题主礼》。神主是宗庙受祭者神灵的象征物。神主附着神灵的途径是特殊的规制大小、穿孔、题主（题写逝者庙号、谥号）等，其中题主是最为重要的赋神化手段。宋代神主供奉普及化、世俗化后，逐渐从题主礼衍生出了点神主之"主"字上一点的点主礼，但点主礼被儒者批判。清代太庙供奉的帝后神主，先由内阁官、翰林院官预先题主；帝后梓宫安奉地宫后，当日再行正式的题主礼。清代各种官修史料所载题主礼是用石青点题"'神'字空处"，当代学者提出点主礼（题主礼）是用笔补齐"神"字最后一笔竖，本书对此提出了商榷意见。

第三章，《清代皇帝宗庙神主升祔制度》。清代帝后神主升祔于太庙中殿与奉先殿后殿，其祔庙制度继承了前代帝王神主升祔的一般特点，过程可分为升祔前的祇告、斋戒、题主等礼仪，升祔礼仪，升祔后的颁诏、致祭等礼仪。清代帝后神主祔庙制度也有本朝的变通之处，如诸后祔庙从严趋宽；因陵寝修建尚需时日，文宗帝后、穆宗帝后、德宗先升祔奉先殿，后升祔太庙；道光、同治两朝用增加龛位的办法解决本朝未建立亲尽迁祧制度而导致的祔庙空间不足的难题。

与皇帝宗庙神主升祔密切相关的《多尔衮神主升祔太庙考》作为第三章的附录。顺治朝摄政王多尔衮去世后，被尊为"成宗"，神主升祔太庙，但不久后因"谋篡"罪名，"罢追封，撤庙享"。多尔衮神主升祔太庙，是他任摄政王时熏天权势的逻辑发展，而清算其"谋篡"之罪，又是顺治帝亲政的客观需求。清代各种官修史书对多尔衮祔太庙之事讳莫如深。本书根据清宫流传下来的多尔衮享帝礼、祔庙与撤享的诏书，以及其他相关史料，对多尔衮祔庙经过、礼仪等问题进行考释。

第四章，《清代太庙祭祀礼仪》。崇德朝仿汉制草创清代太庙祭祀礼仪，元旦、清明、中元、除夕、万寿节行时享礼，新进果品五谷荐新于太庙，这与当时的明朝太庙祭祀礼仪存在明显的差别。顺治朝清政权入关后，继承了明代太庙，并以明代太庙祭祀仪礼为准则，逐步扬弃了崇德朝太庙祭祀规制，由四孟时享、岁暮祫祭与告庙礼构成了太庙祭祀体系。总体上，清代太庙祭祀以明制为基础，与原庙祭祀互为补充，皇帝多亲享行礼。

第五章，《清代太庙祭器、祭品陈设》。清代太庙祭器、祭品陈设，前期仿明旧制，祭品遵古，祭器用瓷器，后乾隆朝祭器复古制。本书以雍正朝《大清会典》太庙祭祀陈设图为基础，对清代太庙前殿、后殿时享，太庙前殿祫祭，太庙中殿、后殿告祭，以及东庑配享宗室功臣（功王）、西庑配享功臣时享、祫祭的祭器、祭品陈设进行了探讨。

第六章，《清代太庙祭祀乐歌》。历代皇（王）朝的宗庙祭祀，均需演奏、演唱祭祀乐歌以迎神、娱神。祭祀乐歌的歌辞，皆围绕歌颂祖先开创帝（王）业功德，抒发对历代帝（王）后的敬仰、缅怀之情，并请求列圣列后降福。宗庙祭祀乐歌制度源于周代，《诗经》保留了大量的乐歌文本。后代皇朝在创制本朝宗庙祭祀乐歌时，既遵循了宗庙祭祀乐歌的体式传统，也有各自的特色。清代以边疆民族入关，遵从华夏传统，在确立本朝宗庙祭祀制度（包括宗庙祭祀乐歌）时，遵循明制，建立了太庙及奉先殿祭祀制度，但同时又坚持本民族祭祖莽式舞，满汉并存而不融合。清代宗庙祭祀乐章（包括时享祭祀及岁末大祫祭祀）文本简洁、稳定，其体式与传统祭祀乐歌相同。

第七章，《清代皇帝原庙制度》。中国历代皇帝宗庙以太庙为主体，原庙为辅助。皇帝原庙制度萌芽、兴盛于汉代。原庙供奉的既有帝后神主，也有帝后神御（圣容），以神御供奉为主。清代皇帝原庙制度在顺治、雍正、乾隆三朝逐步形成：顺治帝遵明制立奉先殿原庙，雍正帝崇奉康熙帝而立寿皇殿、畅春园恩佑寺这两座原庙，乾隆帝尊奉雍正帝而立圆明园安佑宫原庙，敬奉康熙帝而立避暑山庄永佑寺原庙。此外，养心殿佛堂、颐和园佛堂、体仁阁等处也具有原庙功能。清代皇帝原庙制度包含系统化的升祔、供奉、祭祀、告庙制度，建制隆重而不泛滥，神御供奉及祭祀礼仪施行差等制度。

第八章，《清代养心殿东佛堂祭祖》。雍正年间，为纪念康熙帝，雍正帝改养心殿东西配殿为佛堂，并在东佛堂供奉康熙帝及雍正帝生母孝恭仁皇后神牌。乾隆帝登基后，将其上升为礼制，养心殿东佛堂正式成为供奉帝后神牌的原庙。养心殿东佛堂升祔帝后神主奉行的是"亲亲"原则：供奉的皇帝为当朝皇帝的祖父辈及父辈，为二亲庙祭祀格局，新的帝后神牌入祀，当朝皇帝高祖辈神牌依次迁祧到寿皇殿，配享的皇后是皇帝生母，而不一定是地位最尊贵的嫡皇后。

清代皇帝宗庙制度研究是一个艰深的课题，本书必定有疏漏之处，权当抛砖引玉，期待学界方家指正。

第一章 清代皇帝宗庙庙数制度与迁祧制度

　　成熟于周代的天子宗庙制度，其核心是庙数制度，即通常所说的"天子七庙""天子九庙"等。庙数制度与亲尽毁庙制度即迁祧制度互为因果，从武王开始的周天子多达三十余位，且后稷有始封之功，文王、武王始受命而王，他们的宗庙世世不毁，为了维持庙数的恒定，周代建立了天子宗庙迁祧制度。作为礼制典范，周代天子宗庙庙数制度与迁祧制度以或严格或变通的方式为后世王（皇）朝广泛遵循。

　　清朝立国时就建立了祧庙，但清前期的皇帝因功勋卓著，宗庙均百世不祧，后期的皇帝统治时，国家风雨飘摇，但同样获得了以尊崇功德为出发点的宗庙百世不祧的待遇，清代皇帝宗庙亲尽迁祧制度一直没有建立。

第一节　皇帝宗庙庙数构成

　　据《周礼·考工记》载："匠人营国，方九里，旁三门。国中九经九纬，经涂九轨，左祖右社，面朝后市，市朝一夫。"[1] 天子宗庙应该集中建立在宫廷的前左方，历代皇朝基本上遵循了左祖右社的原则。

　　关于天子宗庙的庙数制度，《礼记》《春秋穀梁传》等先秦典籍均言天子七庙。《礼记·王制》曰："天子七庙，三昭三穆，与太祖之庙而七。诸侯五庙，二昭二穆，与太祖之庙而五。大夫三庙，一昭一穆，与太祖之庙而三。士一庙，庶人祭于寝。"[2]《礼记·礼器》曰："礼有以多为贵者：天子七庙，诸侯五，大夫三，士一。"[3]《礼记·祭法》曰："天下有王，分地建国，置都立邑，设庙、祧、坛、墠而祭之，乃为亲疏多少之数。是故：王立七庙，一坛一墠。"[4]《春秋穀梁传·僖公十五年》曰："天子七庙。"[5] 这些典籍，均述周代天子庙

1　（汉）郑玄注，（唐）贾公彦疏，（唐）陆德明音义：《周礼注疏》卷四一《冬官考工记》下，影印文渊阁《四库全书》（90），第 769 页，台北："商务印书馆"，1986 年。

2　（汉）郑玄注，（唐）孔颖达疏，（唐）陆德明音义：《礼记》卷一二《王制》，影印文渊阁《四库全书》（115），第 269 页，台北：台湾"商务印书馆"，1986 年。

3　（汉）郑玄注，（唐）孔颖达疏，（唐）陆德明音义：《礼记》卷二三《礼器》，影印文渊阁《四库全书》（115），第 484 页，台北：台湾"商务印书馆"，1986 年。

4　（汉）郑玄注，（唐）孔颖达疏，（唐）陆德明音义：《礼记》卷四六《祭法》，影印文渊阁《四库全书》（116），第 255 页，台北：台湾"商务印书馆"，1986 年。

5　（周）穀梁赤撰，（晋）范宁集解，（唐）杨士勋疏，（唐）陆德明音义：《春秋穀梁传》卷八《僖公十五年》，影印文渊阁《四库全书》（145），第 669 页，台北：台湾"商务印书馆"，1986 年。

数为七庙。

天子七庙是怎么构成的呢？其一是一祖二宗四亲庙说，以汉代韦玄成、郑玄为代表。《汉书·韦贤传附韦玄成传》曰：

> 玄成等四十四人奏议曰："……《祭义》曰：'王者禘其祖自出，以其祖配之，而立四庙。'言始受命而王，祭天以其祖配，而不为立庙，亲尽也；立亲庙四，亲亲也；亲尽而迭毁，亲疏之杀，示有终也。周之所以七庙者，以后稷始封，文王、武王受命而王，是以三庙不毁，与亲庙四而七。"[1]

《礼记·王制》郑玄注亦云：

> 七者，太祖及文、武之祧，与亲庙四。[2]

据韦玄成所述，周代七庙为后稷、文王、武王三不毁之庙与四亲庙构成。为什么后稷、文王、武王三庙不毁呢？因为后稷为周始封之祖，文王、武王受天命建立了周朝，他们都有莫大的功德。四亲庙为在位天子高祖父、曾祖父、祖父、父四代构成，四亲庙会随五代血缘关系的终结而迁毁。

宋代朱熹在解释《礼记·王制》"天子七庙，三昭三穆，与太祖之庙而七"时，谓：

> 其制皆为中门外之左，外为都宫，内各有寝庙，别有门垣，太祖在北，左昭右穆，以次而南。天子太祖百世不迁，一昭一穆为宗，亦百世不迁，二昭二穆为四亲庙，高祖以上亲尽则毁而递迁。[3]

皇帝宗庙周围建有门垣，形成独立的都宫院落，里面的最北面建太祖庙，

---

1 （汉）班固撰，（唐）颜师古注：《汉书》卷七三《韦贤传附韦玄成传》，《汉书》（10），第3128页，北京：中华书局，1962年。

2 （汉）郑玄注，（唐）孔颖达疏，（唐）陆德明音义：《礼记》卷一二《王制》，影印文渊阁《四库全书》（115），第269页，台北：台湾"商务印书馆"，1986年。

3 （宋）朱熹撰，（清）李光地、熊赐履等奉敕编：《御纂朱子全书》卷三九《礼三》，影印文渊阁《四库全书》（721），第182页，台北：台湾"商务印书馆"，1986年。

在太祖庙的南面，左边建六座昭庙，右边建六座穆庙。所谓昭穆，是宗庙或宗庙中神主的排列次序，始祖居中，以下父子（祖、父）递为昭穆，左为昭，右为穆。太祖庙与"为宗"的最北边的"一昭一穆"庙不迁毁。其余的二昭二穆为在位皇帝的高祖父以下的四亲庙，随着亲属血缘关系的断绝，而依次迁毁。在周朝，迁毁宗庙的神主按照昭穆顺序，分别藏在文王的文世室与武王的武世室。这就是"一祖二宗四亲庙"模式。周代在都宫内为每位应有庙的天子建一座独立的宗庙，这种庙制称为"都宫别殿制度"。但都宫别殿制度在东汉被改变。东汉永平十八年（75），汉明帝驾崩，遗诏毋特修造寝庙，藏其神主于光武帝世祖庙更衣别室，汉章帝去世前，也遗令藏其神主于世祖庙，此后东汉历代诸帝皆遵循这种做法，形成了皇帝宗庙"同堂异室"之制，成为后代皇帝宗庙的主流。

以一祖二宗四亲庙模式所构成的天子七庙，其立意乃尊尊与亲亲，"既有不毁之庙以存尊统，复有四亲庙以存亲统，此周礼之至文者也"[1]。

天子七庙的另一种解释是，因有功德而有"祖""宗"庙号的皇帝宗庙不在七庙常数中，七庙由始祖庙以及在位皇帝六世祖以下的六世亲庙组成，持这种观点的是西汉王舜、刘歆等。[2] 西汉哀帝时，成帝应祔庙，七庙已满，若遵循天子七庙原则，因高祖、太宗文帝庙不毁，则武帝世宗庙应亲尽迁毁。王舜、刘歆不赞同迁毁武帝世宗庙，他们对《礼记·王制》及《春秋穀梁传》"天子三昭三穆，与太祖之庙而七；诸侯二昭二穆，与太祖之庙而五"理解为：

> 七者，其正法数，可常数者也。宗不在此数中。宗，变也，苟有功德则宗之，不可预为设数。[3]

他们主张，因有功德而有"祖""宗"庙号的皇帝庙不在七庙常数中，不应纳入迁毁体系中，且不可预先设定"祖""宗"庙数。因武帝有功德而有庙

1　王国维：《观堂集林》卷一〇《殷周制度论》，《观堂集林》（2），第 471 页，北京：中华书局，1959 年。

2　郭善兵：《中国古代帝王宗庙礼制研究》，第 141 页，北京：人民出版社，2007 年。

3　（汉）班固撰，（唐）颜师古注：《汉书》卷七三《韦贤传》，《汉书》（10），第 3127 页，北京：中华书局，1962 年。

号"世宗",其宗庙不应列入随血缘关系疏远而渐次迁毁的宗庙系统中。因此,据王舜、刘歆对天子七庙的解释,周代所确立的天子七庙制度,不包含因有功德而被列入世世不毁的文王庙、武王庙,应由周王朝始祖后稷庙以及在位天子六世祖以下的六亲庙组成。

天子七庙制度下,究竟是四亲庙还是六亲庙?王国维赞同四亲庙之说,他认为:礼有尊统,即尊尊,祖先辈分愈远而愈尊;礼还有亲统,即亲亲,先辈的辈分愈近愈亲切,而宗庙之制,主要源于亲统:

> 由亲之统言之,则亲亲以三为五,以五为九,上杀、下杀、旁杀而亲毕矣。亲,上不过高祖,下不过玄孙,故宗法服术皆以五为节……此礼服家所以有天子四庙之说也。[1]

从亲统而言,血缘关系终究有逐渐疏远乃至断绝之时,其疏远的路径是"上杀、下杀、旁杀",即对上辈、下辈、旁支都逐渐疏远,最终断绝亲属血缘关系。上辈的亲属血缘关系不超过高祖,下辈的亲属血缘关系不超过玄孙。王国维以宗法的五服制度论六亲庙说为非,有相当的说服力。

除天子七庙说外,尚有天子九庙说与群庙说,这些学说的提出,均为总结周代庙制实践而来。天子九庙说的来源是:周初武王至孝王时,经历了由七庙经八庙演变为九庙的过程。从周武王到共王,天子七庙。懿王时,共王祔庙,而文王庙当迁毁,因文王对周有大功德,其庙列为不毁的世室,此时,周天子之庙为八庙。至孝王时,懿王祔庙,武王庙当迁毁,因武王对周有大功德,武王庙列为不毁的世室,周天子庙形成了九庙制度,因此,周天子宗庙由始祖后稷庙,文王、武王二庙以及在位君主的上六世亲庙构成。[2]

至于天子群庙说,其原因主要是兄弟相继为君,后世在迁祧时,总会面临宗统(皇帝在皇族中的辈分)与皇统(皇帝继承顺序)的难题,不得不折

---

1 王国维:《观堂集林》卷一〇《殷周制度论》,《观堂集林》(2),第470页,北京:中华书局,1959年。
2 (元)马端临:《文献通考》卷九一《宗庙一》,影印文渊阁《四库全书》(612),第204页,台北:台湾"商务印书馆",1986年。

中。清代江永在《群经补义》一书中解释诸侯本应立五庙而实际往往超过五庙时，谓"此惟父子相继为君，则其毁庙、迁庙之次不越乎五"[1]。在父子相继的情况下，庙数制度比较容易厘清，如果兄终弟及或以兄继弟，或兄弟多人为君，诸侯五庙满之后，而"高、曾亲未尽者庙不毁"，若天子为兄弟相继为君，则会面临同样的问题，于是，中国历代皇帝宗庙出现了"汉七庙六室，唐九代十一室，宋九世十二室，议礼纷纷，不一而足"[2]的情况。清代张佩纶在总结了"自晋人谓庙以容主为限，无拘常数，故至元帝、明帝皆十室，至穆帝、简文帝皆十一室。唐宋金元沿为故事，或多至十八室"的情况后，总结其原因为："详绎当日增展之由，则皆以兄弟相及者合为一代，下则世次等伦，难分昭穆；上则高曾未尽，难即祧迁，故虽狭小其制，犹得以室逾九间数，仍九代为解。"[3]不得不进行折中权衡，从而对古庙数之制在一定程度上进行改变。

第二节　皇帝宗庙迁祧礼制

庙数制度与迁祧制度互为因果。据传世典籍，中国历代王（皇）朝均奉行天子宗庙亲尽毁庙制度，《礼记集说》引宋代大儒张载的天子宗庙毁庙之说，谓："夏殷以前，大祖亦以世数而迁，复于郊禘及之，至周则大祖常存。"[4]夏商及之前的太祖庙因世数久远而迁毁，周代太祖庙首次成为百世不迁之庙，辈分不如太祖的后世天子宗庙亲尽迁毁则是应有之义。

但考古发掘成果否定了夏商有天子宗庙亲尽毁庙制度。据商人祭祀《卜辞》，帝喾以下的先公、先王、先妣都有专祭，祭祀在他们名字所代表的日期举行，无亲疏远近的区别。《吕氏春秋》所引用《商书》的"五世之庙，

1　（清）江永：《群经补义》卷二《春秋补义》，影印文渊阁《四库全书》（194），第 22 页，台北：台湾"商务印书馆"，1986 年。
2　赵尔巽等：《清史稿》卷八六《礼五（吉礼五）》，《清史稿》（10），第 2576 页，北京：中华书局，1977 年。
3　（清）张佩纶：《谨献升祔大礼议附片》，（清）葛士濬：《皇朝经世文统编》卷五一《礼政二》，清光绪十四年（1888）图书集成局刊。
4　（宋）卫湜：《礼记集说》卷一〇九，影印文渊阁《四库全书》（119），第 357 页，台北：台湾"商务印书馆"，1986 年。

可以观怪"[1]，即商王宗庙为五庙制度，与出土的甲骨卜辞所记事实完全不吻合。王国维在其名著《殷周制度论》据此提出"商人无毁庙之制"，礼家所谓庙制"必已萌芽于周初"。现代考古学成果证明了王国维包括毁庙制度在内的天子宗庙制度出现于周代的论断。据王晖先生《商周文化比较研究》，1976年在陕西扶风县庄白村出土了西周子爵微氏家族青铜器群，将文字最多的史墙的墙盘铭文以及史墙的儿子㽙的㽙钟铭文相比较，可以发现：史墙称"亚祖祖辛"的，其子㽙则称"高祖辛公"；史墙称"文考乙公"的，其子㽙则称"文祖乙公"，或"亚祖（乙公）"；同时㽙又增列了其父史墙的庙号"皇考丁公"。而墙盘铭文中的高祖"乙公"，在㽙钟铭文中被删去了。王晖先生据此推断，在史墙之子㽙的时代，已毁掉了其父称高祖乙公的宗庙，新增设了其父丁公的宗庙，其余先辈依次上推（辈分增一辈）。[2] 子爵微氏家族有毁庙制度，则传世典籍所记载的周天子宗庙亲尽迁毁则是确定无疑的。

周代为何实行宗庙迁祧制度？王国维认为，周代制度有尊尊之统和亲亲之统。尊尊之统关涉继承权的嫡庶制度及其派生的宗法制度和服术（丧服）制度。亲亲之统关涉血缘关系之远近。周天子宗庙实行亲尽毁庙制度则是由于周人的亲亲之统派生的祭法所导致的辈分超过四代，则亲属关系断绝，宗庙迁祧、毁弃。

根据王国维的理解，周代天子七庙由不迁毁的后稷、文王、武王及在世周王的四亲庙（高祖父、曾祖父、祖父、父）构成。后稷、文王、武王宗庙不迁祧是因为他们对周代有特殊的功德：后稷为始受封之君，文王、武王是始受命之王。四亲庙是动态变化的：上一代周王崩逝，新一代周王继位，刚刚驾崩的周王成了亲庙中的父庙，上一代的四亲庙的辈分依次递增一辈，则上代亲庙中的四世祖高祖父成了当代周王的五世祖，亲属血缘关系断绝，其宗庙迁毁，上文中王国维所论述的血缘关系终结路径"亲，上不过高祖，下不过玄孙"即是四亲庙说。

1 （汉）高诱注：《吕氏春秋》卷一三，影印文渊阁《四库全书》（848），第370页，台北：台湾"商务印书馆"，1986年。
2 王晖：《商周文化比较研究》，第312页，北京：人民出版社，2000年。

而在六世亲庙学说之下，亲属关系要到六代才断绝。"四世而缌服穷，五世而祖免，六世而亲属竭矣。去兹以往，犹系之以姓而弗别，缀之以食而弗殊。"[1]

无论是四世亲庙还是六世亲庙，后稷、文王、武王之外的周天子都要亲尽毁庙，以为后世驾崩的天子提供祔庙空间。秦汉以降的历代王（皇）朝，大多遵循周代所确立的天子宗庙亲尽毁庙制度。

历代天子宗庙，其迁祧大致遵循两个原则。第一，"祖有功而宗有德"，有"祖""宗"庙号的宗庙世世不迁祧。"祖""宗"庙号本为崇奉对本朝有重大功德的帝王（如受命有天下的开国之君、中兴之君），不是任何一位天子祔庙时，都有"祖""宗"庙号。但后来"嗣帝殷勤，各欲褒崇至亲而已，臣下懦弱，莫能执夏侯之直，故遂衍溢，无有方限"[2]，几乎每一位天子驾崩祔庙后都有"祖""宗"庙号，因此，即使拥有"祖""宗"庙号而对本朝没有开创之业、中兴之功的天子宗庙也会被迁毁。第二，没有大功德的天子宗庙若超过四世或者六世血缘关系，亲尽则祧。

天子以下的贵族、士人家庙（祠堂）亦亲尽则祧，《朱子家礼》载，祠堂建于正寝之东，"或三间或一间，内设四龛以奉祀先世神主。祭曾、高、祖、祢；若易世，原高祖亲尽而迁其主，埋于墓田"[3]。

第三节　清代中前期强势皇帝崇父庙而背离皇帝宗庙迁祧制度

依清代的国运划分，清帝无疑可分为两种类型，一类是强势君主，含太祖努尔哈齐、太宗皇太极、圣祖玄烨、世宗胤禛、高宗弘历；一类是弱势君主，含宣宗旻宁、文宗奕詝、穆宗载淳、德宗载湉以及宣统帝溥仪。仁宗颙琰处于二者之间，但考虑到仁宗朝统治尚能保持体面，康雍乾三帝开创的统治规制尚能维持，因此，可以将仁宗归入强势皇帝之列。

清代的天子宗庙迁祧制度有两个传统，其一是尊奉的传统，历代皇帝宗

1　（北齐）魏收：《魏书》卷一九《景穆十二王》，《魏书》（1），第446页，北京：中华书局，1974年。

2　（东汉）蔡邕：《蔡中郎集》卷二《宗庙迭毁议》，影印文渊阁《四库全书》（1063），第172页，台北：台湾"商务印书馆"，1986年。

3　杨志刚：《中国仪礼制度研究》，第348页，上海：华东师范大学出版社，2001年。

庙均百世不迁，其二是试图建立皇帝迁祧制度的传统。清代截至嘉庆帝的强势皇帝以尊奉的传统为主导，从道光帝开始的弱势皇帝以建立迁祧制度为主导。但第一个传统的影响力远远大于第二个传统，以致直到清末，清朝始终未建立天子宗庙迁祧制度。

（一）清初四祖入祧庙与太祖、太宗祔庙

清天聪十年（明崇祯九年，1636）四月乙酉（十一日），皇太极称帝，建立清朝，改元崇德，同时在盛京抚近门东立太庙，清代皇帝宗庙制度建立。据清乾隆朝编纂的《皇朝通典》记载：

> 追尊始祖为泽王，高祖为庆王，曾祖为昌王，祖为福王。恭上太祖尊谥曰"承天广运圣德神功肇纪立极仁孝武皇帝"，庙号"太祖"，皇太后尊谥曰"孝慈昭宪纯德贞顺成天育圣武皇后"。前殿安奉太祖、太后神位，后殿安奉四祖神位，太宗文皇帝亲行大享之礼。[1]

皇太极并未像历代开国皇帝追封前代祖先那样，尊奉其始祖（第七代祖）孟特穆、高祖福满、曾祖觉昌安、祖塔克世为具有皇帝身份的"祖"，而只是追封四祖为王，无庙号，自然地将四祖庙排除在皇室亲庙之列。因努尔哈齐为"大金"国的开创者，皇太极尊其谥号为武皇帝，庙号太祖，太祖庙成为清代皇帝宗庙的始祖庙，这与秦二世元年"尊始皇庙为帝者祖庙"[2]完全一致。盛京太庙分为前殿与后殿，太庙前殿五室，奉太祖武皇帝、孝慈武皇后；后殿三室，供奉追封四祖，后殿在功能上成为祧庙，可以说，皇太极是将四祖之庙直接追封进了祧庙。清朝定都北京后，于清顺治元年（1644）将前殿供奉的太祖、孝慈皇后神牌迁入北京太庙，盛京太庙被尊为四祖庙（图1-1），盛京太庙在整体上成为祧庙。

清顺治元年九月，顺治帝入关，清朝定鼎北京，"立太庙于端门左，南

1　清乾隆朝官修：《清朝通典》卷四五《吉（礼五）·太庙》，第2273页，杭州：浙江古籍出版社，2000年。
2　（汉）司马迁：《史记》卷六《秦始皇本纪》，《史记》（1），第266页，北京：中华书局，1959年。

向"[1]。所谓立太庙,其实就是承继明代太庙建筑和规制。明代太庙制度,经历了长期的发展变动过程。洪武元年(1368),朱元璋追尊其高祖、曾祖、祖、父四代庙号分别为德祖、懿祖、熙祖、仁祖,以都宫别殿之制建立宗庙,即为每一位追封的先辈在宫苑之内以昭穆顺序建立独立的宗庙建筑。洪武八年(1375),朱元璋将宗庙的都宫别殿制度改为同堂异室之制,寝殿九间,每一间奉藏一位神主。明成祖迁都北京后,仿南京太庙制度,建立了北京太庙。明孝宗即位后,明宪宗应升祔太庙,因"九庙已备",孝宗在太庙的寝殿之后建立祧庙,因德祖为宗庙始祖,不应迁毁,于是将懿祖神主衣冠迁移到了后殿祧庙,宪宗祔庙。明朝天子宗庙迁祧制度正式建立。嘉靖十三年(1534)恢复了都宫别殿制度。嘉靖二十年(1541)太庙失火,除兴献帝世庙外,诸帝宗庙被烧。嘉靖二十二年(1543)太庙复建,恢复了同堂异室制度,其主体格局为正殿、寝殿、祧庙,"新庙仍在阙左,正殿九间,前两庑,南戟门。门左神库,右神厨。又南为庙门,门外东南宰牲亭,南神宫监,西庙街门。正殿后为寝殿,奉安列圣神主,又后为祧庙,藏祧主,皆南向"[2]。但清朝入关时并未完全遵循明代太庙前殿(举行祭祀的享殿)、中殿(奉安未迁祧神主的寝殿)、后殿(奉安迁祧神主的祧庙)的功能划分,直到清顺治五年(1648)十一月乙丑(初五日),顺治帝追尊四祖为帝,八世祖泽王孟特穆为肇祖原皇帝、五世祖庆王福满为兴祖直皇帝、高祖昌王觉昌安为景祖翼皇帝、曾祖福王塔克世为显祖宣皇帝,顺治帝"亲诣后殿,奉安神位,致祭如时享仪"[3],太庙后殿的祧庙定位正式完成,至此,清代皇室不仅接受了明代太庙建筑,也接受了明代太庙的功能划分。太庙中殿为奉安列圣的寝殿,"中殿九楹,同堂异室,奉列圣、列后神龛"[4],因此,清入关后的皇帝宗庙为同堂异室下的九庙制度(图1-2)。

顺治元年十月,大行皇帝皇太极祔庙,"恭上大行宽温仁圣皇帝尊谥曰

---

1 清乾隆朝官修:《清朝通典》卷四五《吉(礼五)·太庙》,第2273页,杭州:浙江古籍出版社,2000年。

2 (清)张廷玉等:《明史》卷五一《礼五(吉礼五)·庙制》,《明史》(5),第1313-1329页,北京:中华书局,1974年。

3 清乾隆朝官修:《清朝通典》卷四五《吉(礼五)·太庙》,第2273-2274页,杭州:浙江古籍出版社,2000年。

4 赵尔巽等:《清史稿》卷八六《礼五(吉礼五)》,《清史稿》(10),第2574页,北京:中华书局,1977年。

图 1-1　盛京太庙正殿

图 1-2　北京太庙前殿

'应天兴国弘德彰武宽温仁圣睿孝文皇帝',庙号'太宗'"[1]。

（二）世祖祔庙与"百世弗祧"

顺治帝福临为清朝入关后的第一代君主。清崇德八年（明崇祯十六年，1643）八月丁亥（二十六日），6岁的福临即帝位，改元"顺治"，清顺治元年（1644）九月进京。清朝入主中原既有清太祖努尔哈齐、清太宗皇太极多年苦心经营所打下的根基，也有顺治朝前期摄政睿亲王多尔衮辅佐之功，但在法理上无疑要归功于顺治帝。顺治十八年（1661）正月丁巳（初七日），在位不足18年，年仅24岁的顺治帝在养心殿驾崩，和硕安亲王岳乐等议上顺治帝庙号和谥号时，定其庙号为"世祖"：

> 自古有天下者，祖有功而宗有德，故凡勋高大定、功垂奕叶者，类皆称祖以尊之，其庙祀百世弗祧。此"世"所由称也。[2]

目前并未见到努尔哈齐太祖庙、皇太极太宗庙祔庙之时就明文确定其宗庙百世不迁的文献，从历代惯例来看，努尔哈齐太祖庙决不能迁毁，而太宗庙就有迁毁的可能，光绪朝初期，同治帝无祔庙空间，就有大臣提议将太宗庙迁祧。顺治帝是清代第一位祔庙时就明确宗庙百世不迁的皇帝，推究其原因，顺治帝为首位入主中原之君，从名义上的功德来说，其宗庙应百世不迁，但顺治帝冲龄为帝，并无实际功劳，定其庙号为"祖"，且强调其庙祀百世弗祧，或许是因为其宗庙百世不迁略为牵强，故明文强调之，但后代清帝崇父庙之风也由此开创。

（三）康熙帝赞同天子宗庙迁祧与圣祖庙百世不迁

和硕安亲王岳乐等人议上顺治帝庙号、谥号之时，刚登基的康熙帝刚刚8岁，与其父顺治帝登基时一样处于冲龄，尚未亲政，定顺治帝庙祀"百世弗祧"不过是太后及大臣们的意志。随着阅历的增长，康熙帝赞同天子宗庙迁祧制度，其依据是，康熙帝高度评价颜真卿《论元皇帝祧迁状》："论祧迁

---

1 清乾隆朝官修：《清朝通典》卷四五《吉（礼五）·太庙》，第2273页，杭州：浙江古籍出版社，2000年。
2 《圣祖仁皇帝实录》卷一，《圣祖仁皇帝实录》影印本（1），第46页，北京：中华书局，1985年。

义正而词确。"[1]

唐大历十四年（779）十月，代宗李豫神主将祔，礼仪使颜真卿以元皇帝代数已远，依礼应祧，请求将其神主迁到西夹室。针对"议者以祖宗之名，难于迭毁"的观点，颜真卿批评庙号泛滥，主张毁庙：

> 昔汉朝近古，不敢以私灭公，故前汉十二帝，为祖宗者四而已。至后汉渐违经意，子孙以推美为先。自光武以下，皆有庙号，则祖宗之名，莫不建也……左中郎蔡邕以和帝以下，功德无殊，而有过差，不应为宗。余非宗者，追尊三代，皆奏毁之。是知祖有功，宗有德，存至公之义，非其人不居，盖三代立礼之本也。自东汉以来，则此道衰矣……未有子孙践祚而不祖宗先王者。以此明之，则不得独据两字而为不合祧迁之证。假令传祚百代，岂可上崇百代以为孝乎？请依三昭三穆之义，永为通典。[2]

祖宗庙号的崇奉原则是"祖有功，宗有德"，在东汉之前，基本上遵循了这个原则，而东汉之后，"子孙以推美为先"，祖宗庙号泛滥。在"未有子孙践祚而不祖宗先王者"的情况下，颜真卿主张，不应用祖宗庙号来作为"不合祧迁之证"，应将太祖之外的皇帝宗庙限定在三昭三穆之内，亲尽则祧。朝廷听从了颜真卿的建议，祧元皇帝于西夹室，祔代宗神主于太庙。

康熙帝赞同颜真卿的观点，无疑是认可这样的一个事实，无论有无功德，几乎每位天子驾崩祔庙后，都会获得或"祖"或"宗"的庙号，因此，就不能再遵循王舜、刘歆等人提出的因有功德而有"祖""宗"庙号的皇帝宗庙不在七庙常数中，其庙不迁毁的主张。据此，康熙帝对自己及子孙的宗庙亲尽迁祧是有心理准备的。

清康熙六十一年（1722）十一月甲午（十三日），康熙帝驾崩，继位的雍正帝对康熙帝的尊崇无以复加，尊其庙号为"圣祖"。雍正元年（1723）

---

1 （清）玄烨：《杂著古文评论》，《圣祖仁皇帝御制文三集》卷三五，故宫博物院编：《清世祖圣祖御制诗文》（5），第317页，《故宫珍本丛刊》(546)，海口：海南出版社，2000年。

2 （后晋）刘昫等：《旧唐书》卷二五《礼仪五》，《旧唐书》(3)，第954-955页，北京：中华书局，1975年。

九月辛巳（初五日），雍正帝传谕礼部，沿用古制，因康熙帝有"圣祖"庙号，尊奉其宗庙百世不迁："自古祖功宗德，制在不祧，享帝享亲，祀应并举。"[1]

客观说来，康熙帝雄才大略，继承先辈之事业，开创了清朝"康乾盛世"局面。据"祖有功，宗有德"的传统礼制，其庙号为"祖"，继而其宗庙百世不迁并不为过。但从另一方面，康熙帝作为清朝的第四位君主，在其曾祖父努尔哈齐、父福临庙号已经分别为"太祖""世祖"的情况下，雍正帝恭上康熙帝庙号为"圣祖"。崇庙号之外，雍正帝还以极为隆重的丧礼，土葬康熙帝，使其成为清代第一位土葬的皇帝；雍正帝又以不忍动用先皇遗物为由，将处理政务之所，从乾清宫移至养心殿；在养心殿、景山寿皇殿等处供奉康熙帝神主、遗像。不能不说，雍正帝对康熙帝尊崇过度。究其原因，大约是当时康熙帝传位雍正帝的遗诏存在争议，雍正帝可能想通过格外尊崇康熙帝的方式，宣示其继位的合法性。

（四）乾隆帝崇雍正庙以及对原庙迁祧的安排

清雍正十三年（1735）八月己丑（十五日），58 岁的雍正帝驾崩，乾隆帝继位。九月乙巳（初五日），总理事务王大臣率廷臣等恭拟上雍正帝庙号"世宗"，乾隆帝非常满意：

《礼》称"祖有功、宗有德"。庙号之称"祖"称"宗"，均属尊崇之极。而象功昭德，惟期允当，方协至公。昔我皇祖圣祖仁皇帝久道化成，身兼创守，平定逆藩，扫清朔漠，神功骏烈，自古莫与比隆，庙号定应称"祖"。皇考大行皇帝善继善述，敬天勤民。十三年来，宵旰忧劳，咸熙庶绩。贻万年之景福，固百代之丕基。庙号"世宗"，正合古"宗有德"之义。上配列祖，百世不祧，此乃天下万世之定论，非在廷诸臣尊崇君父，敷扬称颂之私情，尤非朕一人哀感隆恩，表彰盛德之私愿所能强置一辞也……今据所奏，敬拟上尊谥庙号，详慎公当足以昭示万年。朕心深为慰惬。[2]

---

1 《世宗宪皇帝实录》卷一一，《世宗宪皇帝实录》(1)，第 201 页，北京：中华书局，1985 年。
2 《高宗纯皇帝实录》卷二，《高宗纯皇帝实录》(1)，第 168 页，北京：中华书局，1986 年。

　　乾隆帝这道谕旨，实现了两层目的：第一，康熙帝庙号"圣祖"、雍正帝庙号"世宗"，均本于"祖有功，宗有德"，允当、至公。乾隆帝无疑替雍正帝上康熙帝庙号"圣祖"背书，某种程度上是在反击当时可能出现的雍正帝推尊康熙帝是在掩盖其继位合法性不足的争议。第二，因有"祖""宗"庙号的天子宗庙，世世不迁毁，所以，乾隆帝以"天下万世之定论"的口吻提出雍正帝世宗庙"上配列祖，百世不祧"。乾隆二年（1737）三月甲午（初六日），世宗及孝敬皇后升祔太庙，乾隆帝颁诏天下，再次明确："建百世不祧之庙，宗祀光辉；慰万方永慕之心，神人允洽。"[1]

　　西汉末年之后，天子的"祖""宗"庙号早已泛滥，有"祖""宗"庙号的宗庙早就纳入了亲尽则毁的序列。雍正帝在位13年，勤于政务，西南少数民族改土归流，耗羡归公，建立养廉银制度等，设立军机处，创立秘密建储制，但其功劳是否大到宗庙百世不祧，尚有疑问。此外，雍正帝的世宗庙是否迁祧，本应在与后世继位天子的血缘关系超过四代或者六代后，由那时的君臣来决定。乾隆帝此时决定世宗庙"百世不祧"，到了后世就成为祖训和家法，后世君臣只能照办。乾隆帝这一决定，有浓厚的报恩雍正帝指定自己为继承人的私心，乾隆帝显然考虑到了这一点，于是用"非在廷诸臣尊崇君父，敷扬称颂之私情，尤非朕一人哀感隆恩，表彰盛德之私愿所能强置一辞也"来辩解。

　　乾隆帝的这一道谕旨，有两个后果，其一是在雍正帝的基础上，进一步背离了传统天子宗庙迁祧制度，使得后世君臣无一例外地尊上一代皇帝宗庙百世不祧。其二是其修辞"非在廷诸臣尊崇君父，敷扬称颂之私情，尤非朕一人哀感隆恩，表彰盛德之私愿所能强置一辞也"也成了后世的官样文章。

　　乾隆帝晚年有可能认为，他本人及太祖、太宗、圣祖、世宗的宗庙不迁祧，后世皇帝的宗庙应该迁祧，这在嘉庆元年（1796）十二月甲戌（初三日）乾隆帝对作为皇帝宗庙原庙的养心殿佛堂、景山寿皇殿、圆明园安佑宫、避暑山庄永佑寺的安排就可以看出来。[2]

---

1 《高宗纯皇帝实录》卷三八，《高宗纯皇帝实录》（1），第 690 页，北京：中华书局，1986 年。

2 《高宗纯皇帝实录》卷一四九五，《高宗纯皇帝实录》（19），第 1021-1023 页，北京：中华书局，1986 年。

雍正年间，因太庙祭祀有次数限制，雍正帝为了能朝夕敬礼，以抒发对康熙帝的"思慕之诚"，在养心殿东佛堂佛龛的右边，供奉了圣祖及孝恭仁皇后神位。乾隆帝登极后，遵照雍正帝成法，在康熙帝后神位右边添供雍正帝神牌，后又供奉孝圣宪皇后神牌。乾隆帝在谕旨中要求，养心殿佛堂供奉神位制度，"此系皇考不匮孝思之所创设，我子孙自当永远遵守"。考虑到养心殿神龛位置有限，乾隆帝安排养心殿之西佛堂供奉的佛像，将来随自己移居至宁寿宫之养性殿。养心殿西配殿腾出的空间，照东佛堂制造神龛，乾隆帝要求：

> 将来万万年后，中间佛龛之左右，朕及子孙，皆可依次安设神牌。俟传至朕元孙万年后，再将东佛堂圣祖牌位移于寿皇殿，从此世代递祧，依次移供。可以奉为世守。

根据乾隆帝的安排，他自己的神位及其子、其孙的神牌，分居西佛堂佛龛，加上东佛堂的圣祖帝后及世宗帝后，养心殿佛堂共供奉五代帝后。到了乾隆帝的玄孙辈去世后，则将东佛堂圣祖牌位移到寿皇殿，以维持养心殿供奉五代帝后神牌的格局。从这里可以看出，乾隆帝规定了养心殿神牌的迁祧制度，以维持五亲庙的规制。

雍正帝不仅在养心殿供奉圣祖的神位，还在景山寿皇殿中龛供奉圣祖仁皇帝神像，乾隆初年供奉世宗神像于左龛，乾隆帝规定自己将来万万年后供在右龛。对寿皇殿（图1-3）及供奉康熙帝、雍正帝神像的圆明园安佑宫、热河永佑寺，乾隆皇帝明确规定了迁祧制度：

> 朕仰荷天恩，缵承圣祖皇考贻绪。自登极以来。于今六十余年，开疆辟土，敬天勤民。自维功德，勉绍前徽。万万年后，圣祖、皇考及朕均当在不迁之列。将来寿皇殿九龛供满时，当由朕以下为始，以次递祧。所有圆明园安佑宫、热河永佑寺，均当照此一例供奉，以昭法守而示来兹。

乾隆帝明确规定，对供奉康熙帝、雍正帝神像的寿皇殿、圆明园安佑宫、热河永佑寺，康熙帝、雍正帝及其本人不迁祧，后世皇帝应进入迁祧序列。乾隆帝在这道谕旨中未提及位置最尊崇的太庙、奉先殿的迁祧制度，其原因

图 1-3　寿皇殿

可能是已祔庙的太祖、太宗、世祖、圣祖、世宗庙已经明确百世不迁，而自己的宗庙是否迁祧，应由后代君臣确定，但乾隆帝既然明确他在原庙不迁祧，而后世皇帝应迁祧，可见，乾隆帝已暗示了奉先殿、太庙的迁祧制度：乾隆帝本人及之前的皇帝宗庙不迁祧，后世皇帝应进入迁祧序列。

清嘉庆四年（1799）正月壬戌（初三日），乾隆帝崩于养心殿，享年 89 岁。同日，嘉庆帝下谕旨，历数乾隆帝之功德，最后，谈及乾隆帝的庙号：

夫以我皇考丕承祖烈，光大前猷，拓土开疆，声教暨讫。继统绪则为守成，论功业则兼开创，自宜崇称"祖"号，以副鸿名。惟是圣德谦冲，曾同军机大臣等共承面谕，万年之后，当以称"宗"为是……谨按《谥法》"肇纪立极曰高"，我皇考圣神文武，式廓鸿基，敬上庙号曰"高宗"，为百世不祧之庙。[1]

---

1 《仁宗睿皇帝实录》卷三七，《仁宗睿皇帝实录》影印本（1），第 410 页，北京：中华书局，1986 年。

嘉庆帝谓乾隆帝的庙号本应称"祖",但乾隆帝生前曾面谕军机大臣,自己驾崩后庙号称"宗"。嘉庆帝敬上乾隆帝庙号"高宗",并尊奉其宗庙为"百世不祧之庙"。

嘉庆帝尊高宗庙百世不迁,从政绩上说,乾隆帝御宇时间为中国历代皇帝之最,虽好大喜功,但其功绩也堪称卓著;从本朝传统上说,嘉庆帝延续了雍正帝尊崇康熙帝、乾隆帝尊崇雍正帝的历史惯性与惯例;同时,遵行了乾隆帝生前定下的其宗庙不迁祧的安排。

如上文所述,清代乾隆帝最为强势,对后世的影响力最大,其父辈和本人对清朝的统治基业做出了重大的阶段性贡献,他们尊崇父庙百世不迁,除主观上的亲情外,客观上也是有功绩、政绩支撑的。

第四节　清代后期弱势皇帝试图建立皇帝宗庙迁祧制度的努力

自嘉庆帝开始的清帝都较为平庸,致使清朝国运江河日下,国内矛盾越来越尖锐,民间抗争此起彼伏。雪上加霜的是,外国列强相继入侵,清王朝穷于应付。道光帝、咸丰帝及光绪朝初期朝廷均试图建立宗庙迁祧制度,但前期皇帝尊奉父庙的传统仍有强大的惯性,虽无实际政绩支持,但后继君臣均虚应故事,尊崇前代皇帝宗庙为百世不迁之庙。

(一)道光帝崇仁宗庙与建立清代皇帝宗庙迁祧制度的努力

嘉庆二十五年(1820)七月己卯(二十五日)嘉庆帝颙琰崩于避暑山庄,道光帝继位,八月戊申(二十五日),大学士九卿等恭上嘉庆帝庙号"仁宗"。奏入,道光帝宣谕:

> 大学士九卿会同议上皇考大行皇帝尊谥曰"睿皇帝",庙号曰"仁宗",上配列祖,同为百世不祧之庙……今廷臣所拟,详慎公允,于皇考圣德神功实相符合,深协朕怀。此天下万世之公论,非朕一人哀慕显扬之私愿,亦非臣下尊亲颂美之私情也。[1]

---

1 《宣宗成皇帝实录》卷三,《宣宗成皇帝实录》影印本(1),第108—109页,北京:中华书局,1986年。

道光帝的这一道上谕，基本上是乾隆帝谕雍正帝宗庙百世不迁的语气的翻版，从此，后世清帝君臣在尊奉上代皇帝宗庙百世不迁之时，均用了类似于"公论"，非"私愿""私情"一类的口吻。嘉庆帝作为守成之君，其功劳与其先辈相比，逊色远矣。历史上与其类似的帝王宗庙，基本上都应亲尽迁祧。在雍正帝定康熙帝宗庙百世不迁、乾隆帝定雍正帝宗庙百世不迁、嘉庆帝定乾隆帝宗庙百世不迁的历史惯性之下，道光帝不得不"顺从"大臣所拟，尊奉嘉庆帝仁宗庙百世不迁，否则，就是否认嘉庆帝的功绩，要背负不孝的骂名。

仁宗祔庙后，太庙中殿已占据了七庙，符合了"天子七庙"的古制。道光三十年（1850）正月甲午（初一日），病危的道光帝宣谕了缄藏御书朱谕四条[1]，交代自己去世后在天坛、地坛等郊坛祭祀配享、入祔太庙、陵寝圣德神功碑、大内四执事库供奉衣冠等四项事情的安排。关于入祔太庙之事，他简略追溯从周代流传下来的天子庙制，第一次提出清代皇帝宗庙的祧庙问题："天子七庙，《周礼·小宗伯》辨庙祧之昭穆……祧庙之说，有由然也。"他进一步提出：

> 自我太祖高皇帝，至我皇考仁宗睿皇帝，巍然七室，岂非上天有以命之乎。朕返复思之，我大清亿万年无疆之运，若不考古酌今，定以法制，必至议论纷然，为后人笑矣。孔子云："非天子，不议礼，不制度，不考文。"以朕之不德，仰承基绪，兢兢业业，深恐不能克绍鸿图，更曷敢上拟祖考。然有其位有其时，若不身任此事，用昭来许，岂不大负我皇考付畀之恩也。朕万年后，断不可行祔庙之礼。应如何祀享之处，乃当时君臣之事，按礼议行可也。其奉先殿、寿皇殿、安佑宫，乃古原庙之制，庶可遵循旧制。呜呼！七世之庙，可以观德，孰如我大清圣圣相承之盛也。遵谕毋违。

道光帝认同皇帝宗庙应该迁祧。清代太庙正殿虽为九室，若遵从七庙之制，则从太祖到仁宗已有七庙。道光帝对清代未建立天子宗庙迁祧制度充满了焦虑，担心被后世所耻笑，而建立皇帝宗庙迁祧制度，臣下没有胆量提出

---

1 《宣宗成皇帝实录》卷四七六，《宣宗成皇帝实录》影印本（7），第 994-996 页，北京：中华书局，1986 年。

来，只能由皇帝即道光帝本人提出，但太庙中供奉的七世皇帝已有明文不能迁祧，所以，道光帝只好要求自己去世后不祔庙。但将自己如何祀享的安排推给了嗣皇帝君臣，不过奉先殿、寿皇殿、安佑宫这些仿古原庙之制的宗庙，还可遵循旧制祭祀，这是因为乾隆帝已经建立了迁祧制度。

探究道光帝关于宗庙迁祧的这道谕旨的心理动机，我们可以大胆设想，道光帝也应深知仁宗宗庙不迁是虚文，自己被雍正帝、乾隆帝在先帝祔庙问题上的历史惯性所"挟持"，且道光年间在鸦片战争中受到了清入关后的最大的打击，若后世君臣再将自己的宗庙定为百世不迁，将是一个莫大的讽刺。

咸丰帝将道光帝的朱谕下发朝臣商议，职掌礼仪的礼部侍郎曾国藩上了《遵议大礼疏》，对道光帝因恢复周代天子七庙之制，而要求自己不祔庙的遗命提出强烈的反对意见：

> 窃以为遗命无庸庙祔一条，考古准今，万难遵从……所谓无庸庙祔一条万难遵从者，何也？古者祧庙之说，乃为七庙亲尽言之，间有亲尽而仍不祧者，则必有德之主，世世宗祀，不在七庙之数，若殷之三宗周之文武是也。大行皇帝于皇上为祢庙，本非七庙亲尽可比。而论功德之弥纶，又当与列祖、列宗同为百世不祧之室，岂其弓剑未忘，而烝尝遽别？且诸侯大夫尚有庙祭，况以天子之尊，敢废升祔之典？此其万难遵从者也。[1]

曾国藩不同意道光帝的意见，主要是从三点入手：其一，"大行皇帝于皇上为祢庙，本非七庙亲尽可比"，无论是古人所提出的四世亲庙说还是六世亲庙说，道光帝于咸丰帝是祢庙，即父庙，远未到亲尽庙毁的世次。其二，道光帝"功德之弥纶，又当与列祖、列宗同为百世不祧之室"，有功德之帝王，其庙世世不毁，如周之文王、武王。曾国藩所提出的道光帝与清代列祖列宗一样，功德弥纶，只是尊崇君父之虚言。其三，比天子卑微的"诸侯大夫尚有庙祭"，而道光帝贵为天子而不祔庙，于情于礼都说不通。

---

1 （清）曾国藩：《遵议大礼疏》，（清）盛康辑：《皇朝经世文续编》卷六二《礼政二·大典上》，清光绪二十三年（1897），武进盛氏思补楼刻本。

曾国藩的建议被刚继位的咸丰帝采纳。道光三十年（1850）二月己巳（初六日），咸丰帝谕内阁："侍郎曾国藩所奏，颇有是处"，咸丰帝给出的理由是：

> 《礼经》三昭三穆，与太祖之庙而七。宋儒朱子谓百世不祧之庙，如周之文武世室，商之成汤三宗，不在数中。则天子七庙，特礼之常制，非合不祧之室而言。我皇考功德隆盛，允宜祔庙称宗。[1]

咸丰帝搬出了朱熹对天子七庙的解释，即有功德而世世不迁祧的宗庙不在天子七庙之数中，而道光帝祔庙之前，清皇帝宗庙虽然已满七庙，但均为不祧之庙，所以，都不计入七庙之中，即使道光帝祔庙，宗庙数虽达到八室，也远未突破七庙之制，当然，咸丰帝全然不顾太庙中殿只有九室这个客观条件。

（二）咸丰帝确立郊坛配位制度与文宗庙百世不迁

咸丰帝君臣尊道光帝宗庙百世不迁，既违背了道光帝本人的意愿，也与道光帝的历史功绩、历代天子宗庙迁祧制度相左。但咸丰帝与其父道光帝一样，也可能认识到不能无限制地尊皇帝宗庙百世不迁，这从咸丰帝对郊礼配位的安排就可以看出来。"自成周郊祀后稷以来，历汉唐宋明，或一帝或二帝至三帝升祔而止"，但清代每一位皇帝都升祔郊祀配位。道光三十年正月丁未（十四日）所颁发的道光帝朱谕四条中，关于禘郊祖宗，道光帝安排太祖、太宗、世祖、圣祖、世宗、高宗、仁宗"永宜配享郊坛"，但这么多先帝配享郊坛，已违背古制。于是道光帝要求，"朕万年后，断不可行郊配之礼，诬朕以不德不孝"。如果后世之君、顾命之臣不遵从这道谕旨，"则是甘为我大清之不孝不忠之人矣"。[2] 道光帝语气不可谓不强烈。与祔庙一样，在配天方面，咸丰帝也违背了道光帝的旨意，道光三十年（1850）二月己巳（初三日），咸丰帝谕内阁：

> 我朝圣圣相承，均经升配郊坛，永崇禋祀。第配位递增，而坛壝之规制有定……如我皇考之德泽弥纶，同符列祖。而遽停升配，虽系仰遵遗命，朕

---

1 《文宗显皇帝实录》卷三，《文宗显皇帝实录》影印本（1），第90页，北京：中华书局，1986年。
2 《宣宗成皇帝实录》卷四七六，《宣宗成皇帝实录》影印本（7），第994页，北京：中华书局，1986年。

心究有难安。展转详思，应照王大臣等所请郊坛大祀，俟祔庙礼成后，恭奉皇考神牌升配，并曲体遗训，定以限制。嗣后郊祀配位，历亿万年，总以三祖五宗为定。自朕躬而下，不复举行。[1]

历代先帝不断升祔，而郊坛的配位空间有限。咸丰帝认同道光帝提出的限制郊祀配位的主张，但他又想到，如果停止道光帝郊祀配位升祔，会显得过于突兀、突然。于是咸丰帝规定，郊祀配位，限定在三祖五宗范围，从自己以后的历代天子，都不再升配。咸丰帝为了强化自己的这一主张，甚至在咸丰四年（1854）孟夏写下了《诣斋宫即事成什》，其中"因时岂是心萌怠，以后无须再变更"句，注语云："天坛配享，以三祖五宗为定，永不再增配位，以见庚戌之旨，犹恐后代无知，故违朕旨，则仪文太繁，或又有变更，故末句云。"[2] 由此可见，咸丰帝在郊祀配位上的态度非常坚决。

咸丰帝关于郊祀配位的安排，其实是道光帝生前遗诏的翻版，即从自己做起，限定祭祀配位。可见，咸丰帝与道光帝一样，对宗庙没有确立迁祧制度心有不安。

咸丰十一年（1861）七月癸卯（十七日），年仅 31 岁的咸丰帝在避暑山庄驾崩。八月，朝廷以同治帝名义谕内阁：

大学士九卿会同议上皇考大行皇帝尊谥曰"显皇帝"，庙号曰"文宗"。上配列祖，同为百世不祧之庙……今廷臣所拟，详慎公允。于皇考绥猷建极之宏模，洵相符合，深协朕怀。此天下万世之公论，非朕一人哀慕尊崇之私愿，亦非臣下尊亲颂美之私情也。[3]

因为第二次鸦片战争，咸丰帝逃离紫禁城，死于承德避暑山庄，但大学士九卿同议，其宗庙与前代清帝一样，"同为百世不祧之庙"，而这样的安排

---

1 《文宗显皇帝实录》卷三，《文宗显皇帝实录》影印本（1），第 89—90 页，北京：中华书局，1986 年。

2 （清）奕詝：《诣斋宫即事成什》，《御制诗集》卷四，故宫博物院编：《清宣宗文宗穆宗德宗诗文》，第 583 页，《故宫珍本丛刊》（583）。

3 《穆宗毅皇帝实录》卷三，《穆宗毅皇帝实录》影印本（1），第 18 页，北京：中华书局，1987 年。

又是"公论",非"私愿""私情",其安排、语气完全照搬前代。清同治四年（1865），文宗祔太庙，此时，太庙中殿九室已满。

同治朝尊咸丰帝文宗庙为百世不迁之庙，但在郊祀配位上，尊重了咸丰帝的意愿：

今据世铎等所奏"礼贵制宜，孝当承志"等语……（诸大臣）均称宣宗成皇帝遗训、大行皇帝谕旨，准古酌今，洵足垂为万祀法守，非徒用示谦冲。若不敬谨遵循，非惟无以彰美至德，于心更有难安。亦恐无以垂法则于天下万世。不得已，勉从诸臣所议，谨遵皇考谕旨，郊坛配位，历亿万年，总以三祖五宗为定，世世子孙，永为法守。[1]

朝廷以"礼贵制宜，孝当承志"这条理由，遵行了咸丰帝提出的郊坛配位以三祖五宗为定的规定，咸丰帝不再配位，到此时，清代的郊坛配位制度才最终确立。限制郊坛配位制度，从某种程度上说，是限定太庙庙数，从而建立宗庙迁祧制度的先声。但咸丰帝为何没有就宗庙迁祧制度做出规定？其原因可能是，第一，咸丰帝去世太早，不能像道光帝那样从容安排后事。第二，咸丰帝本人的宗庙是否迁祧，理应由后世君臣决定。

（三）同治帝的祔庙难题与穆宗庙百世不迁

同治十三年（1874）十二月甲戌（初五日），年仅19岁的同治帝载淳染上天花，死于养心殿东暖阁。十二月十八日，内阁奉上谕：

大学士九卿会同议上大行皇帝尊谥曰"毅皇帝"，庙号曰"穆宗"，上配列圣，同为百世不祧之庙……今廷臣所议详慎公允，于大行皇帝绥猷建极之宏谟，洵相符合，深协朕怀，此天下万世之公论，而非朕一人哀慕尊崇之私愿，亦非臣下尊亲颂美之私情也。[2]

这一道上谕，不过是将乾隆朝崇世宗庙百世不迁的语句重复了一遍，完

---

1 《穆宗毅皇帝实录》卷八，《穆宗毅皇帝实录》影印本（1），第209页，北京：中华书局，1987年。
2 中国第一历史档案馆编：《咸丰同治两朝上谕档》（24），第430–431页，桂林：广西师范大学出版社，1998年。

全不符合同治帝本人的功德。

光绪三年（1877），同治帝应祔太庙。因太庙中殿九室已满，同治帝祔庙成为一个难题。清廷王公贵族、文武百官对此问题进行了激烈的争论。王公大臣的意见，综合起来有建世室、建寝殿、仿奉先殿增加龛位等。其中的建世室，就是变相建立清代皇帝宗庙迁祧制度。

所谓世室，即为迁祧的先帝所建的世世不毁的宗庙。提出建世室动议的有侍讲张佩纶、鸿胪寺卿徐树铭等，但世室建于何处，又有很大的分歧。

1. 建世室于后殿两旁

侍讲张佩纶主张建世室于后殿两旁。张佩纶认为，以往历朝皇帝宗庙亲尽则祧，但清代列祖列宗，圣圣相承，皆为百世不迁之庙，为了解决太庙中殿九室无空间的难题，所以，"酌古准今，垂诸久远，非立太宗文皇帝世室不可"。太宗的文世室建立在何处呢？张佩纶建议，在太庙后殿左右建立世室，即在太庙中殿之北，且与周代文世室在西北，武世室在东北的古制相吻合。世室建成后，迁太宗文皇帝、孝端文皇后、孝庄文皇后神牌于左世室。太庙中殿的龛位，则从世祖章皇帝、孝惠章皇后、孝康章皇后神牌以次递迁，穆宗毅皇帝、孝哲毅皇后神牌于第九室。[1]

张佩纶的这条建议，虽认为清代历代皇帝宗庙皆不迁祧，但建立世室，将除太祖之外的中殿皇帝神位依次递迁，客观上将世室作为祧庙，乃事实上的皇帝宗庙迁祧之制。

鸿胪寺卿徐树铭反对张佩纶提出的后殿两旁建左右世室的主张，认为"若建世室后殿旁，反嫌居太祖上"[2]。

2. 中殿两旁建世室

少詹事文治提出应在中殿两旁建世室，东边建两座，东一庙奉太宗，东二庙奉圣祖，西边建一座，奉世祖。太庙中殿只供奉太祖，再在前殿两旁建六亲庙，奉世宗以下诸帝。[3]

1　（清）张佩纶：《谨献升祔大礼议附片》，（清）葛士濬：《皇朝经世文续编》卷五一《礼政二》，清光绪十四年（1888）图书集成局刊本。
2　赵尔巽等：《清史稿》卷八六《礼五（吉礼五）》，《清史稿》（10），第2577页，北京：中华书局，1977年。
3　赵尔巽等：《清史稿》卷八六《礼五（吉礼五）》，《清史稿》（10），第2577页，北京：中华书局，1977年。

司业宝廷建议在太庙中殿两旁建昭穆二世室，其规制为方形的纵横各五楹（间）的宫殿，太宗居昭世室，世祖居穆世室，都在北面中一楹（间）位置，圣祖居昭世室的东面第一楹（间）。太庙中殿仍奉太祖，昭穆各四楹（间），列圣神位依序迁祧、上移。[1] 宝廷的建议是不改太庙中殿九室格局，在中殿旁建左右昭穆二世室，一次性地将太宗、世祖、圣祖迁祧世室，也避免了世室反居太祖之上的情形发生。

文治、宝廷的主张，虽避免了供奉在世室中的皇帝神位越过供奉于太庙中殿的太祖神位，但工程浩大，对太庙的整体格局改动太大。

3. 后殿改为世室

通政使锡珍提出在后殿扩增殿宇，移四祖神位于其中，再将后殿改为世室，移太宗神主居中一室。奉安穆宗于中殿西第四室。[2] 锡珍的建议，既要动四祖神位，且太宗仍居于太祖神位之上，仍不合礼制。

4. 改中殿为世室

侍郎袁保恒提出在中殿九室的基础上，东西各展两室，太祖居中，两旁各六室，为左右世室，则不迁祧之庙有十三室，太祖至穆宗同为百世不祧。再在中殿的左右新建两庙，各三间，为三昭三穆，后世皇帝依次迁入。[3]

但无论怎样建立世室，都违背了前朝诸帝代代规定的百世不迁的祖制。方宗诚针对因穆宗无庙可祔而迁祧太宗之建议，就以无祖制来反驳：

> 章皇帝、仁皇帝并未制有祧礼，而二百余年以后之子孙臣子，忽议祧文皇帝入世室，则是子孙臣子，援古制以裁制祖宗之祭祀，于礼不顺，于心何安？文皇帝生前不知有此制，章皇帝、仁皇帝生前亦不知有此制，而忽于八世之后，去文皇帝，岂得谓非僭妄乎？[4]

1　赵尔巽等：《清史稿》卷八六《礼五（吉礼五）》，《清史稿》（10），第 2577 页，北京：中华书局，1977 年。
2　赵尔巽等：《清史稿》卷八六《礼五（吉礼五）》，《清史稿》（10），第 2577 页，北京：中华书局，1977 年。
3　赵尔巽等：《清史稿》卷八六《礼五（吉礼五）》，《清史稿》（10），第 2577 页，北京：中华书局，1977 年。
4　（清）方宗诚：《答吴挚甫论祔祧书》，（清）盛康编：《皇朝经世文续编》卷六二《礼政二·大典上》，清光绪二十三年（1897）思补楼刊本。

最终，朝廷采取了仿奉先殿增加龛位的主张，太庙中殿正中间的龛位保持不变，而东西四楹（间），改为东西各八楹（间），太庙中殿就可以供奉十七代帝后（根据民国时期故宫博物院编《太庙考略》，太庙中殿为十五室。道光年间改造奉先殿后殿，从七室改为十五室。光绪年间如何改造太庙中殿，尚需继续研究）。光绪五年（1879），穆宗暨孝哲后祔太庙中殿，至此，太庙中殿供奉了十代帝后。

（四）醇亲王的皇帝宗庙迁祧主张与德宗庙百世不迁

同治帝的祔庙难题，促使光绪朝君臣思考建立制度化的天子宗庙迁祧制度。内阁侍读学士钟佩贤《续陈会奏未尽之意疏》以咸丰帝钦定郊坛配位为例，要求光绪帝成年后要明确是否建立皇帝宗庙迁祧制度：

> 今穆宗毅皇帝升祔太庙，三祖五宗百世不祧，固炳然为不刊之典，以后于万斯年不祧之礼是否永行无窒？恭候皇上春秋鼎盛，圣心自有权衡，若蒙特降纶音，使他日圣子神孙钦承恪守，则庙制得圣言而永定。[1]

因光绪帝之前的诸帝已经明确宗庙百世不迁，钟佩贤此意，是要光绪帝成年亲政后降旨将自己的宗庙不再纳入百世不迁的范围。

可以说，钟佩贤的奏折之意乃是相当多人的共识。"护子心切"的光绪帝生父醇亲王奕譞主动提出，从光绪帝开始，建立天子宗庙迁祧制度。光绪三年（1877）六月十四日奕譞上奏，认为同治帝靠太庙中殿分割龛室而祔庙的方式终非长久之策，"庙楹规制有限，国朝统绪无穷，如此增修，尚非至计"，进而，他建议自光绪帝始，不得再援百世不祧之例：

> 伏思祧庙之礼，本系历朝经常，无可避忌。臣愚以为欲垂久远之图，须筹穷变变通之举。恭维文宗显皇帝御极之初，特旨将来停举郊配，是以后人奉为成宪。皇帝以宗支入承大统，自不敢上拟列圣，果能以身为率，垂式仪型，

---

1 （清）钟佩贤：《续陈会奏未尽之意疏》，（清）葛士濬：《皇朝经世文续编》卷五一《礼政三》，清光绪十四年（1888）图书集成局刊本。

论理论情均为允当。可否恭请皇太后谕令皇帝，明降谕旨，晓示天下，自今以往不得援百世不祧之例，惟当一循古礼亲尽则祧。[1]

奕譞的建议从三个方面入手：第一，宗庙迁祧制度历朝都有，本来是不用忌讳的事情。第二，咸丰皇帝建立三祖五宗为定的郊配制度，尊崇历朝先帝，而减杀自身规格的做法为建立宗庙迁祧制度树立了成宪。第三，光绪皇帝本来是以宗室支脉的身份入承大统，出身有劣势。

醇亲王之所以提出这个主张，其原因是清代不建立皇帝宗庙，总会面临祔庙难题；光绪帝为醇亲王之子，醇亲王对光绪帝继位，始终持小心谨慎的态度，常怀寅畏之心。他提出这个建议，既有底气，因为光绪帝之后的清帝为其子孙，也在慈禧太后面前表明其本人的谦让，以巩固光绪帝的地位。

对于奕譞的建议，由两宫太后主持的朝廷是认可的。七月己未（初六日），慈安太后、慈禧太后下达懿旨，要求："醇亲王奕譞前奏，庙楹规制有限，国家统绪无穷，请定久远之计。自今以往，不援百世不祧之例各等语，著将原折片二件存军机处。并将此次谕旨，该亲王折片，另录一分，存毓庆宫。"[2] 存放军机处和毓庆宫，就是作为将来施行的依据。对于此事，《清史稿》的记载是，光绪三年秋七月己未，"醇亲王等议上穆宗帝后神牌位次，请于太庙中殿东西各四楹，遵道光初增奉先殿后殿龛座，修葺改饰，并从醇亲王请，自今以往，不援百世不祧之例"[3]。可见，《清史稿》的纂修者也明确认为，两宫太后赞同从光绪帝开始，清代天子宗庙亲尽则祧。

光绪三十四年（1908）十月癸酉（二十一日），光绪帝驾崩，十一月癸未（初一日），朝廷谕内阁：

内阁各部院衙门会同议上大行皇帝尊谥曰"景皇帝"，庙号曰"德宗"。上配列圣，同为百世不祧之庙……今廷臣所议，详慎公允。于大行皇帝诚民敷治之宏谟，洵相符合，深协朕怀。此天下万世之公论，而非朕一人哀慕尊

1　中国第一历史档案馆：《光绪宣统两朝上谕档》（3），第192–194页，桂林：广西师范大学出版社，1996年。
2　《德宗景皇帝实录》卷五三，《德宗景皇帝实录》影印本（1），第742页，北京：中华书局，1987年。
3　赵尔巽等：《清史稿》卷二三《德宗本纪一》，《清史稿》（4），第860页，北京：中华书局，1977年。

崇之私愿，亦非臣下揄扬颂美之谀词也。[1]

这一道谕令，推翻了光绪帝继位初年朝廷从光绪帝以后的皇帝宗庙不再百世不祧的默契，清代皇帝宗庙迁祧制度最终未能建立。其原因可能是，同治帝祔庙时，太庙中殿的龛室分割为十七室，庙数从九庙制改为群庙制，尚有充足的祔庙空间，光绪帝祔庙后，为第十二庙，建立迁祧制度并不迫切。此外，宣统朝初期主持政务的摄政王载沣本为光绪帝的亲弟弟，对光绪帝有亲亲之心。

第五节　清朝皇帝宗庙迁祧制度未能建立的原因

清代皇帝宗庙迁祧制度始终未能建立，并不意味着清代从法理上废除了这项制度，这体现在两个方面：第一，清代天子宗庙百世不迁，是以继任皇帝及臣下以"百世不迁"的特殊规定实现的，并没有所有天子宗庙不迁祧的通行规定。第二，《大清会典》明确规定了宗室王公、品官等家庙的亲尽毁庙制度：

凡亲王世子郡王家祭之礼，立庙七间，中五间为堂，左右二间隔以墙为夹室。堂后楣以北五室，中奉始封之王，世世不祧。高、曾、祖、祢依世次为二昭二穆，昭东穆西，亲尽则祧。[2]

凡贝勒、贝子、宗室公家祭之礼，立庙五间，中三间为堂，后楣以北分五室，奉始封祖暨高、曾、祖、祢。两旁为夹室，奉始封而下亲尽祧主。[3]

品官家祭……高祖以上亲尽则祧。[4]

---

1 《宣统政纪》卷二，《宣统政纪》影印本，第38页，北京：中华书局，1987年。

2 （清）昆岗等：《钦定大清会典事例》（光绪朝）卷四五五《礼部·家祭·亲王世子郡王家祭》（14），第11089页，台北：新文丰出版公司，1976年。

3 （清）昆岗等：《钦定大清会典事例》（光绪朝）卷四五五《礼部·家祭·贝勒贝子宗室公家祭》（14），第11092页，台北：新文丰出版公司，1976年。

4 （清）昆岗等：《钦定大清会典事例》（光绪朝）卷四五五《礼部·家祭·品官家祭》（14），第11093页，台北：新文丰出版公司，1976年。

宗室王公、品官家庙的迁祧之礼载入《大清会典》，意味着这是一项国家礼制，而皇帝与宗室王公、品官的宗庙（家庙）礼制只有等级差别，而没有质的区别。

通观上文叙述，我们可以发现清代天子宗庙迁祧制度始终未能建立的原因在以下两个方面：

其一，清初四祖封入祧庙及光绪朝分割太庙中殿龛室，为后世皇帝提供了充足的祔庙空间。

皇太极在盛京太庙、顺治朝在北京太庙将追封的四祖庙置于祧庙，生活于清乾嘉道时期的宗室昭梿对这一安排推崇备至：

> 自商、周时尊契、稷为始祖，历代相沿，各追崇四亲帝号，供奉太庙，而开创之君反居其下。至亲尽庙祧时，太祖始正南向之位，非历有百年，其典不备……本朝太祖肇基东土，抚有寰区，追崇原皇帝四圣神主，即安奉于太庙后殿……时享之时，既不预九庙之数，复不压高皇帝南向之尊，实祭典之良制，百世宜遵奉者焉。[1]

历代以来，开国皇帝往往追封上四代祖，这四代祖与开国皇帝的血缘亲属关系尚未断绝，所以为亲庙，到了后代，因在位皇帝与前代追封之祖逐渐亲尽，或者宗庙的七庙、九庙满之后，开始祧庙，将开国皇帝追封的四代祖都迁祧之后，开国皇帝才在宗庙中居于最尊贵的中位，这时，离该朝代建立往往有上百年的时间了。而皇太极从立国之始，就追封四祖奉入祧庙，且没有庙号，太祖努尔哈齐就居于宗庙的正南面，避免了前代对本朝建立功劳最大的开国皇帝长期不得居宗庙始祖位情形的发生。如朱元璋称帝后，追封其前四代先辈庙号为祖，朱元璋的太祖庙直到嘉靖朝才居于太庙中位。顺治朝，四祖虽分别追尊为肇祖原皇帝、兴祖直皇帝、景祖翼皇帝、显祖宣皇帝，但仍在祧庙，不占天子宗庙之数。太庙中殿的九庙均为亲庙，这就为后世皇帝提供了充足的祔庙空间。

---

1 （清）昭梿：《啸亭续录》卷一《本朝祧庙之制》，《啸亭杂录》，第389页，北京：中华书局，1980年。

在光绪朝初期，为了解决同治帝没有祔庙空间的难题，将太庙中殿分割为十七龛室，更大大拓展了宗庙之数，削弱了宗庙迁祧制度建立的迫切性。光绪帝祔庙后，仍有六代皇帝祔庙位置。

其二，清中前期强势皇帝崇父庙，导致后世虚应故事。

汉献帝时，左中郎将蔡邕批评明帝、章帝之后天子庙号泛滥，将原因归结为"嗣帝殷勤，各欲褒崇至亲而已，臣下懦弱，莫能执夏侯之直，故遂衍溢，无有方限"[1]。颜真卿《论元皇帝祧迁状》也提出了类似的观点："未有子孙践祚而不祖宗先王者。以此明之，则不得独据两字而为不合祧迁之证。假令传祚百代，岂可上崇百代以为孝乎？"[2]

清代在皇帝宗庙迁祧问题上的"嗣帝殷勤"与"臣下懦弱"两方面表现尤为突出。

雍正帝之尊崇康熙帝宗庙，开了清代"嗣帝殷勤"之风。此后，乾隆帝之于雍正帝，嘉庆帝之于乾隆帝，道光帝之于嘉庆帝，咸丰帝之于道光帝，同治朝君臣之于咸丰帝，光绪朝君臣之于同治帝，宣统朝君臣之于光绪帝，无不如此。

平心而论，清前期皇帝雄才大略，其宗庙均有不迁之理由。清太祖努尔哈齐于清朝有开创之功；清太宗皇太极继承其父汗位之后，开疆拓土，并改国号，称帝位；顺治帝福临为大清入关后的第一代君主；康熙帝灭三藩，收复台湾，驱沙俄，平蒙藏；乾隆帝的文治武功，使清代统治达到鼎盛。据"祖有功，宗有德"的礼制，他们的宗庙百世不迁是合适的。乾隆帝不迁祧，其父雍正帝虽御宇时间不长，但地位尊于乾隆帝，且勤于政务，在内政边事上均有一定建树，世宗庙不迁成为理所当然。

清前期六帝宗庙代代不迁，形成了与礼制不合的"祖制"，后世清帝的功绩根本不能与他们相比，但因"亲亲"的人情心理，这些皇帝宗庙被后世定为百世不迁，使乾隆帝定世宗庙百世不迁时所开创的"非在廷诸臣尊崇君父，敷扬称颂之私情。尤非朕一人哀感隆恩，表彰盛德之私愿所能强置一辞

---

1 （汉）蔡邕：《蔡中郎集》卷二《宗庙迭毁议》，影印文渊阁《四库全书》（1063），第172页，台北：台湾"商务印书馆"，1986年。

2 （后晋）刘昫等：《旧唐书》卷二五《礼仪五》，《旧唐书》（3），第955页，北京：中华书局，1975年。

也"完全成为虚文。

在"嗣帝殷勤"的情况下，要建立宗庙迁祧制度，当世皇帝对自己宗庙礼仪的安排，建立制度化迁祧制度才有可能。道光三十年（1850）正月甲午日，病危的道光帝宣谕的朱谕就引用了孔子所说的"非天子，不议礼，不制度，不考文"[1]，以"迁祧"本人的方式尝试建立宗庙迁祧制度，但终被咸丰朝君臣推翻。光绪朝内阁侍读学士钟佩贤在《续陈会奏未尽之意疏》中据咸丰皇帝钦定郊坛配位为例，要求光绪帝成年亲政后要明确是否建立皇帝宗庙迁祧制度[2]，虽醇亲王提前替光绪帝做出了肯定回应，但终究未被执行。

如果说，在雍正朝开始秘密建储的背景下，被前代皇帝秘立为储的后世皇帝尊崇其父乃是"孝"的表现的话，那么，清代的臣下再没有如东汉蔡邕、唐代颜真卿那样的为了维护礼制而敢于谏言的大臣，士人也没有如明代嘉靖年间那样为了维护礼制而敢于同皇权抗争的精神。反而将宗庙迁祧制度目为臣下不敢妄议的皇家礼制，甚至前代皇帝宗庙不迁祧是以臣下议礼的方式提出，全然不顾其失礼，而使皇家颜面尽失。

若清代国祚继续延长，后代皇帝祔庙总会面临太庙中殿空间不足的问题，从而不断引起是否建立亲尽毁庙制度的争议。但清宣统帝在宣统三年（1911）逊位，清代不会再有太庙中殿祔庙之举，相应的难题与争议也就不存在了。

---

1 《宣宗成皇帝实录》卷四七六，《宣宗成皇帝实录》影印本（7），第995页，北京：中华书局，1986年。
2 （清）钟佩贤：《续陈会奏未尽之意疏》，（清）葛士濬：《皇朝经世文续编》卷五〇《礼政二》，清光绪十四年（1888）图书集成局刊本。

第二章　清代太庙帝后神主题主礼

神主制度源远流长，先秦天子诸侯去世后，神主供奉于宗庙，但天子诸侯之下的卿大夫家庙没有神主，这种状况一直持续到唐代。宋代，在程朱理学的推动下，神主供奉普及化、世俗化。明代，民间供奉神主，逐渐由题写逝者名号的题主礼演化出了点主礼，即"神主"之"主"字预先空一点，写成"王"字，行点主礼时，再请贵宾用笔加上一点。点主礼缺乏礼制依据，因而被传统儒者猛烈批判。

在清代皇帝宗庙系统中，太庙、奉先殿等处要供奉帝后的神主。[1] 神主制作需要遵循严格的礼制流程，其中最为重要的是题写升祔帝后以谥号为主体的满汉文字，题主分为两个步骤，先由内阁官题清字（满文），翰林院官题汉字，再镌刻、扫青（填上石青颜料）；帝后梓宫安奉地宫后，当日再行正式的题主礼（亦称点主礼）。档案史料的记载为用石青点"'神'字空处"，现代有学者认为是用笔补齐"神"字的最后一笔竖。

民间神主题主一般为"某某神主"，而清代帝后神主题主为"某某神位"，其中皇帝神主题主为庙号、谥号后加"神位"，如康熙帝神主题主为"圣祖合天弘运文武睿哲恭俭宽裕孝敬诚信中和功德大成仁皇帝神位"（图2-1）。因此，清代帝后神主点主礼用笔补齐"神"字最后一笔竖的说法与民间点主补"主"字上一点有异曲同工之处。但正如民间点主礼被儒者认为非礼一样，清代帝后神主点主礼是补齐"神"字缺笔的说法也应商榷。

第一节　神主体制及神主的赋神化方式

神主即神牌，简称"主"。先秦天子诸侯去世后，宗庙设神主，《礼记·曲礼》载："措之庙，立之主曰'帝'。"孔颖达疏云："措，置也，祔而立主，

---

[1] 清代帝后神主又称神牌，在《大清会典》等清代史料中，"神牌"称呼占主流。据中国第一历史档案馆藏咸丰元年（1851）协办大学士管理礼部事务大臣杜受田《奏为宣宗成皇帝升祔太庙神主升祔奉先殿神牌等制造书写扫青各吉期请交钦天监选择事》一折（档案号04-01-15-0052-034），将升祔太庙的称为"神主"，升祔奉先殿及供奉在陵寝享殿的称为"神牌"，本书研究对象为升祔太庙的神主，依杜受田的分法，行文通称"神主"。

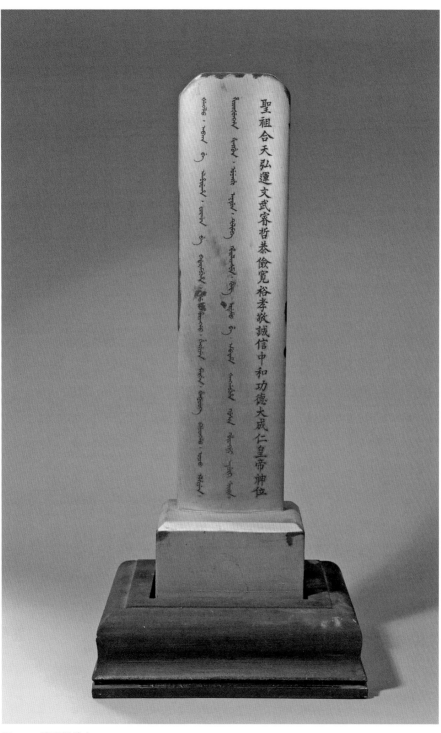

图 2-1　清圣祖神主

使神依之也。"[1] 神主的功用是让逝去的天子、诸侯的神灵依附其上,将其置于宗庙之中,作为逝者的象征物接受后世的祭拜。

先秦天子诸侯才有神主,东汉学者许慎《五经异义》云:"唯天子诸侯有主,卿大夫无主,尊卑之差也,卿大夫无主者,依神以几筵。"[2] 东汉另一位学者郑玄在《祭法篇》的注解中有同样的表述:"唯天子诸侯有主。"[3] 为何只有天子诸侯有神主,而卿大夫无神主只有几筵(几筵是用于祭祀的几席、席位)?许慎引《公羊传》解释为"卿大夫非有土之君,不得袷享昭穆,故无主"[4]。袷享,即天子诸侯在太祖庙集合远近祖先的神主举行大合祭,没有封土的卿大夫不能行袷享,排昭穆,所以没有神主。清代学者徐乾学不同意许慎、郑玄的"唯天子诸侯有主"的观点:

> 主以依神,庙以藏主,有庙则有主,岂有大夫、士许其立庙而不许其立主者乎……使庙中无主,而鬼神无所凭依,则皆许郑二子之过也。[5]

在徐乾学看来,宗庙与神主是二位一体的,有宗庙就有神主,有神主就有宗庙,卿大夫可以立宗庙,但为什么不允许其立神主呢?最后,徐乾学将后世卿大夫宗庙无神主诿过于许慎、郑玄,认为是他们解读五经有偏差,才造成庙中无神主、鬼神无所凭依的状况。

先秦神主供奉局限于天子诸侯,以及许慎、郑玄对经义"唯天子诸侯有主"的解读,直接影响到后世神主的使用范围,据《新唐书·礼乐志》:"三品以上有神主,五品以上有几筵。"[6] 可见,直到唐代,不是所有逝者都有神主。

---

1 (汉)郑玄注,(唐)孔颖达疏,(唐)陆德明音义:《礼记注疏》卷四,影印文渊阁《四库全书》(115),第100页,台北:台湾"商务印书馆",1986年。

2 (清)陈寿祺撰:《五经异义疏证》卷上,第68页,上海:上海古籍出版社,2012年。

3 (汉)郑玄注,(唐)孔颖达疏,(唐)陆德明音义:《礼记注疏》卷四六,影印文渊阁《四库全书》(116),第256页,台北:台湾"商务印书馆",1986年。

4 (清)陈寿祺撰:《五经异义疏证》卷上,第69-70页,上海:上海古籍出版社,2012年。

5 (清)徐乾学:《读礼通考》卷五六《丧仪节·神主》,清光绪七年(1881)四月江苏书局刊版本。

6 (宋)欧阳修、宋祁等:《新唐书》卷一三《礼乐志第三》,《新唐书》(2),第346页,北京:中华书局,1975年。

宋代,在程朱理学的推动下,神主供奉普及化。伊川先生(程颐)撰《神主式说》,描述了神主的形状、规制、题主等内容,其中,题主文字分内、外两处,里面题"宋故某官某公讳某字某第几神主",外面题"高曾祖考称谓官或号行号,如处士秀才,行如几郎几公"[1],将没有功名的"处士"列为题主内容,可见,程颐将神主之制推广到了庶人。朱熹《家礼》载,天子以下的贵族、士人建祠堂于正寝之东,"为四龛,以奉先世神主"[2],如果说程颐学说允许世人供神主,而朱子学说则许可世人立四代神主。程朱学说在元代成为官方思想后,神主之制普及化。[3]

神主的材质是木。《春秋》载鲁文公二年春二月丁丑,"作僖公主",西晋杜预注云:"主者,殷人以柏,周人以栗,三年丧终则迁入于庙。"[4]殷人以柏木做神主,周人以栗木做神主,后代神主从周制,均用栗木。《二程遗书》还对此做了进一步解释和补充:"木主必以栗,何也?曰:周用栗土所产之木,取其坚也,今用栗,从周制也。若四方无栗,亦不必用,但取其木之坚者可也。"[5]神主要以栗木制作,若没有栗木,则用其他材质坚硬的木料。

关于神主的形制,清徐乾学《读礼通考》收录了历代神主样式图说[6],其一是陈祥道《礼书》神主图,该图描述了东汉经学家何休描述的神主形状:"主状正方,穿中央达四方,天子长尺二寸,诸侯长一尺"[7](图2-2)。

其二是《家礼》根据程颐《神主式说》所描述而绘制的神主样式(图2-3、图2-4):

1　(宋)程颐:《神主式说》,转引自(清)徐乾学:《读礼通考》卷五六《丧仪节·神主》,清光绪七年(1881)四月江苏书局刊本。

2　(宋)朱熹:《家礼》卷一《通礼·祠堂》,影印文渊阁《四库全书》(142),第531页,台北:台湾"商务印书馆",1986年。

3　日本学者吾妻重二对程朱神主学说的历史意义解读为:"第一,他们大胆主张,唐代之前只允许皇族及高官设置的木主也应该适用于一般士人;第二,他们要求重新设计新的木主形式。"[日]吾妻重二著,吴震译:《木主考——到朱子学为止》,《云南大学学报》(社会科学版)2011年第5期。

4　(晋)杜预注,(唐)孔颖达疏,(唐)陆德明音义:《春秋左传注疏》卷一七,影印文渊阁《四库全书》(143),第382页,台北:台湾"商务印书馆",1986年。

5　(宋)朱熹编:《二程遗书》卷一八,影印文渊阁《四库全书》(698),第195页,台北:台湾"商务印书馆",1986年。

6　(清)徐乾学:《读礼通考》卷五六《丧仪节·神主》,影印文渊阁《四库全书》(113),第360-378页,台北:台湾"商务印书馆",1986年。

7　(汉)何休解诂,(唐)徐彦疏,(唐)陆德明音义:《春秋公羊传注疏》卷一三,影印文渊阁《四库全书》(145),第252页,台北:台湾"商务印书馆",1986年。

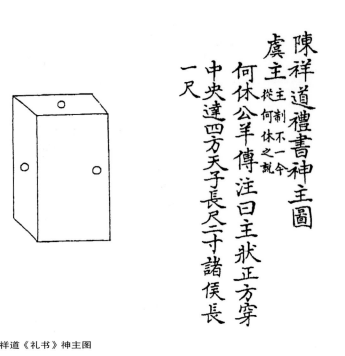

陳祥道禮書神主圖
虞主從主制不一何休之說
何休公羊傳注曰主狀正方穿
中央達四方天子長尺二寸諸侯長
一尺

图 2-2　陈祥道《礼书》神主图

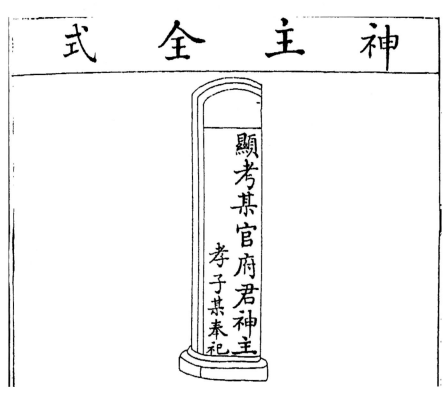

神主全式

顯考某官府君神主
孝子某奉祀

图 2-3　《家礼》神主全式

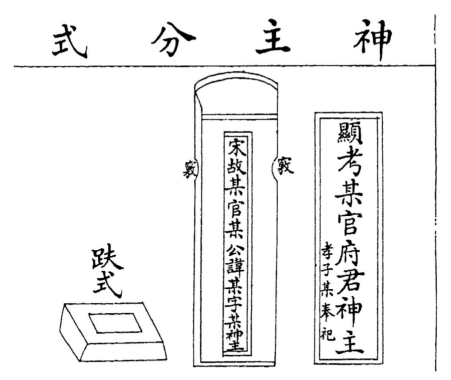

图 2-4 《家礼》神主分式

作主用栗，取法于时日月辰。趺方四寸，象岁之四时，高尺有二寸，象十二月，身博三十分，象月之日，厚十二分，象日之辰（身趺皆厚一寸二分），剡上五分为圆首，寸之下勒前为领，而判之，一居前二居后（前四分后八分），陷中以书爵姓名行（曰宋故某官某公讳某字某第几神主，陷中长六寸，阔一寸），合之植于趺（身去趺上一尺二寸，并趺高一尺八寸）。窍其旁以通中。如身厚三之一（谓圆径四分），居二分上（谓在七寸二分之上），粉涂其前以书属称（属谓高曾祖考称谓官或号行号，如处士秀才，行如几郎几公），旁题主祀之名（曰孝子某奉祀），加赠易世，则笔涤而更之（水以洒墙外），外改中不改。[1]

做神主用栗木，其规制取法于时日月辰，趺（底座）四寸见方，象征一

---

1 （宋）程颐：《神主式说》，转引自（清）徐乾学：《读礼通考》卷五六《丧仪节·神主》，影印文渊阁《四库全书》（113），第 360-370 页，台北：台湾"商务印书馆"，1986 年。

年有四季；神主高一尺二寸，象征一年有十二月，宽三十分，象征一月有三十天，厚十二分，象征一日有十二时辰。神主的上面五分处削成圆形，从上面往下一寸处雕为额状，从额状处深入，将神主往下剖开。后面部分带额头，八分厚，在中间做长六寸、宽一寸的凹陷，写"宋故某官某公讳某字某第几神主"，在凹陷处旁边穿圆径四分的两孔。前面部分四分厚，粉涂，写上高曾祖考称谓，如处士秀才，行如几郎几公，旁题主祀者之名"孝子某奉祀"，然后将前后两部分合在一起，插入底座。若增加谥号，或者随着奉祀者辈分降低，则用笔修改题主内容，但只改外面的文字，里面的不改。

其三是《明会典》神主式（图 2-5），其与《家礼》神主式没有区别，但更为形象。

无论何种形制的神主，均要将其神灵化，即从木板变成附着神灵的神主。神主规制大小、穿孔、题主是神灵化的三种途径。

神主规制大小体现象征意义。如上文所引程颐《神主式说》，神主的底座（趺）、高、宽（身博）、厚的尺寸与四季、年月、时辰相对应，在一定意义上赋予了神主沟通天人之效。

宋代之前的神主均要四方穿孔，会于中央。东汉经学家何休描述的神主形状是"主状正方穿中央达四方，天子长尺二寸，诸侯长一尺"，《通典》唐代神主的规制："大唐之制，主长尺二寸，上顶径一寸八分，四厢各刻一寸一分，上下四分，通孔径九分。"[1]《元史》神主之制载："至元三年，始命太保刘

图 2-5 《明会典》神主式

---

1 （唐）杜佑:《通典》卷四八《天子皇后及诸侯神主（周汉晋大唐）》，影印文渊阁《四库全书》（603），第 590 页，台北：台湾"商务印书馆"，1986 年。

秉忠考古制为之，高一尺二寸，上顶圆径二寸八分，四厢合剡一寸一分，上下四方穿，中央通孔，径九分。"[1] 这几则史料所载神主规制，有一个共通点，即从四面的正中间分别向内侧穿孔，并在内部交叉。穿孔是"为了通过此孔以便祖先灵魂的出入"[2]。宋代程颢所创制的神主样式虽不再四面穿孔，但要在神主剖开的后面部分题主凹陷处旁边穿圆径四分的两孔，可以说是前代四方穿孔的一种变通。

题主即在神主上写上或刻上逝者的名号、谥号等。据东汉许慎《五经异义》，先秦、秦汉天子诸侯神主制作好以后，"皆刻谥于背"[3]，题主的方式是刻上逝者谥号。东晋蔡谟回答刘氏关于祠板之问时回答："今代有祠板，乃礼之庙主也，主亦有题。今板书名号，亦是题主之意。"[4] 题主方式是写上逝者名号。唐代神主题主方式是"以光漆题谥号于背"[5]，即用髹漆题主。程颐《神主式说》只记述了题主文字样式，未交代题写方式，但通行的题主方式是写、刻、髹漆等手段并用。

在上述三种神主神灵化的方式中，题主无疑是最重要的。题主既可以标明神主的受祭者与奉祀者及其关系，又可以让死者的灵魂寄托，成为死者灵魂的象征。

题主附魂之说曾受到过挑战，明代中期学者陆容赞同墓祭，而不相信神主有灵：

古人谓墓祭非礼，故《礼》无墓祭之仪。朱子亦尝谓其无害于义，盖以孝子感时物之变，有不忍遽死其亲之心，不能不然，此说是也。抑又有可言者，葬后题主，谓亲之神魂已附于主。故凡有事荐祭，惟主是尊是亲。然为主之木，与吾亲平昔神魂素不相干，特以礼制所在，人心属焉。亲之体魄，平昔

---

1 （明）宋濂等：《元史》卷七四《祭祀三·宗庙上》，《元史》（6），第 1843 页，北京：中华书局，1976 年。

2 ［日］吾妻重二著，吴震译：《木主考——到朱子学为止》，《云南大学学报》2011 年第 5 期。

3 （唐）杜佑：《通典》卷四八《天子皇后及诸侯神主（周汉晋大唐）》，影印文渊阁《四库全书》（603），第 590 页，台北：台湾"商务印书馆"，1986 年。

4 （清）徐乾学：《读礼通考》卷五六《丧仪节·神主》，清光绪七年（1881）四月江苏书局刊本。

5 （唐）杜佑：《通典》卷四八《天子皇后及诸侯神主（周汉晋大唐）》，影印文渊阁《四库全书》（603），第 590 页，台北：台湾"商务印书馆"，1986 年。

神魂之所依载，安知委魄之后，神魂不犹依于此乎……故以墓祭非礼而不行者，泥古忘亲者也，行之无害也。[1]

古人有墓祭非礼之说，陆容显然不同意这种说法，他搬出了朱子墓祭"无害于义"的说法：孝子外感物序的变化，不由得生发怀念故亲之心，乃墓祭而排遣之。此外，陆容要推崇墓祭说，就必须驳倒"亲之神魂已附于主"的观点，陆容认为，神主与双亲的神魂素不相干，其作为祭祀的对象，不过是因为礼制的规定，而双亲在世之时，其神魂依附于体魄，而双亲去世之后，其神魂也应不离灵柩，所以，其神灵应在墓而不在木主。陆容作文推崇墓祭说，从反面说明了当时的社会主流意识将神主作为死者的魂魄所依，而陆容之说也并未动摇神主在宗庙祭祀中的地位。

第二节　点主礼俗与礼的矛盾

如上文所述，神主的赋神化主要途径是题主，至明代，从题主仪式中分化出了点主礼，将神主供奉推而广之的理论依据程颐《神主式说》、朱熹《家礼》等并未涉及点主礼，所以，点主礼虽盛行于民间，但屡屡为遵循程朱礼学范式的儒者所批判。现未见记载明代点主礼仪的文献，但我们可以从批判点主礼的言论中管窥其面貌，生活于明嘉靖至万历年间的学者吕坤在《丧礼余言》中批评点主礼：

点主，非礼也。礼有题而无点，今也题主讫，主字上空一点，请贵宾以朱点之，云以生者接死者之气，谬矣。妇人之气，以他人之丈夫接之，尤谬矣。宜从礼，子弟善书者书之，不善书用善书者。[2]

1　（明）陆容：《菽园杂记》卷一二，影印文渊阁《四库全书》（1041），第 346 页，台北：台湾"商务印书馆"，1986 年。

2　（明）吕坤：《四礼疑》卷四《丧礼余言》，《吕坤全集》，第 1329 页，北京：中华书局，2008 年。

可知吕坤所批评的点主礼是神主题主时，"主"字上空一点，即"主"字写成"王"字，然后再请贵宾用红色的笔加上一点，认为这样可以让死者接上生者之气。吕坤强烈地反对这种做法，其原因是，礼制只有题主而没有点主，吕坤还用"归谬法"反对点主：女性的生气，需用别的男性来接，这在当时男女大防的社会背景下，显然是有违礼俗的。吕坤认为，应遵循题主礼制，若逝者的子弟字写得好，就让子弟题主，若子弟写不好，再请字写得好的人题主。

吕坤对点主礼的批判并未遏制点主礼在民间流行，明末清初学者刘榛（刘山蔚）在回答"问主之制"的提问时，曾言：

> 曰："伊川先生言之悉矣。高下厚薄皆有取象，不可意为也。"曰："世用有爵者点朱而覆以墨，礼欤？"曰："非礼也。亲故之，能书者题之足矣，比乞于有爵，亦所以崇其事也。而朱焉，则无谓矣。且服官者簿书教令皆用朱，以下行上焉者，弗敢也。人子于父母，而使人肆然下临之，又岂所以尊之乎？"[1]

关于神主之制，刘榛认为伊川先生程颐的神主学说已经完备，不可再率意增加内容。问者就问到了伊川神主说没有涉及的点主礼。据问者所言，当时点主礼的要义是"世用有爵者点朱而覆以墨"，点主者要"有爵"，身份高贵，点的时候，要先点朱点，再点墨点。与吕坤一样，刘榛对世俗的点主礼的观点也是认为"非礼"，让有爵者点主，其目的是"崇其事"而博取荣耀；而用朱点，则是非常不合适的，因为官员批签上对下的公文用朱笔，所以，让别人用朱笔点主，实际上是让外人用以上对下的姿态面对已逝父母之灵，这显然不是尊崇双亲的正确举动。

与刘榛同时期的颜元，在其著作《丧礼》中记述的题主礼是：

---

1 （清）刘榛：《虚直堂文集》卷一三《答问·答丧礼问二·问主之制》，四库未收书辑刊编辑委员会编：《四库未收书辑刊》（第7辑，第25册），第153页，北京：北京出版社，2000年。

执事者设桌子于灵座东南，西向，置砚笔墨，对桌置盥盆、帨巾如前。主人跪于其前，北向祝，盥手，出主卧置桌子上，使善书者盥手，西向立。先题陷中，父则曰："故某官某公，讳某字某，第几神主。"粉面曰："考某官封谥府君神主。"其下左旁曰："孝子某奉祀。"母则曰："故某封某氏，讳某字某，第几神主。"粉面曰："妣某封某氏神主。"旁亦如之。无官封则以生时所称为号。[1]

颜元所述之题主礼，基本与程颐《神主式说》相同，其发展之处是，程颐《神主式说》只规定了逝者父亲神主的题主文字，而颜元将逝者母亲神主的题主文字也交代了。

清雍乾时人陆耀在其父亲去世之后，向一位姓冯的先辈请教丧礼事宜，其中问到了点主之事：

此外尚有点主一事，不能自决，敢并以请示于左右。古者始死立重，虞而后立主用桑，练而后用栗主。然则初丧之主，尚不以祔庙永祀，谨书生卒年月日于陷中，某官某封于主外，以此谓之题主可矣。何为独虚"王"字之一点，延请有爵位者，先朱后墨，而以为光宠乎？刘山蔚曰："服官者簿书教令皆用朱，以下行上焉者不敢也，人子于父母，而使人肆然下临之，是岂所以尊之乎？"不孝前遭先君之丧，固未尝请人，今兹欲循旧例，亲泣血而书之，并不虚"王"字之一点，以待贵官长者之辱题，不审于理是否？[2]

陆耀所谓"古者始死立重"，"重"指木主未及雕制之前代以受祭的木；"虞而后立主用桑"，虞指虞祭，即埋葬之后的祭祀，此时用桑木立主；"练而后用栗主"，练指父母去世后的周年小祥祭祀，用栗木立主。陆耀所述三种神主形式，虽符合古礼，但后世立神主并没有像这样严格区分。陆耀所说初丧

---

1 （清）颜元著，王星贤等点校：《颜元集·礼文手钞》卷四《丧礼》，第368页，北京：中华书局，1987年。
2 （清）陆耀：《上冯师问丧仪书》，（清）贺长龄辑：《皇朝经世文编》卷六二《礼政九·丧礼上》，清光绪二十五年（1899）中西书局石印本。

之主，应指虞祭后的所立桑木之主。陆耀在题主问题上，服膺上文所述刘榛（刘山蔚）的学说，准备自己边痛哭边题主，"并不虚'王'字之一点（笔者注：即虚"主"字上一点写成"王"，下同），以待贵官长者之辱题"，即不再请贵官长者点主，但他心里似乎又没有把握，所以写信请教。

　　道光年间进士李棠阶撰《题主说》，其开篇谓"世俗题主，皆虚'王'字一点，临时请显者点之"。由此可知，在道光年间，点主风俗仍盛行。李棠阶从文献的角度，否定了点主说："考诸书，皆无此说，明儒吕新吾及本朝刘山蔚皆辟其谬。"但在李棠阶写《题主说》的当年仲冬，一位叫张云阶的人埋葬其母，因为他的父亲已经用朱笔点主，如果他的母亲不用朱笔点主，他于心不安，所以请求李棠阶先用朱墨笔点主。张云阶是李棠阶的父执辈，而且张云阶还援引唐宋题主"墨书讫以光漆重模"为据，李棠阶只能遵从张云阶的要求，但他并不赞同点主。李棠阶认为"墨书讫以光漆重模"为天子之礼，而不是士大夫之礼，唐宋士大夫礼在清代已不可考，当时所遵循的是朱熹《家礼》，朱熹是南宋士大夫，但《家礼》只有题主礼，并没有点主礼。据《家礼》，则宋代士大夫并不敢援引"光漆重模"之说，本朝（清朝）《通礼》，品官止言题主，即国丧也止言大学士题主，并未有补缺笔之点主说。

　　道光年间进士盛康在编纂《皇朝经世文续编》，对李棠阶撰《题主说》评论道：

　　丧礼题主，必请达人名德书之，盖孝子慎终尽礼，亦求仁粟以祀之意也。推原礼意，所书本合封爵讳字并题之，以字体繁多，典礼矜持，虑或遗误，故预书其主，而特虚"主"字一点，以待成礼时命笔，俗又谓之"点主"。始用朱，次加墨，盖慎之又慎，所谓亡于礼者之礼也。世俗遵用既久，遂忘礼意，至延贵显以为光宠，则流变愈失，宜为通儒取讯，特附识以质知礼者。[1]

1　（清）李棠阶：《题主说》，（清）盛康辑：《皇朝经世文续编》卷七〇《礼政十·丧礼》，清光绪二十三年（1897）武进盛氏思补楼刊本。

盛康认为，丧礼请达人名德题主，是孝子慎终尽礼之心的体现。盛康并对民间盛行的点主的本源进行了合理化的解释：题主要将逝者的封爵姓名等都写上，字体繁多，如果行题主礼时现场写，则可能会出现书写错误、遗漏，所以要提前写好，只不过空"主"上一点，举行题主礼时再补写，所以在题主礼外衍生出了点主礼，而点主时先朱笔，再用墨笔（另一说为先墨笔，后朱笔），是为了不写错，表示慎重。而这种书写方式盛行之后，民间似乎忘记了点主是为了避免书写错误的本意，而将其视为延请贵显以矜夸的礼节，所以被通儒取笑。

虽然通儒们一直批评点主非礼，但民间点主礼依然盛行，清代光绪年间的小说《海上尘天影》（又名《断肠碑》）有生动的记载：

> 地方官亦在两旁分班侍立。赞礼生唱："升灵。"就有两个体面仆人穿了素服，将神主抬到外桌举定，赞礼生唱："执笔。"道台就执了墨笔，礼生唱："临神。"道台便把笔整了一整，礼生又唱："受神气。"道台将笔在口中呵了一呵。礼生又唱："定主。"道台就将内主外主在"王"字上各点一点，方换朱笔。礼生又同上项唱礼，于是把红笔点了。[1]

《海上尘天影》所描绘的点主礼核心场景与各位儒者所批评的一致，"道台将笔在口中呵了一呵"与明代学者吕坤批评点主礼"云以生者接死者之气"完全一致。清雍乾时人陆耀、清道光时人李棠阶所述点主朱墨二笔均为"先朱后墨"，而该小说所描述的点主为先墨后朱。

第三节　清代皇帝宗庙神主题主礼

清代，升祔太庙的帝后神主及供奉陵寝享殿的神牌，由工部在陵寝配殿先期制造，升祔奉先殿的神牌在奉先殿神库内制造。其中，升祔太庙的神主

---

[1] （清）邹弢：《海上尘天影》（《断肠碑》）第二十一回"大开表珩姑娘理事，小失趣庄公子访娇"，中国青少年新世纪读书网，2015年5月20日。

行题主礼，据乾隆朝《钦定大清通礼》载"列圣列后升祔太庙之礼"：

制下礼部，具疏行钦天监诹吉，工部敬制升祔龛案于太庙街门内洁室，敬制神位于山陵配殿，礼工二部尚书上香行三跪九叩礼。既成，内阁翰林院官朝服敬书题字，大学士满汉各一人朝服视镌，上香行礼。礼部豫列亲王名请旨，简命恭奉后主一人，山陵礼成，敬题神位毕，皇帝恭奉神位于金舆，自山陵迎归太庙祔享，未至京前一夕，皇帝由便道先回宫恭俟。[1]

据光绪朝《钦定大清会典事例》：

恭遇列圣升配南郊北郊，工部制神位，安奉幄次，内阁官题清字，翰林院官题汉字，大学士满汉各一人朝服视镌，上香行礼。先期一日，皇帝诣斋宫。大学士入幄右门，朝服上香行礼，视工部官以青饰神位题字，列圣列后升祔太庙，制神位于陵寝配殿，行礼如仪。[2]

结合上述两则史料，帝后神牌升祔前，神主先在陵寝配殿制作，制好后题主。题主分成了两个步骤，第一步是预先题主，由职位较低的内阁官题满文，翰林院官题汉字，题后再镌刻，这一过程中，由满汉大学士各一员监事。第二步是帝后梓宫安葬地宫后，由地位显赫的满汉大学士各一人行题主礼。

题主礼仪节，据乾隆年间《钦定大清通礼》，题主礼前有司先陈设各种物品：陵寝隆恩殿丹陛之下陈黄舆，隆恩殿设宝座、供案、帛案、香案、祭文案、题主案、皇帝拜位。相关执事人员各站其位：司祝、司帛、司香、司爵以次序立于殿内东西，典仪立殿外东阶，掌燎立于隆恩门外燎所，行题主礼的满汉大学士各一人，穿朝服等候。题主礼快举行时，礼部尚书到皇帝等候的幄次上奏时辰，皇帝穿素服加冠饰（执事暨陪祀官穿同样的衣服），由隆恩

1　（清）来保等：《钦定大清通礼》卷三《吉礼》，影印文渊阁《四库全书》（655），第90—91页，台北：台湾"商务印书馆"，1986年。

2　（清）昆岗等：《钦定大清会典事例》（光绪朝）卷一二《内阁·典礼·坛庙神位题字》，《钦定大清会典事例》（6），第5210页，台北：新文丰出版公司，1976年。

左门进入，登上东面台阶，从左门进入隆恩殿，走到拜位前，向北站立。参加题主礼的王公大臣依序站立在露台、丹墀。奉椟大臣进殿，打开椟匣，捧出神主，恭敬地放置在东案（题主案）上，题主的大学士二人到案前，行一跪三叩礼，起身，就位，毕恭毕敬地题神主，题好后，启椟大臣小心地将神主安放在上宝座，然后行虞祭礼。虞祭礼结束后，将神主迎回京师太庙。[1]

清代官修文献记载了满汉大学士行题主礼时的所题内容。康熙元年（1662）四月十七日，世祖去世满百日，行百日礼，并于当天在寿皇殿行恭题神主礼。内阁满汉大学士各一人，均穿朝服，盥手，到神主香案前，一跪三叩，起身，"于神主'神'字空处，恭点石青毕，一跪三叩，奉安黄幄内"[2]。题主礼是在"神"字空处点石青（石青为一种矿物质颜料）。

圣祖帝后太庙神主题主礼，据《清世宗实录》载，雍正元年（1723）八月乙亥（二十八日），圣祖帝后神牌即将升祔太庙。雍正帝挑选大学士为圣祖仁皇帝、孝恭仁皇后神主填青。雍正帝非常重视这个礼节，特意交代：

> 填青典礼所关最重……尔等当体朕敬恪之诚，洁诚斋戒，屏除尘虑，俨如圣祖在天之灵，陟降上下，诚意所孚，洋洋如在，方副朕一片孝思。尔等不必有意于哀恸，不必有意于仪文，只以一诚感格为是。[3]

雍正帝事先特意要求行填青礼的大臣恭敬行事。九月丁丑朔（初一日），圣祖帝后梓宫奉安，午刻，在景陵隆恩殿行题主大祭礼，"大学士嵩祝、王顼龄恭奉圣祖仁皇帝神主填青，大学士马齐、户部尚书田从典恭奉孝恭仁皇后神主填青"[4]。

清乾隆朝编纂《钦定大清会典则例》所载"圣祖仁皇帝大丧仪"，圣祖帝后题主礼为：

1 （清）来保等：《钦定大清通礼》卷四五《凶礼》，影印文渊阁《四库全书》（655），第458-459页，台北：台湾"商务印书馆"，1986年。
2 （清）昆岗等：《钦定大清会典事例》（光绪朝）卷四五六《礼部·丧礼一·世祖章皇帝大丧仪》，《钦定大清会典事例》（14），第11109页，台北：新文丰出版公司，1976年。
3 《世宗宪皇帝实录》卷一〇，《世宗宪皇帝实录》影印本（1），第193-194页，北京：中华书局，1985年。
4 《世宗宪皇帝实录》卷一一，《世宗宪皇帝实录》影印本（1），第197页，北京：中华书局，1985年。

奉神主大臣二人就案上启椟，奉神主各设左右黄案上，东西向。满汉大学士各诣案前一跪三叩，兴，各就位，于"神"字空处，恭点石青毕，退，立两旁。[1]

题主仍为在"神"字空处点石青。《清世宗实录》《钦定大清会典则例》所记述均为圣祖帝后升祔太庙神主题主礼，而《清世宗实录》将其称为填青礼，据此，题主礼与填青礼这两个术语意义相近，其区别是，题主礼是一种礼制名称，而满汉大学士题主是用石青点题，所以，填青礼是这一活动的实质的概况。因为题主礼要用石青点"神"字空处，所以清代帝后神主的题主礼也被称为点主礼。乾隆二年（1737）二月二十三日，乾隆帝勉励世宗帝后神主的点主大臣："点主大礼攸关，必取其人品名望素优，老成端悫者，俾之敬谨将事，方克称尊奉之隆仪。"[2]

清朝历代帝后神主的题主礼，所题位置均为"'神'字空处"。

"神"字空处是哪一笔呢？据清乾隆朝大臣汪由敦撰《孝贤皇后升祔大礼议》，建议孝贤皇后安葬地宫后，行题主礼，其神主先于乾隆帝升祔太庙（但皇后先于皇帝升祔太庙，违背了礼制，后未施行），再将孝贤皇后神牌奉安奉先殿，也要行题主礼：

臣等谨议……仍照例敬谨制造神牌一分，奉安奉先殿神牌字样，敬镌现上谥册题曰"孝贤皇后神位"，敬点"神"字上一点。[3]

题主礼为敬点"神"字上一点。

清萧奭撰《永宪录》[成书于乾隆十七年（1752）]在介绍世宗帝后的题主礼后，对题主礼加了按语：

1 乾隆朝《钦定大清会典则例》卷八五《礼部祠祭清吏司·丧礼一上》，影印文渊阁《四库全书》（622），第694页，台北：台湾"商务印书馆"，1986年。

2 乾隆朝《钦定大清会典则例》卷八六《礼部祠祭清吏司·丧礼一下》，影印文渊阁《四库全书》（622），第732页，台北：台湾"商务印书馆"，1986年。

3 （清）汪由敦：《松泉集》卷四，影印文渊阁《四库全书》（1328），第741页，台北：台湾"商务印书馆"，1986年。

题主于"神"字下空点处，用石青填题。而地宫石床上亦有神位，所题者太庙之主、奉先之主。世祖之丧，升化之时即题主，恭奉乾清宫择日升祔太庙、奉先殿。今似止以太庙之主言。[1]

萧奭所述帝后题主礼为用石青填题"'神'字下空点处"。另，萧奭言"而地宫石床上亦有神位，所题者太庙之主、奉先之主"，其潜台词是地宫石床上的神主不题主，但地宫内有梓宫无神主，陵寝神主供奉于陵寝隆恩殿，所以，应为隆恩殿神牌不题主[2]，世祖的太庙、奉先殿神主都经过了题主礼，而"今似止以太庙之主"，即雍正帝后太庙之神主才行题主礼，供奉在奉先殿的神主不举行题主仪式。

综上，清代帝后神主预先题主才是实质性的题主。内阁官题清字（满文），翰林院官题汉字，题字之时，将神牌上的题字写完全，并未留下缺笔。内阁官、翰林院官题主之后，再将文字阴刻，填上石青（扫青）。帝后梓宫安葬地宫后，由满汉大学士行题主礼，题主礼的核心是满汉大学士用石青点"神"字空处。而"神"字空处又有两种解读，其一是汪由敦所述"敬点'神'字上一点"，其二是萧奭所述"'神'字下空点处"，这两种说法，相同之处是满汉大学士用石青只点上一点，而题主礼（点主礼）又称为填青礼，据此可知，神主上的文字阴刻，填上石青（扫青）之时，留下了一点空白，没有填青，而待满汉大学士行题主礼时补上。

第四节　清代帝后神主题主礼补缺笔辨

如上文所述，清代帝后升祔太庙的神主要行题主礼，亦即通俗所谓点主礼，因清代帝后神主题主的最后文字为"神位"而不是前代的"神主"，那

---

1 （清）萧奭：《永宪录》卷二（上），第105页，北京：中华书局，1959年。

2 徐广源、韩熙：《太庙和皇帝的"家务事"——解密清朝皇家祭祖规仪》，第63-64页，北京：中国国际广播出版社，2012年。

么，是否就可以认为其题主礼是用笔补上"神"字的最后一笔竖呢？[1]笔者综合考察，认为清代帝后神主的题主礼仅仅是礼仪性的，行该礼的大学士仅仅是用石青在"神"字上点一下，并不会真正用笔补上"神"字最后一笔竖。

第一，笔者目前未见到清代帝后题主礼补上"神"字最后一笔竖的原始史料，以圣祖帝后神主题主礼为例，《钦定大清会典则例》的记载是："满汉大学士各诣案前一跪三叩，兴，各就位，于'神'字空处，恭点石青毕，退，立两旁。"[2]"于'神'字空处，恭点石青毕"不能解读为"提笔在神牌上的'神'字空处填写一笔"[3]。

第二，谓清代帝后太庙神主行点主礼，用笔补上"神"字缺笔也缺乏礼制来源。如上文所述，先秦以来，只有天子诸侯宗庙有神主，宋代以后，因程朱学说的盛行，神主才在民间普及，可以说，民间神主制度的礼制来源是程颐的《神主式说》以及朱熹的《家礼》，而《神主式说》《家礼》均未规定点主礼，从题主礼中演化出点"主"字上一点的点主礼，虽在明清民间盛行，但被明清学者吕坤、刘榛、李棠阶等人公开批判为违礼之举。同样地，天子神主制度，正如北宋经学家陈祥道所说"主之制，不见于经。"[4]经书也不会记载天子神主要补"神"字最后一笔的题主礼（点主礼），不能因为清代帝后神主题主礼要用石青点"神"字空处，再结合本身就被明清儒者批判的民间点"主"字上一点的点主礼，就认为清代帝后神主的点主礼是用笔补上"神"字最后一笔竖。

第三，清代帝后升祔太庙神主的字要阴刻，若行题主礼（点主礼）时再补上"神"字最后一笔，时间来不及。在陵寝配殿制作好升祔太庙神主，由

---

1 据徐广源、韩熙考证，清代帝后神主题主礼满文、汉字都要补缺笔，满文缺笔暂不可考，关于汉字的缺笔点主礼补写的是"神位"的"神"字最后一笔竖，或者"神主"中"神"字的竖笔和"主"字的点。徐广源、韩熙：《太庙和皇帝的"家务事"——解密清朝皇家祭祖规仪》，第99页，北京：中国国际广播出版社，2012年。

2 乾隆朝《钦定大清会典则例》卷八五《礼部祠祭清吏司·丧礼一》上，影印文渊阁《四库全书》（622），第694页，台北：台湾"商务印书馆"，1986年。

3 徐广源、韩熙：《太庙和皇帝的"家务事"——解密清朝皇家祭祖规仪》，第101页，北京：中国国际广播出版社，2012年。

4 （宋）陈祥道：《礼书》卷七〇，影印文渊阁《四库全书》（130），第448页，台北：台湾"商务印书馆"，1986年。

内阁官、翰林官题写文字后，"大学士满汉各一人朝服视镌"[1]，"镌"即雕刻，所雕刻者是题主之文。然后再将雕刻之字扫青（填青），即用石青将阴刻凹处填平，所以神牌上的文字，给人感觉"上面的字都是直接写上去的"[2]，但若实察神主上的文字，会发现字体有凹凸感（图2-6）。清代官修史料未介绍帝后神主制作所需时间，但记载了皇子神主制作时间，乾隆十三年（1748）九月二十五日奏准："悼敏皇子神主工竣于十一月，初二日刻字，初三日填青，初五日题主"[3]，其刻字、填青不是一天所能完成的。帝后神主行题主礼时，仪式非常紧凑，不可能补上缺笔，再临时雕刻、扫青。

第四，在陵寝举行题主礼，所题之主是升祔太庙的神牌，而在陵寝、奉先殿供奉的神牌不会举行题主礼，若神牌制作好后，内阁官、翰林院官预先题主时，将"神"字最后一笔留白，等满汉大学士在题主礼时补上，则未举行题主礼的陵寝、奉先殿供奉的神牌是否就意味着"神"字不完整？题主不完全的神牌当然不可能供奉，现在也未见类似的神牌。而供奉在太庙的神主与供奉在陵寝的神牌是同时制造的，说明内阁官、翰林院官是将满汉文"神"字写完全了。

清帝题主礼要分为实质性的

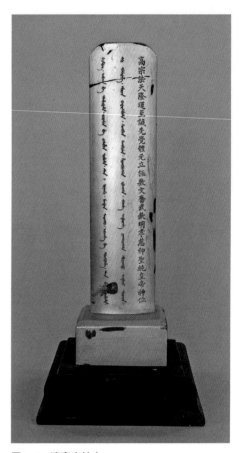

图 2-6　清高宗神主

1　（清）来保等：《钦定大清通礼》卷三《吉礼》，影印文渊阁《四库全书》（655），第90页，台北：台湾"商务印书馆"，1986年。

2　徐广源、韩熙：《太庙和皇帝的"家务事"——解密清朝皇家祭祖规仪》，第62页，北京：中国国际广播出版社，2012年。

3　乾隆朝《钦定大清会典则例》卷九〇《礼部祠祭清吏司·丧礼四》，影印文渊阁《四库全书》（622），第853页，台北：台湾"商务印书馆"，1986年。

预先题主及礼仪性的题主礼（点主礼、填青礼）两个步骤，其原因是神主的制作要有一个过程，书写之后需要镌刻和扫青，如果在行题主礼时书写，则镌刻和扫青两个环节根本就无法进行，因为行题主礼后，神主马上就要送到太庙去供奉。此外，预先题主还可以有效防止书写遗漏、错误。如果真的在盛大的题主礼上题写神主，题主大臣若心情紧张，极容易发生错误。但若在预先题主环节将所有的神主文字完全题好、刻好并扫青，则题主礼就无主可题了，所以，又留下一个"尾巴"，"神"字雕刻后，扫青之时留下了一点，由题主大臣补上。

题主礼满汉大学士用石青所点"神"字空处的那一点的具体位置，即"神"字雕刻后，扫青之时留下了哪一点未扫青？目前的线索是汪由敦所述"敬点'神'字上一点"，萧奭所述"'神'字下空点处"。笔者推测，预先题主时所留下的"神"字未扫青的一点，最大的可能是"神"字最后一竖笔的末端，点主大学士只要将这一点补上，则题主礼大功告成。该推测与汪由敦、萧奭的陈述不矛盾，汪由敦"敬点'神'字上一点"可以理解为这一点在"神"字本体内，而萧奭所述"'神'字下空点处"则可以将这一点明确为神主"神"字最后一笔竖的末端。

内阁官、翰林院官题主之后，再将文字阴刻，关于文字阴刻的深度，因帝后神主后世要屡次加谥改题，就要刮去原题，若阴刻太深，神主就会变薄，阴刻深度有限。因神主制作时要"饰漆涂金"[1]，我们可以据此推测，阴刻的深度当以饰漆涂金层为限，不会刻入神主的木质层。

1　乾隆朝《钦定大清会典则例》卷七九《礼部祠祭清吏司·升祔》，影印文渊阁《四库全书》（622），第506页，台北：台湾"商务印书馆"，1986年。

第三章 清代皇帝宗庙神主升祔制度

清代帝后神主（神牌）升祔于太庙中殿与奉先殿后殿，其祔庙制度继承
了前代帝王神牌升祔的一般特点，过程可分为升祔前的祇告、斋戒、题主等
礼仪，礼制严密的升祔仪式，升祔后的颁诏、致祭等礼仪。清代帝后神主祔
庙制度也有本朝的变通之处，如诸后祔庙趋宽；因陵寝修建尚需时日，文宗
帝后、穆宗帝后、德宗先升祔奉先殿，后升祔太庙；道光、同治两朝用增加
龛位的办法解决本朝未建立亲尽迁祧制度而导致的祔庙空间不足的难题。

第一节　太庙与奉先殿是清代帝后神主升祔的主要宗庙

神主，又称为神牌，是宗庙祭祀中受祭者的牌位、符号象征物。据《论
语·八佾》：“祭如在，祭神如神在。”[1] 其意为，祭祀祖先，仿佛祖先在面前；
祭祀神灵，仿佛神灵在面前。神主就是“如在”的标志，是祖先神灵依附的
载体。[2] 神主依昭穆顺序入庙，受祭者才能享受后世的供奉与祭奠，获得事死
如事生的尊崇，因此神主祭祀成为沟通死亡世界和现实社会的桥梁。而对于
皇帝（天子）来说，镌刻了复杂的谥号的神主升祔宗庙，更是确认、彰显了
其在本朝君统与宗统中的地位，意义重大。

自有文字记载的商代开始，商王祭祀就有了神主，卜辞中用“斗”表示
神主。[3] 周代天子神主与诸侯神主有显著的等级差别，据《春秋穀梁传注疏》，
鲁文公二年（前625）二月“丁丑，作僖公主”。其注文曰：“为僖公庙作主
也，主盖神之所凭依，其状正方，穿中央达四方，天子长尺二寸，诸侯长一
尺。”[4] 夏商以降，历代皇帝（天子）及其元后之神主无不升祔太庙，升祔礼也
有严格的礼仪规范，此制度一直延续到中国最后一个皇朝——清朝。

本章所探究的清代皇帝宗庙神主升祔制度，指的是北京太庙与奉先殿的

1　（魏）何晏集解，（南朝梁）皇侃义疏：《论语集解义疏》卷二，影印文渊阁《四库全书》（195），第361-362
　　页，台北：台湾“商务印书馆”，1986年。

2　樊德昌：《神主探源》，《寻根》2007年第3期。

3　连劭名：《商代的神主》，《殷都学刊》1998年第3期。

4　（晋）范宁集解，（唐）杨士勋疏，（唐）陆德明音义：《春秋穀梁传注疏》卷一〇，影印文渊阁《四库全书》
　　（145），第695-696页，台北：台湾“商务印书馆”，1986年。

神主升祔制度。[1]清代太庙后殿与中殿都升祔了神主。太庙后殿是清代皇家宗庙事实上的祧庙，升祔的是皇太极于天聪十年（明崇祯九年，1636）四月所追封的四祖，即始祖泽王、高祖庆王、曾祖昌王、祖福王及四代祖妣。清入关后，顺治五年（1648）十一月乙丑（初五日），顺治帝追尊四祖为帝：八世祖泽王孟特穆为肇祖原皇帝、五世祖庆王福满为兴祖直皇帝、高祖昌王觉昌安为景祖翼皇帝、曾祖福王塔克世为显祖宣皇帝，并将其神主从盛京太庙奉迁到北京太庙后殿。[2]太庙中殿升祔的是从太祖努尔哈齐到光绪帝的十一代帝后。皇帝升祔宗庙在历朝历代均为应有之义，但因一位皇帝可能有多位皇后，皇后配享太庙的情况比较复杂，但从总体上来看，不是有皇后名号就一定能升祔太庙，如明代只有嫡后才能升祔太庙，而清代有皇后名号的后妃均升祔于太庙。

因奉先殿在顺治十四年（1657）才建成，此前已故的太祖、太宗帝后先升祔太庙，后再升祔奉先殿。此后的世祖、圣祖、世宗、高宗、仁宗、宣宗六代帝后均同时升祔太庙与奉先殿。而后世的文宗、穆宗、德宗驾崩之时，陵寝尚未完工，因只有在梓宫先安放入地宫后，神主才能升祔太庙，为了让他们的神灵有所寄托，故先升祔奉先殿，后升祔太庙。皇后的升祔则分为两种情况，若比皇帝去世早，则先在奉先殿升祔，皇帝去世之后，再与皇帝一同升祔太庙，若比皇帝去世晚，则同时升祔太庙、奉先殿。

清代皇帝宗庙神主升祔制度在清雍正、乾隆时期完全成熟。其既继承了前代皇帝宗庙神主升祔的通行制度，也有本朝的创新、变通之处。

第二节　清代皇帝宗庙神主升祔礼仪

清代帝后神主升祔太庙中殿与奉先殿后殿，过程可分为升祔前的祇告、

1　清代皇帝宗庙包含太庙（盛京太庙、北京太庙）与原庙（奉先殿、寿皇殿、畅春园恩佑寺、圆明园安佑宫、避暑山庄永佑寺、绥成殿等），清入关之前，清初追封四祖及太祖帝后神牌（神主）供奉于盛京太庙，顺治帝入关后，盛京太庙神主奉迁到北京太庙，后盛京太庙收储历代帝后册宝一份。在数座原庙之中，只有奉先殿供奉帝后神牌，其他原庙供奉帝后神御（圣容）。因清代北京太庙与盛京太庙并存，本章中的太庙，均指北京太庙。

2　徐广源、韩熙：《太庙和皇帝的"家务事"——解密清朝皇家祭祖规仪》，北京：中国国际广播出版社，2012 年。

斋戒、题主等礼仪，神主升祔太庙中殿、奉先殿后殿，升祔后的颁诏、致祭等礼仪。

（一） 升祔前的主要礼仪：祇告、斋戒、题主

清代帝后神牌升祔宗庙前，有祇告、斋戒及题主等仪式。

1. 祇告

清朝帝后祔庙，"先期遣官祇告天、地、太庙、社稷"[1]。所谓先期，即升祔前三日就安排将要去天坛、地坛、太庙、社稷坛行祇告礼，而该礼仪要升祔前一日才举行，据《钦定大清通礼》："先一日遣官以祔庙告祭天、地、宗庙、社稷，如常告仪。"[2] 这一祇告制度与明代完全相同，但清代直到雍正元年（1723）圣祖帝后升祔时，祇告礼才成熟、定型。顺治、康熙两朝升祔祇告礼都比较简略，顺治八年（1651）孝端文皇后神主升祔太庙，前一日遣官祇告太庙[3]，顺治十八年（1661）世祖神主升祔太庙，前一日遣官祇告太庙[4]，祇告地点只局限在太庙。雍正元年九月丁丑（初一日），即圣祖帝后升祔太庙前三日，雍正帝"遣官以升祔太庙吉期，告祭天、地、太庙、社稷"[5]，祇告地点从太庙扩展到了天坛、地坛、太庙、社稷坛。此后，历代帝后升祔太庙均遵照之。

若皇帝在世，而皇后先去世，则皇后先升祔奉先殿，升祔前一日祇告奉先殿。与帝后同时升祔太庙、奉先殿时，由嗣皇帝遣官告祭不一样，皇后升祔奉先殿，一般是皇帝本人亲自到奉先殿行祇告礼。乾隆十七年（1752）十月甲午（初七日），孝贤纯皇后升祔奉先殿前一日，乾隆帝亲诣告祭奉先殿。[6] 道光二年（1822）十一月丙子（初六日）孝穆成皇后[7]、道光十五年（1835）十二月己巳（十五日）孝慎成皇后[8]、道光二十年（1840）十二月甲子（初

1 赵尔巽等：《清史稿》卷八二《礼一（吉礼一）》,《清史稿》(10)，第2500页，北京：中华书局，1977年。
2 （清）来保等：《钦定大清通礼》卷三《吉礼·宗庙》，影印文渊阁《四库全书》(655)，第91页，台北：台湾"商务印书馆"，1986年。
3 清乾隆朝官修：《清朝通典》卷四五《礼（吉五）·太庙》，第2274页，杭州：浙江古籍出版社，2000年。
4 《钦定大清会典则例》卷七九《礼部·祠祭清吏司·升祔一》，影印文渊阁《四库全书》(622)，第501页，台北：台湾"商务印书馆"，1986年。
5 《世宗宪皇帝实录》卷一一，《世宗宪皇帝实录》影印本(1)，第197页，北京：中华书局，1985年。
6 《高宗纯皇帝实录》卷四二四，《高宗纯皇帝实录》影印本(6)，第550页，北京：中华书局，1986年。
7 《宣宗成皇帝实录》卷四四，《宣宗成皇帝实录》影印本(1)，第781-782页，北京：中华书局，1986年。
8 《宣宗成皇帝实录》卷二七五，《宣宗成皇帝实录》影印本(5)，第244页，北京：中华书局，1986年。

八日）孝全成皇后升祔奉先殿 [1]，道光帝均在升祔前一日亲自告祭奉先殿。

2. 斋戒

清代帝后升祔太庙，嗣皇帝要斋戒三日。《清实录》记载的最早的帝后神主升祔斋戒礼是世宗帝后升祔，乾隆帝斋戒三日。乾隆二年（1737）三月庚寅（初二日，升祔前三日），"是日起，上以世宗宪皇帝、孝敬宪皇后升祔太庙，斋戒三日" [2]。此后，历代帝后升祔，实录均有斋戒记载。圣祖帝后升祔，实录虽未明确记载雍正帝斋戒，但升祔前一段时间雍正帝要全程参与康熙帝后梓宫安放、行点主礼、虞祭礼、护送神主黄舆回京，实际上也处于节欲、节食的斋戒状态。而太宗帝后、世祖帝后升祔时，嗣皇帝（顺治帝、康熙帝）尚处于童蒙之中，实际上不需要斋戒。

3. 题主

清代帝后神主升祔太庙、奉先殿，其实就是将满汉文书写的含谥号的神位供奉于龛位。升祔太庙及陵寝享殿神牌，由工部在陵寝配殿先期制造，升祔奉先殿的神主在奉先殿神库内制造。神主制好后，要题写以谥号为主体的满汉文字神位，由内阁官题满文，翰林院官题汉字。帝后梓宫安奉地宫后，当日题神主，行该礼的大学士用石青在"神"字上点一下。此后再行虞祭礼（安葬之后的祭祀礼）。虞祭礼完毕后，皇帝和亲王将帝后神位捧到金舆，从陵寝迎归京城太庙。快到京城的前一晚，皇帝由便道先回宫恭俟。

清代帝后神主题主礼仪是逐步完善的。顺治十八年（1661）四月十七日，在观德殿举行世祖神主点主礼，这时世祖梓宫尚未安奉。[3] 康熙朝中期，神主点主礼也不是在陵寝隆恩殿举行。康熙二十七年（1688）十月辛酉（二十二日），"遣满汉大学士各一员恭点大行太皇太后神主。是日，恭奉神牌升祔太庙、奉先殿" [4]。孝庄文皇后陵寝距离京城遥远，点主当日不可能就升祔太庙、奉先殿，因此，其题主礼不是在陵寝而是在京城举行。从圣祖帝后开始，升祔太庙神主

---

1 《宣宗成皇帝实录》卷三四二，《宣宗成皇帝实录》影印本（6），第207页，北京：中华书局，1986年。

2 《高宗纯皇帝实录》卷三八，《高宗纯皇帝实录》影印本（1），第687页，北京：中华书局，1986年。

3 （清）昆岗等：《钦定大清会典事例》（光绪朝）卷四五六《礼部·丧礼一·世祖章皇帝大丧仪》，《钦定大清会典事例》（14），第11106—11109页，台北：新文丰出版公司，1976年。

4 《圣祖仁皇帝实录》卷一三七，《圣祖仁皇帝实录》影印本（2），第495页，北京：中华书局，1985年。

在陵寝行点主礼。雍正元年（1723）三月庚子（二十一日）谕礼部：

> 明季帝王皆不亲送梓宫，故令亲王大臣奉主回京。朕既亲往，若不躬奉神主，于心何安？俟山陵事毕，点主礼成，朕亲奉皇考神主回京。[1]

这条谕旨，明确交代了康熙帝的点主礼是在陵寝举行的，此外，雍正帝所陈述的"明季皇帝不亲送梓宫，而令亲王大臣奉主回京"的事实，说明明代是在陵寝行题主礼，清代在陵寝行题主礼是承明制而来。

到了清晚期，从道光帝孝静皇后开始，含文宗帝后、穆宗帝后、德宗，其去世之后，还需要相当长时间陵寝才能竣工，因此，他们的神主先升祔奉先殿，其题主礼也有变通。孝静皇后去世后，梓宫于咸丰五年（1855）十月二十五日奉移慕东陵，但慕东陵尚未修好，"距永远奉安之期，为时尚远"，八月十三日，咸丰帝发布谕旨，提前升祔孝静皇后：

> 若必俟神牌黄舆还京后，始行升祔典礼，转无以妥先灵而伸敬礼。所有大行皇太后神牌，即着于绮春园敬谨制造，并着钦天监于十月二十五日以前选择吉期，敬谨升祔奉先殿。[2]

若一定要等到从陵寝发出的神主黄舆还京后，始行升祔典礼，那么在相当长的时间内，孝静皇后的神灵都无法安顿，所以咸丰帝下令提前升祔，其神主在绮春园制造。

文宗去世后，同治元年（1862）九月初九日，文宗与孝德显皇后梓宫奉移陵寝，其陵寝定陵正在建造。该年七月二十五日朝廷下达谕令：

> 文宗显皇帝神牌即于奉先殿神库内择吉恭制，并谨将孝德显皇后神牌漆饰改题，恭书庙号，一并先行升祔奉先殿，俟将来山陵永远奉安礼成后，再

---

1 《世宗宪皇帝实录》卷五，《世宗宪皇帝实录》影印本（1），第 121 页，北京：中华书局，1985 年。
2 中国第一历史档案馆编：《咸丰同治两朝上谕档》（5），第 295 页，桂林：广西师范大学出版社，1998 年。

行升祔太庙。[1]

文宗帝后先升祔奉先殿，其神主在奉先殿神库制作。此后的穆宗帝后、德宗的神主升祔，都因为相同的原因提前升祔奉先殿，神主也在奉先殿制作。

（二） 帝后神主升祔过程

据乾隆年间编纂的《钦定大清通礼》"列圣列后升祔太庙之礼"，帝后神主升祔太庙分为多个步骤。下文以乾隆二年（1737）三月世宗帝后升祔予以说明。

先期，朝廷下达世宗帝后将要升祔之制令，礼部拟定升祔仪节，钦天监诹吉，选取升祔日期。工部在太庙街门内洁室制升祔凭案。三月庚寅（初二日），世宗帝后神主在陵寝行题主礼，大学士鄂尔泰、张廷玉点世宗宪皇帝神主，尚书三泰、任兰枝点孝敬宪皇后神主，然后行虞祭礼。虞祭礼结束后，乾隆帝捧世宗神主，和硕和亲王弘昼捧孝敬宪皇后神主，奉安于黄舆内，从陵寝迎归京城。快到京城的前一晚，乾隆帝由便道先回宫等候。

同期，宫中、太庙和奉先殿也在紧锣密鼓地准备世宗帝后神主升祔，进行眠牲、致斋、书祝版、阅祝版、眠割牲、设寝室凭案、祇告、设神座、陈设器具、张黄幄、设洗、陈乐悬乐舞、陈法驾卤簿等先期筹备工作。

三月癸巳（初五日），世宗帝后神牌升祔太庙。世宗、孝敬宪皇后神主黄舆从永定门、正阳门入皇城、宫城。乾隆帝预先到太庙街门外幄次恭候。辰时（早上七点至九点间），黄舆到达。乾隆帝在端门外跪迎，跟随黄舆进入太庙街门。到砖城门外，乾隆帝到世宗神主黄舆前，行三叩礼。和亲王弘昼到孝敬宪皇后神主黄舆前行礼。乾隆帝捧世宗宪皇帝神主，弘昼捧孝敬宪皇后神主随后，由砖城门、戟门东门入，登正面东阶，进入太庙东楹扇。此先已在殿正中预设世宗拜褥，在右边稍后位置设孝敬宪皇后拜褥。乾隆帝捧世宗神主，上前站立。弘昼捧孝敬宪皇后神主，在右边稍后位置向前站立。赞引官跪奏："升祔太庙，行参拜礼。"乾隆帝捧世宗神主，在拜褥上跪安。弘昼捧孝敬宪皇后神主也跪在拜褥上，然后从西楹扇退出。乾隆帝就位，行三跪九叩头礼，捧世宗神主奉安于世祖章皇帝神主之次的第一位宝座上，再行礼。弘昼从西楹

1　中国第一历史档案馆编：《咸丰同治两朝上谕档》（12），第352-353页，桂林：广西师范大学出版社，1998年。

扇进入，捧孝敬宪皇后神主奉安在第二位宝座上，行礼。弘昼退出。乾隆帝就位，行升祔太庙致祭礼，其仪节与时享仪一样。行礼完毕，乾隆帝回宫。

升祔太庙后，世宗帝后神主再升祔奉先殿。同一天巳时（上午九点至十一点间），乾隆帝换下礼服，穿着补服。从景运门到奉先殿诚肃门外，降舆驾。到修神主处，诣神位前，行三叩礼。和亲王弘昼在楅扇外随行礼。乾隆帝捧世宗神主，弘昼捧孝敬宪皇后神主跟在后面。由奉先殿东门进入，登月台正面东阶，从东楅扇进殿，奉安世宗神主于西二间南向第一位宝座上，行礼。乾隆帝就拜位，站立。赞引官跪奏："孝敬宪皇后升祔奉先殿，参拜世宗宪皇帝。"弘昼捧孝敬宪皇后神主奉安在拜褥上。弘昼从西楅扇退出。乾隆帝行三跪九叩头礼，恭捧孝敬宪皇后神主奉安在西二间第二位宝座上，行礼。乾隆帝就位，行升祔奉先殿致祭礼，礼仪如朔望大祭仪。礼成后，回宫。[1]

清代帝后升祔太庙的处所是中殿，奉先殿的处所是后殿。其龛室排列依据的是昭穆顺序。太庙中殿中楹供奉太祖帝后，东西各四楹。东次楹及又次楹为昭位，供奉太宗文皇帝帝后、圣祖仁皇帝帝后、高宗纯皇帝帝后、宣宗成皇帝帝后、穆宗毅皇帝帝后。西次楹及又次楹为穆位，供奉世祖章皇帝帝后、世宗宪皇帝帝后、仁宗睿皇帝帝后、文宗显皇帝帝后、德宗。奉先殿后殿供奉帝后神主与太庙中殿相同。

（三） 帝后神主升祔后续仪节

清代帝后神主升祔太庙、奉先殿后，尚有颁诏天下、颁诏朝鲜国王、升祔后致祭礼等仪式。

1. 颁诏天下

帝后神主升祔太庙、奉先殿的当天或第二天、第三天（以第二天为主），朝廷要颁诏天下，若帝后同时升祔太庙与奉先殿，颁诏天下的名义是"升祔太庙礼成"，而不提升祔奉先殿。若帝后先期升祔奉先殿，则不向天下颁诏。

清初期尚处于草创阶段，各项礼节不完备。太祖、太宗升祔太庙，并未颁诏天下。第一位升祔太庙而颁诏天下的是孝端文皇后[2]，此后历代帝后升祔均颁诏。

1 《高宗纯皇帝实录》卷三八，《高宗纯皇帝实录》影印本（1），第 688-689 页，北京：中华书局，1986 年。
2 《世祖章皇帝实录》卷五二，《世祖章皇帝实录》影印本，第 411 页，北京：中华书局，1985 年。

帝后升祔颁诏的内容在清代有阶段性变化。在顺治、康熙、雍正三朝，帝后升祔太庙颁诏的内容是对升祔帝后做出评价。如顺治八年（1651）正月庚午（二十二日），第一次颁布的孝端文皇后升祔太庙礼成诏书内容是：

内则光前，行克兼于慈孝，鸿名裕后，礼莫大于尊亲。稽古追崇，昭兹播告，钦惟我皇妣皇后，承乾正位，体顺居贞，光辅太宗，式扩开成之烈，佑翼冲子，宏昭启迪之恩。贻训如存，追思罔极。仰溯徽音之嗣，琬琰生光，允宜显号之隆，苾芬同荐。恪遵成宪，丕协舆情。祗告天地、宗庙、社稷，率诸王、贝勒、文武群臣，恭奉册宝，上尊谥曰"孝端正敬仁懿庄敏辅天协圣文皇后"。于顺治八年正月十九日升祔太庙。于戏，至哉！坤元永表，配天之德。焕斯大号，式孚率土之心。布告天下，咸使闻知。[1]

其内容是表明子皇帝之孝心，并高度评价孝端文皇后"光辅太宗""佑翼冲子"的功绩，宣示孝端文皇后的谥号、升祔日期等，以使天下周知。此后康熙九年（1670）五月丙辰（初一日）孝康章皇后[2]、康熙二十七年（1688）十月壬戌（二十五日）孝庄文皇后[3]、康熙五十七年（1718）十二月庚申（十七日）孝惠章皇后神主升祔太庙[4]，所颁诏书无不如此。

皇帝升祔太庙之时，要同时升祔先去世的皇后，因此其升祔之后的诏书既要叙述皇帝的功绩，也要评价配享的皇后。如雍正元年（1723）九月辛巳（初五日），圣祖帝后升祔太庙礼成所颁诏书，先高度评价康熙帝的丰功伟绩：

恭惟皇考圣祖仁皇帝体合乾坤，声昭日月，开万年之景运，扬三祖之耿光，和惠宽仁，民物咸乐，生遂性，信诚节俭，刑政悉内治外修。廓从古未登之版图，要荒并隶；弘历代未施之声教，渐被无垠。循继述之功，以守成而兼创业；数圣贤之主，实首出而无比伦。惕厉忧勤，六十一载之精神，为黎民耗竭，讴

1 《世祖章皇帝实录》卷五二，《世祖章皇帝实录》影印本，第412页，北京：中华书局，1985年。
2 《圣祖仁皇帝实录》卷三三，《圣祖仁皇帝实录》影印本（1），第444页，北京：中华书局，1985年。
3 《圣祖仁皇帝实录》卷一三七，《圣祖仁皇帝实录》影印本（2），第496页，北京：中华书局，1985年。
4 《圣祖仁皇帝实录》卷二八二，《圣祖仁皇帝实录》影印本（3），第757页，北京：中华书局，1985年。

吟感慕，千亿兆人之思仰，与天地悠长。洵百世而不迁，宜九庙以崇享。

内容涉及康熙帝的仁治、刑政、开拓疆土、勤政等，接着评价配享圣祖的孝诚皇后、孝昭皇后、孝懿皇后、孝恭皇后：

皇妣孝诚皇后正位璇宫，作配宸极，徽音懋著，淑德素成。皇妣孝昭皇后明哲温和，恪庄柔顺，佐理内政，表树壸仪。皇妣孝懿皇后纯粹天根，敬恭性蕴，动循礼则，行法前修，慈抚朕躬，恩勤笃挚。皇妣孝恭皇后孝仁端厚，肃敬柔明，诞育藐躬，命提教切。隆彰母道，顾复恩深，谦约持身，惠慈抚下，皆流辉于椒掖，合继善于丹闱。允宜同祀神宫，合登礼室。[1]

诏书点出了各位皇后的"特色"之处：孝诚皇后为元配，孝懿皇后抚育过雍正帝，孝恭皇后是雍正帝生母，她们都应祔庙。

帝后升祔诏书在乾隆年间发生了较大的变化，包含了升祔太庙恩诏条款。乾隆二年（1737）三月癸巳（初五日），世宗、孝敬宪皇后神主升祔太庙、奉先殿。次日，乾隆帝颁诏天下，向天下宣谕世宗帝后升祔，在罗列了帝后的功勋、谥号等之后，宣布了升祔太庙恩诏条款：

既襄殷礼，宜布鸿施，所有事宜，开列于后：

一、乾隆元年十月恭送世宗宪皇帝梓宫，及今三月随往泰陵之大臣官员，俱加一级；

一、雍正十三年九月、十二月，两次恩诏后，升任到任之文武大臣官员，俱给予封典；

一、凡试职各官，俱准实授；

一、贡生、监生每年仍派大臣官员考定职衔，照旧例送吏部注册；

一、贡生、监生、在监肄业者，免坐监一月；

一、汉军犯军流等罪者，其亲族坟墓，俱在京师。边方远土，风尚顿殊，

---

1 《世宗宪皇帝实录》卷一一一，《世宗宪皇帝实录》影印本（1），第 200-201 页，北京：中华书局，1985 年。

平时不习生计，类难存活，且与百姓交错居住，不无滋扰，仍照旧例，以枷责完结；

一、军民年七十以上者，许一丁侍养，免其杂派差役；

一、各省养济院，所有鳏寡孤独及残疾无告之人，有司留心，以时赡养，无致失所；

一、穷民无力营葬，并无亲族收瘗者，该地方官择高阜隙地无妨耕作者，设义冢，随时掩埋，毋使抛露。[1]

官员、贡生、监生、汉军罪犯、七十岁以上的老人、鳏寡孤独及残疾无告之人、无力营葬且无亲族收瘗的穷民都得到了普惠。

乾隆帝所开创的本朝帝后升祔太庙大赏天下的恩诏条款，后代帝后升祔均予以仿效，只是其内容有细微的差别。乾隆四十二年（1777）五月丙寅（初二日），孝圣宪皇后升祔颁诏，恩诏条款新增了"历代帝王庙及先圣先贤陵墓，所在地方官，随时修护"，"直隶办差地方文武官员，加一级"，"满汉孝子、顺孙、义夫、节妇、该管官访实。奏闻旌表"，"在京及各省军流以下人犯，分别减等发落"。[2]嘉庆四年（1799）九月甲戌（十九日），高宗、孝贤纯皇后、孝仪纯皇后升祔，所颁恩诏条款新增了"各省儒学，以正贡作恩贡，次贡作岁贡"[3]。以上三道恩诏条款是后世颁发帝后升祔恩诏条款的典范，内容再没有超出这些范围。

升祔太庙恩诏条款先由职事部门拟定，嘉庆四年九月初三日，拟定的高宗帝后升祔太庙恩诏条款中的两条"一、恭送高宗纯皇帝梓宫及护从执事大臣官员俱加一级；一、直隶办差之地方文武官员俱加一级"，后面有一行小字"二条掣出"[4]，九月十九日所颁发的升祔太庙恩诏条款的确没有这两条。

咸丰五年（1855）十月己酉（十九日），道光帝孝静康慈皇后神主升祔宗庙。孝静康慈皇后被咸丰帝追封"皇后"之名，但咸丰帝减杀她的升祔礼仪，不按雍正朝所确定的有"皇后"名分的均可升祔太庙的惯例，而只让她升祔

1 《高宗纯皇帝实录》卷三八，《高宗纯皇帝实录》影印本（1），第689—691页，北京：中华书局，1986年。
2 《高宗纯皇帝实录》卷一〇三二，《高宗纯皇帝实录》影印本（13），第831—833页，北京：中华书局，1986年。
3 《仁宗睿皇帝实录》卷五二，《仁宗睿皇帝实录》影印本（1），第661—663页，北京：中华书局，1986年。
4 中国第一历史档案馆编：《嘉庆道光两朝上谕档》（4），第316页，桂林：广西师范大学出版社，2000年。

奉先殿。升祔的第二天，咸丰帝以"以恭上孝静康慈皇后尊谥，并升祔奉先殿礼成"的名义颁诏天下，在这道诏书中，也有恩诏条款，其内容与其他帝后升祔太庙一样。[1] 咸丰帝去世后，同治元年（1862）九月庚戌（初一日），孝静康慈皇后谥号升格为孝静成皇后，神牌升祔太庙，并再次升祔奉先殿，第二天，再次颁诏天下。[2]

2. 颁诏朝鲜国王

朝鲜是清政权征服的第一个属国，清代帝后升祔太庙，也要向朝鲜国王颁发诏书。乾隆二年（1737）三月癸巳（初五日），世宗、孝敬宪皇后升祔太庙，辛丑（十三日），礼部奏：

> 世宗宪皇帝、孝敬宪皇后升祔太庙，应颁发朝鲜国诏书，请点正副使各一员。得旨：着散秩大臣保德为正使，头等侍卫多尔济为副使。今世宗宪皇帝配天在即，所有两次诏书，并作一次颁发，以省外藩供应。其直隶各省及蒙古地方，所颁诏书，亦着并为一次，以免疲劳驿站。[3]

帝后升祔太庙、皇帝升配天坛皇穹宇，均需派遣正副使赍送诏书于朝鲜国王，因这两次升祔（配）礼仪间隔时间不久，为了节省人力、物力，两次诏书并作一次颁发。朝鲜国王得到使臣递送的诏书后，要派遣陪臣奉送贺表。康熙十年（1671）正月戊午（初六日），朝鲜国王李棩，派遣陪臣李楠等，表贺孝康章皇后升祔太庙。其表文为：

> 加隆显称，咸仰尊亲之典；升祔明祀，聿彰配祢之仪。情文罔愆，远迩胥悦。钦惟皇帝陛下仁深锡类，诚切奉先，慈恩莫追，违孝养于天下；缛礼斯举，形孝理于寰中。宜见庆福之毕臻，亦令涣渥而普被。伏念臣猥荷皇眷，忝守藩邦，助祭周庭，纵阻骏奔之列，驰神魏阙，第申鳌忭之忱。[4]

1 《文宗显皇帝实录》卷一八〇，《文宗显皇帝实录》影印本（3），第1018-1019页，北京：中华书局，1986年。
2 《穆宗毅皇帝实录》卷四二，《穆宗毅皇帝实录》影印本（1），第1127-1128页，北京：中华书局，1987年。
3 《高宗纯皇帝实录》卷三八，《高宗纯皇帝实录》影印本（1），第695页，北京：中华书局，1986年。
4 《圣祖仁皇帝实录》卷三五，《圣祖仁皇帝实录》影印本（1），第470页，北京：中华书局，1985年。

表文以优美的骈体文写成，赞颂康熙帝之仁、之孝，点明朝鲜以"藩邦"的身份"助祭周庭"。清廷得到朝鲜国王的升祔贺表后，要给予赏赐。乾隆三年（1738）二月癸未（初一日），礼部汇题了朝鲜国王李昑恭贺世宗宪皇帝、孝敬宪皇后升祔太庙、世宗宪皇帝升配皇穹宇礼成表文及恭贺万寿、冬至、元旦三大节表文上奏，乾隆帝颁诏，给予朝鲜"赏缎，免贡，及准复中江交易旧制"的恩赐。[1]嘉庆五年（1800）正月己卯（二十六日），高宗纯皇帝、孝贤纯皇后、孝仪纯皇后升祔礼成，朝鲜国王李祘也遣使表贺。[2]

3.升祔后致祭礼

升祔祭告礼分为两个部分，即升祔前的祗告礼，升祔后的致祭礼。致祭礼的致祭对象为岳镇海渎、帝王陵寝、先师阙里、先师。[3]康熙五十七年（1718）十二月己巳（二十六日），孝惠章皇后升祔太庙，康熙帝遣官致祭岳镇海渎（长白山、医巫闾山、东岳泰山、西岳华山、中岳嵩山、南岳衡山、北岳恒山、南镇会稽山、南海）、帝王陵寝（太昊伏羲氏等陵、炎帝神农氏等陵、女娲氏等陵、黄帝轩辕氏等陵、少昊金天氏等陵、颛顼高阳氏等陵、夏禹王等陵、辽太祖陵）及孔子阙里。[4]以后清朝历代帝后升祔均遵循该礼仪。

此外，帝后升祔后还行太庙祫祭礼、奉先殿特祭礼等。

第三节 清代帝后神主祔庙的变通

上文所述的清代帝后神主升祔礼通行制度，基本上继承了前代尤其是明代帝后升祔礼制，其虽有发展的过程，但成熟之后就严格遵循，此为清代皇帝宗庙神主升祔的主线。但清代帝后神主升祔还有一条副线，即应对不断出现的新情况而采取变通措施，含圣祖帝后祔庙时的诸后祔庙，从宣宗孝静皇后开始出现的应祔庙之时陵寝尚未建好，道光朝奉先殿后殿祔庙空间不足、同治朝太庙中殿祔庙空间不足等难题。

---

1 《高宗纯皇帝实录》卷六二，《高宗纯皇帝实录》影印本（2），第15页，北京：中华书局，1986年。

2 《仁宗睿皇帝实录》卷五八，《仁宗睿皇帝实录》影印本（1），第760页，北京：中华书局，1986年。

3 赵尔巽等：《清史稿》卷八二《礼一（吉礼一）》，清史稿（10），第2500页，北京：中华书局，1977年。

4 《圣祖仁皇帝实录》卷二八二，《圣祖仁皇帝实录》影印本（3），第759页，北京：中华书局，1985年。

（一） 诸后祔庙的变迁

帝王升祔太庙，必以皇后配享。若配祔之位为一帝一后，则元后才有配享资格，其他皇后奉祀别庙。皇后是否在宗庙配享皇帝，礼仪上的区别是，"配祔太庙者，皇后字上一字与庙谥同，奉祀别庙者，则但有谥号而不加庙谥"[1]。如清世祖谥号是"体天隆运定统建极英睿钦文显武大德弘功圣仁纯孝章皇帝"，简称"章皇帝"，而"章"即为庙谥，只有与其同祔太庙的皇后才能称为"章皇后"。东晋成帝咸康八年（342）三月初，武悼杨皇后配享武帝司马炎庙，因武帝庙已配享了武元皇后，"二后并祔庙盖始于此"[2]，开创了两位皇后祔庙的先例。唐代，窦皇后为唐玄宗李隆基之母，在玄宗继位之前就已经崩逝，玄宗继位后才追尊为皇太后，但因母以子贵，"故先祔睿宗室"，比睿宗的嫡后肃明刘皇后先一步祔庙。[3]此举在皇后祔庙史上的意义是，"先祔妾母，继祔嫡母，此嫡妾并祔之始"[4]。皇帝生前册封的嫡后与死后追封为后的嗣皇帝生母一起祔庙。宋代，除宋仁宗赵祯的宠妃张氏（去世后被追封为温成皇后）外，所有的皇后都祔庙，宋太宗之淑德、懿德、明德、元德，真宗之章怀、章穆、章献、章懿，四后并祔。[5]而到了明代，皇后祔庙趋于严格，太庙严格遵循一帝一后之格局，只有嫡后才有祔庙资格，但作为内廷原庙的奉先殿，则从万历年间起，有皇后名号的都可以升祔。

而在清朝，太祖有三后，唯孝慈皇后谥号系太祖庙谥"高"，称"高皇后"，升祔太庙，太宗有两位皇后，孝端皇后、孝庄皇后谥号系太宗庙谥"文"，并称"文皇后"，先后升祔太庙。世祖有三位皇后，孝惠皇后、孝康皇后谥号系世祖庙谥"章"，并称"章皇后"，先后升祔太庙，但孝献皇后则只在孝陵享殿奉祀，其谥号不系世祖庙谥。

1 （清）纪昀等：《钦定大清会典则例》卷七九《礼部·祠祭清吏司·升祔一》，影印文渊阁《四库全书》（622），第 503 页，台北：台湾"商务印书馆"，1986 年。

2 （清）秦蕙田：《五礼通考》卷一〇四，影印文渊阁《四库全书》（137），第 509-510 页，台北：台湾"商务印书馆"，1986 年。

3 （宋）欧阳修等：《新唐书》卷七六《后妃上·昭成窦皇后传》，《新唐书》（11），第 3490 页，北京：中华书局，1975 年。

4 （清）秦蕙田：《五礼通考》卷一〇四，影印文渊阁《四库全书》（137），第 511 页，台北：台湾"商务印书馆"，1986 年。

5 （清）秦蕙田：《五礼通考》卷一〇四，影印文渊阁《四库全书》（137），第 514 页，台北：台湾"商务印书馆"，1986 年。

对清代诸后祔庙影响较大的是雍正元年圣祖四后祔庙之事。圣祖祔庙之时，其四位皇后各有名分：孝诚皇后为康熙帝元配，孝昭皇后、孝懿皇后为康熙帝所册立的继后，孝恭皇后为雍正帝生母。内阁九卿等议加上圣祖皇后谥号时，因未定配享之仪，只在雍正帝生母孝恭皇后谥号前加了圣祖庙谥"仁"字，而康熙帝元配孝诚皇后，康熙帝继后孝昭皇后、孝懿皇后谥号都没有拟"仁"字，她们是否祔庙，还需定夺。雍正帝认为，康熙帝元配孝诚皇后和自己的生母孝恭皇后祔庙都是天经地义之事，但继后孝昭皇后、孝懿皇后是否祔庙，需朝臣"详考古制，稽核正典，确议以定"[1]，雍正元年（1723）六月丁卯（二十日），总理事务王公大臣九卿翰詹科道等官会议，引宋朝太宗、真宗朝四后祔庙之礼，朱子等宋儒皆以为允当为例，"恭请四后同祔圣祖庙，尊谥并加'仁'字。雍正帝对这一安排非常满意："览奏，既得展朕孝敬无穷之心，复合前代斟酌尽善之典，不觉悲慰交集。"雍正帝按照元后、继立、本生的次序，亦即获得皇后称号的先后顺序，安排祔庙位次："首奉孝诚仁皇后，次奉孝昭仁皇后，次奉孝懿仁皇后，次奉孝恭仁皇后。"[2]从此，清代皇帝的元后、继后、嗣皇帝生母（本生）都获得了祔庙资格。

清代皇帝的嫡后、继后神主入太庙、奉先殿，在位次安排上，嫡后最为尊贵，超过皇帝生母。康熙五十六年（1717）十一月丙申（二十二日），孝惠章皇后去世，大学士等恭上皇太后尊谥时，将顺治帝的庙谥"章"字遗漏，这一错误被康熙帝指出，关于升祔位次，康熙帝安排："皇太后系朕嫡母。日后神牌升祔太庙、奉先殿，应安奉于慈和皇太后神牌之上。"[3]慈和皇太后为康熙帝生母，但其是在康熙帝继位后才得到皇太后的徽号，而孝惠章皇后在顺治十一年（1654）就被册封为皇后。

清代，凡皇后先于皇帝崩逝，"则奉安神主于奉先殿夹室中，俟大行皇帝崩后，始一同入庙"[4]，这一安排相对于以往朝代是非常大的进步。前代皇后

1　《钦定大清会典则例》卷七九《礼部·祠祭清吏司·升祔一》，影印文渊阁《四库全书》（622），第504-505页，台北：台湾"商务印书馆"，1986年。

2　《世宗宪皇帝实录》卷八，《世宗宪皇帝实录》影印本（1），第158-159页，北京：中华书局，1985年。

3　《圣祖仁皇帝实录》卷二八二，《圣祖仁皇帝实录》影印本（3），第754-755页，北京：中华书局，1985年。

4　（清）昭梿：《啸亭续录》卷一《皇后入庙之制》，《啸亭杂录》，第389页，北京：中华书局，1980年。

若先于皇帝去世，则"设位于其姑下"，将其牌位设于其婆母神主之下。因两代皇后的神位摆在一起，祭祀之时，皇帝向前代皇后行礼，就会顺带向自己的皇后行礼，以夫祭妻，这是违背礼制的尴尬行为。在明代，皇后甚至先于皇帝祔庙，嘉靖二十六年（1547）十一月乙未（十八日），嘉靖帝孝烈方皇后崩，嘉靖帝祧仁宗，祔方皇后于太庙，但在隆庆初，因方皇后不是嘉靖帝的元配，其神主从太庙撤走，移往弘孝殿。[1]

清代皇后祔庙还有一些插曲，如乾隆年间孝贤纯皇后祔庙，乾隆十三年（1748）五月壬子（二十九日），汪由敦等拟议孝贤纯皇后直接升祔太庙[2]，乾隆十七年（1752）七月乙亥（十七日），这一拟议后被否决，孝贤纯皇后仍然先升祔奉先殿，乾隆帝去世后再一同升祔太庙。[3] 咸丰五年（1855）七月庚午（初九日），道光帝孝静皇后去世。因孝静皇后对咸丰帝有 15 年的抚育之恩，因此，咸丰帝给予她皇太后称号，但只让其升祔奉先殿[4]，咸丰帝刚去世，同治元年（1862）九月庚戌（初一日），孝静皇后便升祔了太庙。[5] 当然，这背后有孝静皇后的亲生儿子恭亲王奕訢的角力。

（二）文宗帝后、穆宗帝后、德宗先升祔奉先殿

按照礼制，清帝应在陵寝建好，梓宫安放地宫之日行点神主礼，然后再奉神主升祔太庙。但若皇帝年轻时就突然去世，其陵寝尚未修好，则先升祔奉先殿。开创陵寝在建而提前升祔先例的是宣宗孝静皇后，而第一位先升祔奉先殿后升祔太庙的皇帝是文宗。同治元年（1862），拟定九月初九日，文宗及孝德显皇后梓宫奉移山陵，但因为"距永远奉安之期，为时尚远"［意即陵寝尚未完工，咸丰帝定陵于同治五年（1866）十二月才彻底完工］，因考虑到若等文宗帝后梓宫安放地宫后再行升祔礼，"岁月稽迟，殊无以妥先灵而昭诚敬，朕心实有未安"，若不升祔神主，灵无所归，就无法享受祭祀，议政王、

---

1 （清）张廷玉等：《明史》卷一一四《列传第二（后妃二）·孝烈方皇后传》，《明史》（12），第3532–3533页，北京：中华书局，1974年。

2 （清）汪由敦：《松泉集》卷四，影印文渊阁《四库全书》（1328），第740页，台北：台湾"商务印书馆"，1986年。

3 《高宗纯皇帝实录》卷四一九，《高宗纯皇帝实录》影印本（6），第487页，北京：中华书局，1986年。

4 《文宗显皇帝实录》卷一七二，《文宗显皇帝实录》影印本（3），第912页，北京：中华书局，1986年。

5 《穆宗毅皇帝实录》卷四二，《穆宗毅皇帝实录》影印本（1），第1125页，北京：中华书局，1987年。

图 3-1　奉先殿

军机大臣会同礼部建议文宗帝后神主先升祔奉先殿，同治元年七月二十五日朝廷发布谕令，在奉先殿神库制作咸丰帝神主，将已升祔奉先殿的孝德显皇后神牌漆饰改题，加上咸丰帝庙号后，先行在奉先殿升祔，等梓宫在陵寝安放后，再行升祔太庙之礼。升祔前一天，遣官祗告奉先殿。皇帝升祔时所行的告祭天、地、太庙、社稷坛的告祭礼，等咸丰帝后神牌升祔太庙时，再照例举行（图 3-1）。[1]

穆宗去世时年仅 18 岁，其陵寝惠陵于光绪元年（1875）开工，经军机大臣会同礼部提议，该年六月二十二日朝廷发布上谕，穆宗帝后先行升祔奉先殿。[2] 德宗去世时虽比穆宗年龄大，但他的陵寝崇陵在宣统元年（1909）才开始兴建，礼部建议提前升祔奉先殿，同年正月十七日由军机处签发上谕，德宗提前升祔奉先殿。[3] 穆宗帝后、德宗升祔奉先殿的神主制作、告祭等礼节与咸丰帝后完全一样。

（三）　清代未建立亲尽迁祧制度而导致的祔庙空间不足难题

周代建立的天子庙数制度及亲尽迁祧制度一直被后世奉为法则，但清朝直到国祚终结，皇帝宗庙亲尽迁祧制度始终未建立，这直接导致奉先殿后殿和太庙中殿都面临过祔庙空间不足的难题。

奉先殿建于顺治十四年（1657），最初前后殿各七楹。[4] 顺治十七年（1660）五月壬申（十八日），顺治帝谕工部改建奉先殿，将前殿正殿扩为九楹，而后殿正殿仍是七楹。仁宗祔庙后，后殿七楹已满，道光帝继位后，追封其于嘉庆十三年（1808）正月戊午（二十一日）去世的嫡福晋钮祜禄氏为孝穆皇后，仁宗二十七个月服满后，孝穆皇后的神主应升祔奉先殿。因从太祖到仁宗的

1　中国第一历史档案馆：《咸丰同治两朝上谕档》（12），第 352-353 页，桂林：广西师范大学出版社，1998 年。
2　中国第一历史档案馆：《光绪宣统两朝上谕档》（1），第 166 页，桂林：广西师范大学出版社，1996 年。
3　中国第一历史档案馆编：《光绪宣统两朝上谕档》（35），第 22 页，桂林：广西师范大学出版社，1996 年。
4　光绪朝《钦定大清会典事例》卷八六三《工部·宫殿·营建》，《钦定大清会典事例》（20），第 15779 页，台北：新文丰出版公司，1976 年。

七代帝后均百世不迁，若奉先殿后殿一楹只供奉一朝帝后，则从道光帝之后的帝后将面临无处可供的难题。道光元年（1821）十二月初十日，针对内务府要求明确第二年冬间孝穆皇后神主升祔奉先殿之时，殿内规制及各事宜，道光帝派军机大臣、礼部、太常寺会同内务府大臣妥议具奏。[1] 君臣会商结果是在奉先殿后殿七楹的空间内，已经供奉的七帝，置于三楹，而空出来的四楹空间，改为八楹，就还可以供奉八代帝后。道光帝赞同了奉先殿增加龛位的措施。[2]

清代太庙完全继承了明代的太庙规制，正殿为九室，可供奉九代帝后。文宗帝后祔庙后，太庙中殿九室已满。光绪三年（1877），穆宗帝后应祔太庙。在太庙中殿九室无空位的情况下，穆宗祔庙成为一个难题。清廷王公贵族、文武百官对此问题进行了激烈的争论。王公大臣的意见，综合起来有建世室、建寝殿、仿奉先殿增加龛位等措施。七月己未（初六日），两宫太后发布懿旨，最终选择了由礼亲王世铎提出、李鸿章赞同、惇亲王奕誴附和的道光朝奉先殿增龛先例，将太庙中殿空间进行分隔，从九室扩展为十七室："将东西各四楹，仿照道光元年增修奉先殿后殿龛座成案，修理改饰，即着照所议行。"同时两宫太后的懿旨还默许了醇亲王奕谭所提出的从光绪帝之后建立宗庙亲尽迁祧制度的建议。经过改建，太庙中殿终于为穆宗帝后提供了祔庙空间。

清代皇帝宗庙神牌升祔制度从草创到完善，经过了漫长的发展过程，直到世宗帝后升祔，各项礼仪才最终成熟、完善。其既继承了前代皇帝宗庙神主升祔的一般礼仪，又有本朝的特色。与明代帝后神牌升祔礼仪相比，可明显看到清代的发展之处。明代帝后神牌升祔分为两个步骤。第一步，升祔太庙。皇帝梓宫奉安地宫后，行题主礼，再将神主送回宫内几筵。卒哭（古代丧礼，百日祭后，止无时之哭，变为朝夕一哭，名为卒哭）的第二天，从几筵奉帝后神主祔太庙。祔庙礼完成，再奉神主离开太庙，回几筵。在这一过程中，皇帝的神主由嗣皇帝捧，皇帝的衣冠由太监捧，皇帝和亲王穿衰服，文武官员穿祭服。第二步，永久奉安太庙。大祥（皇帝去世两周年）后的一天或者两天，再奉神主永久安放于太庙。在太庙行礼时，皇帝穿祭服，文武官

1　中国第一历史档案馆编：《嘉庆道光两朝上谕档》（26），第 585-586 页，桂林：广西师范大学出版社，2000 年。
2　《宣宗成皇帝实录》卷二七，《宣宗成皇帝实录》影印本（1），第 495-497 页，北京：中华书局，1986 年。

穿祭服。神主和册宝均由太监捧。[1]与明代帝后神主升祔分两个步骤不一样，清代帝后神主一次性升祔太庙，升祔之后神主就不再离开太庙。

　　清代在解决因种种特殊情况而导致的帝后祔庙难题时，基本上能找到恰当的变通方法。相对于前代皇朝宗庙帝后升祔制度，清代皇帝宗庙神牌升祔制度最大的特色是未建立亲尽祧庙制度，这导致了奉先殿后殿与太庙中殿祔庙空间不足，但都用分隔空间、增加龛位的方法暂时解决矛盾。若清代国祚继续延长，后代皇帝祔庙总会面临太庙中殿空间不足的问题，从而不断引起是否建立亲尽毁庙制度的争议。但清宣统帝在宣统三年（1911）逊位，清代不会再有太庙中殿祔庙之举。此外，清代为解决帝后应升祔太庙之时，因陵寝正在建设而先期升祔奉先殿的举措也发展了前代帝后神主升祔制度。

1　（明）俞汝楫编：《礼部志稿》卷二七《祠祭司职掌·升祔》，影印文渊阁《四库全书》（597），第512-517页，台北：台湾"商务印书馆"，1986年。

附 录 多尔衮神主升祔太庙考

生前称帝登基,死后称宗(祖)祔庙,是历代皇帝特享的尊荣。清初摄政王多尔衮,是顺治朝前期的实际统治者,生前最高尊号达"皇父摄政王",其地位、权势已有皇帝之实,他去世之后,被尊为"成宗义皇帝",与其元妃同祔太庙,终于有了皇帝之名。但两个月后,因"谋篡"罪名,多尔衮被"罢追封,撤庙享",皇帝封号被撤销,升祔于太庙的神主被撤出。此后,清代对多尔衮祔太庙之事进行掩盖。所幸的是,清宫有三道关于多尔衮享帝礼、祔庙与撤享的诏书流传下来,《东华录》、朝鲜李朝《孝宗实录》也留下了多尔衮祔庙的记载,根据这些材料,可以对多尔衮祔庙经过、礼仪进行钩沉。

(一) 多尔衮称宗祔庙的相关史料

顺治七年(1650)十二月戊子(初九日),39 岁的皇父摄政王多尔衮在喀喇城(今河北省滦平县)突然去世。第二年正月丁卯(十九日),多尔衮以"成宗"庙号祔太庙,其元妃以皇后的称号同时祔庙。但不久,由于郑亲王济尔哈朗等人的告发,二月己亥(二十一日),多尔衮因"谋篡"罪名,皇帝封号被撤销,升祔于太庙的神主被撤出,其神主祔太庙只有 32 天。多尔衮当权时,曾追封其母纳喇氏为孝烈武皇后,神主祔太庙,此时,也一并撤出。

终有清一朝,对多尔衮称宗祔庙之事采取了隐瞒、回避的态度。多尔衮的讣告、册封、祔庙等诏书广布天下[1],这些诏书按惯例都被追回。相关诏书也颁发给了属国朝鲜,朝鲜李朝孝宗二年(清顺治八年,1651)三月

---

[1] 清沿古制,凡遇重要政事如皇帝嗣位、亲政、册立皇后、上尊号、徽号,等等,皆颁诏于天下以布告臣民。颁诏仪式后,官兵护送诏书到礼部,礼部接到诏书,照式刊刻,以黄纸印刷,颁发全国各地,诏书正本交回内阁大库归档保存。颁发给全国的诏书也要缴回归档。参见丁春梅:《中国古代诏书纵横谈》,《档案学研究》2005 年第 1 期。

癸巳，大通官韩甫龙传话朝鲜宫廷："摄王之传讹，与追崇敕书，自北京有推还之令。"[1] "自北京有推还之令"，表明向属国朝鲜收回诏书，并不是制度化回收诏书要求，而是针对具体事件的特殊要求，由此可见，清廷刚处置多尔衮，就尽量消除多尔衮称宗祔庙的影响。

顺治朝之后，历代均刻意回避多尔衮称宗祔庙的史实。康熙十一年（1672）编成的《顺治朝实录》以及创修于康熙二十三年（1684）的《大清会典》对多尔衮神主祔太庙只字不提。受此影响，雍正朝、乾隆朝、嘉庆朝、光绪朝续修的《大清会典》，成书于乾隆五十一年至五十二年（1786—1787）的《皇朝通典》，成书于乾隆五十二年的《皇朝通志》对多尔衮神主升祔太庙也完全失载。清代文网严密，多尔衮神主祔太庙以及撤享，涉及皇家内部斗争，非常敏感，所以，清代私人笔记就像官修书一样，对此均未记载。

所幸的是，和清廷关系密切的属国朝鲜，在《孝宗实录》里，保留了大量的多尔衮追封为皇帝、祔太庙、撤享的资料，如上文所述，甚至清廷为消弭多尔衮称宗祔庙的影响，而将前期诏书追回的举动，《孝宗实录》也予以记载。

此外，乾隆朝史官蒋良骐所编编年体史料长编《东华录》，记录了多尔衮称宗祔庙的经过，并留下了多尔衮神主祔太庙的重要线索：

> 十九日丁卯，升祔孝端正敬仁懿庄敏辅天协圣文皇后于太庙，以追尊摄政睿亲王为成宗义皇帝，妃为义皇后，同祔于太庙。[2]

多尔衮与太宗的孝端文皇后是同一天祔庙的，据此，根据孝端文皇后的祔庙礼，基本上可以复原多尔衮夫妇升祔太庙的仪礼。

此外，清宫还留下了3件多尔衮去世后的相关诏书，这些诏书分别是：

---

1 吴晗辑：《朝鲜李朝实录中的中国史料》（下编）卷一，第3811页，北京：中华书局，1980年。
2 （清）蒋良骐：《东华录》卷六，第102页，北京：中华书局，1980年。

1.《皇父摄政王以疾上宾哀诏》(又名《皇父摄政王多尔衮丧仪合依帝礼诏》)

这道诏书现藏于中国国家博物馆,颁诏日期为顺治七年(1650)十二月二十日。其内容为:

奉天承运皇帝,诏曰:昔太宗文皇帝升遐之时,诸王群臣拥戴皇父摄政王。我皇父摄政王坚持推让,扶立朕躬,又平定中原,混一天下,至德丰功,千古无两。不幸于顺治七年十二月初九日戌时以疾上宾,朕心摧痛,率土衔哀,中外丧仪,合依帝礼。

其后,开列了五条应行事宜,规定多尔衮丧事的操办细则,分别为:"在京文武官员以成服之日为始,孝服二十七而除。""在京听选官及举监生员等帽摘红缨,腰系白布,带二十七日而除,民间帽摘红缨,腰系白布带,十三日而除。""自闻丧日为始,在京禁屠宰十三日。""藩王及在外文武官员以诏到之日为始,帽摘红缨,跪听宣读讫,举哀行三跪九叩头礼,置白布满袍白布腰带,就本衙门朝阙设香案,朝夕哭临三日,以成服之日为始,二十七日而除,民间帽摘红缨,腰系白布带,十三日而除。""在京在外音乐嫁娶官员停百日,民间停一月。"[1]

2.《追封多尔衮为成宗义皇帝诏书》

该诏书现藏于中国第一历史档案馆,为多尔衮夫妇升祔太庙礼成之后,诏告天下的文书,颁诏于顺治八年(1651)正月二十六日,诏书谓:

奉天承运皇帝,诏曰:有至德,斯享鸿名;成大功,宜膺昭报。皇父摄政王当朕躬嗣服之始,谦让弥光;迨王师灭贼之时,勋猷茂著。辟舆图为一统,摄大政者七年。伟烈居以小心,厚泽流于奕世。未隆尊号,深歉朕怀。谨于

---

1 中国国家博物馆编:《中国国家博物馆馆藏文物研究丛书·明清档案卷·清代》,第24-25页,上海:上海世纪出版股份有限公司、上海古籍出版社,2007年。

顺治七年十二月二十五日祇告天地、宗庙、社稷，追尊为"懋德修道广业定功安民立政诚敬义皇帝"，庙号"成宗"。并尊义皇帝元妃为"敬孝忠恭静简慈惠助德佐道义皇后"，同祔庙享。

后开列两条推恩条款"在京诸王以下，至七品官员以上，各加恩赐"，"外藩诸王以下，公以上，各加恩赐"和八条大赦条款，除对真正死罪不赦，并隐匿满洲逃人照例治罪外，对其余刑事案件，均予赦免，"自顺治八年正月二十六日昧爽以前，已发觉、未发觉、已结正、未结正，咸赦除之"，"凡文武官员，见在议革、议降罚及住俸戴罪，并敕督抚提问究拟者，尽与免议"。[1]

3.《多尔衮母子撤出庙享诏》

《多尔衮母子撤出庙享诏》现藏于台北"故宫博物院"，颁昭日期为顺治八年二月二十二日，朝鲜《孝宗实录》也收录了这道诏书，与台北"故宫博物院"诏书原件完全一致。该诏书列举多尔衮"谋篡"事迹，内容洋洋洒洒：顺治帝继位时，因方在幼年，由睿亲王多尔衮与郑亲王济尔哈朗共同辅政。但多尔衮独擅威权，不让济尔哈朗处理政事，而以其同胞弟多铎为辅政叔王。多尔衮妄自尊大，自称"皇父摄政王"。凡是批票本章，用"皇父摄政王"的名义颁行。其仪仗、音乐、侍从、府第等，与皇帝相同。多尔衮还妄称太宗的皇位"原系夺立"，以挟制皇帝。多尔衮构陷威逼，害死了肃亲王豪格，收纳豪格之妃与财产。违背礼制，将其生母追封为皇后，神主祔入太庙，等等。因为这些罪行，多尔衮受到清算：

据此事迹看来，谋篡之事果真，谨告天地、宗庙、社稷，将伊母子并妻罢追封，撤庙享，停其恩赦。布告天下，咸使闻知。[2]

1　中国第一历史档案馆编：《御笔诏令说清史：影响清朝历史进程的重要档案文献》，第40-41页，济南：山东教育出版社，2003年。

2　台北"故宫博物院"藏：《多尔衮母子撤出庙享诏》；吴晗辑：《朝鲜李朝实录中的中国史料》（下编）卷一，第3811-3813页，中华书局，1980年。

撤销多尔衮皇帝称号，多尔衮夫妇以及多尔衮之母的神主从太庙撤出，因多尔衮神主升祔太庙而颁发的推恩条款和大赦条款作废。

《清世祖实录》也收录了这道诏书，但已做了较大改动，其改动可以分为两类，第一类为不改变诏书实质内容的修改，如修改人名，多尔衮的亲信数人，诏书中为额克沁、吴拜、速拜、劳什、钵罗会，而在实录中为额克亲、吴拜、苏拜、罗什、博尔惠，除吴拜外，均有变化，此当为满语译音用词变化之故；改换专有名词，诏书中满语称谓"固山"，实录改为汉名称谓"旗"；语言修饰，如诏书开篇所引郑亲王、巽亲王、端重亲王、敬谨亲王等首告之语"太宗文皇帝宾天时，诸王贝勒大臣等，同心坚持，舍死盟誓"，实录中修改为"太宗文皇帝龙驭上宾时，诸王贝勒大臣等，同心翊戴，共矢忠诚"，相比之下，实录中的语言更为雅致。第二类为改变诏书内容，如下表：

《多尔衮母子撤出庙享诏》与《清世祖实录》比较

《多尔衮母子撤出庙享诏》原文	《清世祖实录》的改动
自称为皇父摄政王	妄自尊大
府库之财，任意靡费。织造缎匹，库储银两珍宝，不与皇上，伊擅自用	府库之财，任意靡费。擅用织造缎匹、库贮银两珍宝，不可胜计
又亲到皇宫院内，以为太宗文皇帝之位，原系夺立，以挟制皇上侍臣	又擅自诳称太宗文皇帝之即位，原系夺立，以挟制中外
且将官兵户口财产等项，既与皇上，旋复收回，以自厚其身	且将官兵户口财产等项，不行归公，俱以肥己
凡一切政事及批票本章，不用皇上之旨，概用皇父摄政王旨	凡一切政事及批票本章，不奉上命，概称诏旨
又悖理入生母于太庙	删除
又将伊妻自行追封	删除
又不令诸王、贝勒、贝子、公等伺候皇上	又不令诸王、贝勒、贝子、公等入朝办事

续表

《多尔衮母子撤出庙享诏》原文	《清世祖实录》的改动
多尔衮显有篡位之心	多尔衮显有悖逆之心
今以伊功大祔享太庙，这本内一应乖谬之事，皆臣等畏随唯嗒之故，以致如此	删除
伏愿皇上重加处置，罢伊母子庙享	伏愿皇上速加乾断，列其罪状，宣示中外
欲背皇上，带伊两固山移驻永平府	欲带伊两旗移驻永平府
将伊母子并妻罢追封，撤庙享，停其恩敕	将伊母子并妻所得封典悉行追夺

　　从上表可以看出，《清世祖实录》竭力掩盖多尔衮控制朝政时顺治帝的暗弱，在遣词造句上对多尔衮藐视皇帝的内容进行了弱化，也竭力掩盖多尔衮称皇父摄政王、多尔衮夫妇及多尔衮之母神主祔太庙的事实。[1]

　　清朝覆灭后，不必隐讳多尔衮称宗祔庙之事，民国初年赵尔巽所主编《清史稿·世祖本纪》对其如实记载[2]，但撤庙享之事，《世祖本纪》未载，而载于《睿忠亲王多尔衮列传》。[3]

（二）　多尔衮祔庙礼仪钩沉

　　因清代刻意隐瞒多尔衮称宗祔庙，所以，其神主升祔太庙礼没有流传下来。但多尔衮夫妇与孝端文皇后同一天升祔太庙，相关仪式应该是同步进行的，故我们可以从孝端文皇后神主升祔太庙礼仪中推知多尔衮升

1　《世祖章皇帝实录》卷五三，《世祖章皇帝实录》影印本，第 422–423 页，北京：中华书局，1985 年。

2　赵尔巽等：《清史稿》卷五《世祖本纪》，《清史稿》（2），第 122 页，北京：中华书局，1977 年。

3　赵尔巽等：《清史稿》卷二一八《诸王四·太祖诸子三·睿忠亲王多尔衮》，《清史稿》（30），第 9031 页，北京：中华书局，1977 年。

祔礼仪。

太宗孝端文皇后，博尔济吉特氏，科尔沁贝勒莽古斯之女。崇德元年（明崇祯九年，1636），皇太极称帝，封其为后。顺治帝继位后，尊为皇太后。顺治六年（1649）四月乙巳（十七日）去世，享年51岁。据光绪朝《钦定大清会典事例》记载，顺治七年（1650）二月丁亥（初四日），恭上其谥号为"孝端正敬仁懿庄敏辅天协圣文皇后"，行神主点主礼，礼毕，"大学士奉神主回，行祔庙礼。灵驾至昭陵，合葬地宫"[1]。需要注意的是，"大学士奉神主回，行祔庙礼"，并不是行点主礼之后，孝端文皇后的神主马上就升祔太庙。据升祔礼仪，帝后梓宫安放地宫后，其神主才能在太庙升祔。据《清世祖实录》，二月戊子（初五日），即孝端文皇后神主点主礼后的第二天，孝端文皇后梓宫发引，送往盛京（今沈阳）昭陵安葬，大学士刚林、一等侍卫哈世屯及礼部各官"奉神主还宫"。二月己酉（二十六日），孝端文皇后梓宫抵达盛京，"安于昭陵殿内之右"[2]，这意味着孝端文皇后梓宫并未及时安放入地宫，其理由有，第一，"昭陵殿内之右"并不意味着就是昭陵地宫；第二，若孝端文皇后梓宫已经安放在地宫，则需马上行神主升祔太庙礼，而孝端文皇后的神主祔庙礼差不多在一年以后再举行。此后，《清世祖实录》虽未再提及孝端文皇后梓宫安放地宫的情况，但其安放时间应在孝端文皇后升祔太庙前夕。

因孝端文皇后的升祔礼与多尔衮夫妇升祔礼同时举行，而从顺治帝开始的历代清帝，对多尔衮祔庙之事讳莫如深，所以，《钦定大清会典事例》孝端文皇后祔庙礼仪记载非常简略，但也为我们提供了多尔衮祔庙礼仪的有价值的线索。此外，《清世祖实录》也简略记录了孝端文皇后升祔礼仪。通过这些史料，我们可以钩沉出多尔衮祔庙的大致情况。

清代帝后神主升祔宗庙前，有祇告、斋戒及题主等仪式。据光绪朝《钦定大清会典事例》，孝端文皇后升祔前，"前期一日，遣官祇告太庙"，

1　光绪朝《钦定大清会典事例》卷四七六《礼部·丧礼·孝端文皇后大丧仪》，《钦定大清会典事例》（14），第11365页，台北：新文丰出版公司，1976年。

2　《世祖章皇帝实录》卷四七，《世祖章皇帝实录》影印本，第379页，北京：中华书局，1985年。

而《清世祖实录》载，顺治八年（1651）正月丙寅（十八日），"以孝端文皇后升祔太庙，遣官祭告天地、宗庙、社稷"[1]。显然，《清世祖实录》所记更为准确、详细。这一天祭告之时，当同时向天地、宗庙、社稷祭告多尔衮夫妇祔庙之事。

清代帝后升祔太庙，嗣皇帝要斋戒三日，节欲、节食。孝端文皇后、多尔衮夫妇祔庙时，顺治帝尚未亲政，不需斋戒，《清世祖实录》也没有相关记载。

清代帝后神主升祔太庙，其实就是将满汉文书写的含谥号的神位供奉于龛位。帝后梓宫安奉地宫后，由满汉大学士行题主礼，题主礼的核心是满汉大学士用石青点"神"字空处。孝端文皇后神主题主礼（点主礼）早在顺治七年二月四日就已举行，其礼仪为，"大学士一人诣幄内黄案前，一跪三叩，兴，于神主上点石青毕，一跪三叩，兴"[2]。而多尔衮夫妇神主的题主礼则应在升祔前举行。

题主礼举行的第二天，行升祔礼。孝端文皇后、多尔衮夫妇神主同于顺治八年正月十九日升祔太庙，但《钦定大清会典事例》只记述了孝端文皇后神主升祔太庙：

> 届期，世祖章皇帝亲诣行礼，先奉神主祗见太祖高皇帝、孝慈高皇后、太宗文皇帝，世祖章皇帝恭代行三跪九拜礼，兴，恭奉神主奉安于太宗文皇帝之次，行一跪三拜礼毕。行大享礼如仪。[3]

清代帝后同时升祔太庙，由嗣皇帝捧先帝神主，亲王捧先后神主，如乾隆二年（1737）三月世宗帝后升祔，由乾隆帝捧世宗神主，和亲王弘昼捧孝

1　《世祖章皇帝实录》卷五二，《世祖章皇帝实录》影印本，第412页，北京：中华书局，1985年。

2　光绪朝《钦定大清会典事例》卷四七六，《礼部·丧礼·孝端文皇后大丧仪》，《钦定大清会典事例》（14），第11365页，台北：新文丰出版公司，1976年。

3　光绪朝《钦定大清会典事例》卷四二四，《礼部·大祀·列圣列后升祔太庙》，《钦定大清会典事例》（13），第10676页，台北：新文丰出版公司，1976年。

敬宪皇后神主。[1] 顺治帝在孝端文皇后、多尔衮夫妇升祔礼前七天即正月十二日亲政，故孝端文皇后神主由顺治帝恭捧。当时多尔衮的养子多尔博年仅8岁，尚未成年，多尔衮夫妇的神主应由辈分低于他们的宗室亲王恭捧，依次拜见太祖、孝慈高皇后、太宗、孝端文皇后，代行三跪九拜礼，多尔衮神主奉安。然后，再捧多尔衮元妃的神主拜见多尔衮，代行三跪九拜礼，奉安于多尔衮神主的右侧。清代太庙中殿为奉安列圣的寝殿，"中殿九楹，同堂异室，奉列圣、列后神龛"[2]。多尔衮升祔时，中楹供奉太祖帝后，东西各四楹。东为昭位，东一楹供奉太宗，西为穆位。多尔衮与太宗家族宗统为平辈兄弟，但从皇统上，多尔衮比太宗低一辈，因此，多尔衮的祔庙位置面临古代帝王祔庙时争论不休的兄弟同昭穆还是异昭穆问题，若同昭穆，则其应与太宗同为昭位，祔于东二楹；若异昭穆，则其应祔于穆位，即西一楹。宣统朝德宗、穆宗神主在太庙昭穆次序上的处理，能帮助我们理解多尔衮与太宗的昭穆次序。宣统元年（1909），光绪帝（庙号德宗）应祔太庙，但因光绪帝与同治帝辈分一样，当时的礼臣建议："兄弟同昭穆，但主穆位空一室。"礼臣建议要遵循兄弟同昭穆的原则，因穆宗在宗庙中居于昭位，则德宗也处于昭位，但这样奉安德宗神主，则太庙中殿的昭穆平衡被打破，穆位就空余了一个龛位。其余的议礼诸臣，有的从皇族辈分（宗统）出发，因穆宗德宗为兄弟，而昭穆的本义是别父子的，即父昭子穆，所以，穆宗德宗应同昭穆。有的从皇帝继承顺序（皇统）出发，则德宗继承了穆宗的皇位，是不同代的皇帝，所以不应同昭穆。大学士张之洞主张："古有祧迁之礼，则兄弟昭穆宜同。今无祧迁之礼，则兄弟昭穆可异。"即在太庙有亲尽迁毁制度的前提下，兄弟应同昭穆，一起奉安太庙，又一起迁毁，而清代本无皇帝亲尽毁庙制度，所以，兄弟昭穆就可以相同。朝廷采纳了张之洞的意见，即德宗祔庙，与穆宗兄弟异昭穆。这年秋天，朝廷下诏："穆、德二庙，同为

1 《高宗纯皇帝实录》卷三八，《高宗纯皇帝实录》影印本（1），第688–689页，北京：中华书局，1986年。
2 赵尔巽等：《清史稿》卷八六《礼五（吉礼五）》，《清史稿》（10），第2574页，北京：中华书局，1977年。

百世不祧，宜守朱子之说，以昭穆分左右，不以昭穆为尊卑……德宗祔庙，中殿奉西又次楹又五室穆位。"太庙中殿不以昭穆别父子，而以昭穆定左右，以解决穆宗、德宗兄弟异昭穆的难题。[1]

帝后神主升祔太庙当天或第二天、第三天（以第二天为主），朝廷要颁诏天下。清初期尚处于草创阶段，各项礼节不完备。太祖、太宗升祔太庙，并未颁诏天下。而孝端文皇后与多尔衮夫妇升祔太庙，开创了清朝帝后升祔太庙颁诏天下的惯例，此后历代帝后升祔均颁诏，广施恩泽，大赦天下。孝端文皇后与多尔衮夫妇升祔礼三天后，正月庚午（二十二日），顺治帝"以孝端文皇后升祔太庙礼成，颁诏天下"[2]，但没有推恩、大赦条款。四天后，即正月二十六日，顺治帝因多尔衮夫妇升祔太庙礼成，颁诏天下，即上文所提及的中国第一历史档案馆藏的《追封多尔衮为成宗义皇帝诏书》。孝端文皇后、多尔衮夫妇同一天升祔太庙，推恩、大赦条款没有在孝端文皇后的升祔诏书中而在多尔衮夫妇的升祔诏书中颁布，可见，升祔多尔衮才是重心。

朝鲜是清政权征服的第一个属国，清廷有大事，要向朝鲜国王颁发诏书。孝端文皇后、多尔衮夫妇的升祔礼也向朝鲜颁发了诏书。据朝鲜李朝《孝宗实录》：孝宗元年（清顺治七年）十二月丁巳，义州府尹苏东道驰启曰："摄政王十一月初九日病死，清使以传讣出来，追送仕女，亦自中路还送云。"[3] 孝宗二年（清顺治八年）（二月）戊午，"上幸西郊迎清使，接见于仁政殿，敕。清国追封摄政王为帝，上号于其母，遣使颁敕"。重大事情清廷虽然要通报朝鲜，但朝鲜在华官员往往负有打探消息，先行报告之责，顺治帝清算多尔衮的诏书三月份正式传达给朝鲜之前，早在二月份，朝鲜国王便接到了远接使李时昉、平安监司郑维城转述的清廷通事郑命守密报："摄政王生时，阴怀篡夺之志，预备黄袍，叛形已具，又有告之者，清主大怒，削号黜庙，籍其家

1　赵尔巽等：《清史稿》卷八六《礼五（吉礼五）》，《清史稿》（10），第 2579 页，北京：中华书局，1977 年。
2　《世祖章皇帝实录》卷五二，《世祖章皇帝实录》影印本，第 412 页，北京：中华书局，1985 年。
3　多尔衮于顺治七年（1650）十二月九日病死，而朝鲜义州府尹苏东道汇报为"摄政王十一月初九日病死"。

产于官，分其诸姬于诸王。义顺公主亦归于白阳王之子。"（义顺公主为朝鲜宗室金林郡公李开音之女，多尔衮继任大福晋。）三月己卯，朝鲜为多尔衮去世特派的进香使柳廷亮等行到牛家庄，再次向朝鲜国王汇报："摄政王以谋逆黜庙，一如郑命守所言，而摄政王葬处，掘去其金银诸具，改以陶器云。"朝鲜孝宗于是紧急命令进香使柳廷亮停止前进。此后，清廷颁发的《多尔衮母子撤出庙享诏》才送达朝鲜。[1]

帝后升祔太庙后，要将镌刻上谥号时所念册文的玉册、镌刻谥号的玉宝尊藏太庙。顺治九年（1652），即多尔衮祔庙与撤享的第二年，清廷一并进肇祖、兴祖、景祖、显祖帝后及孝端文皇后玉册、玉宝。[2]可见，因多尔衮神主祔庙后不久就撤出，还没有来得及制作册宝。

（三）　多尔衮祔庙与撤享原因

多尔衮去世后称宗祔庙，是他任摄政王时熏天权势的逻辑发展，而清算其"谋篡"之罪，又是顺治帝亲政的客观需求。

努尔哈齐去世时，多尔衮就有机会继位[3]，但实力更为强劲的皇太极被推举上汗位。皇太极去世后，多尔衮与皇太极长子豪格是皇位最有力量的竞争者，为了避免统治阶层的分裂，多尔衮提出折中方案，推举皇太极第九子，年仅6岁的福临继位，自己与郑亲王济尔哈朗辅政。福临为何在皇太极的继承人之争中胜出？张玉兴先生认为，两黄旗与正蓝旗支持时年34岁的皇太极长子豪格继位，此外，郑亲王济尔哈朗的镶蓝旗、礼亲王代善的正红旗也支持豪格，支持豪格的势力占四旗以上，相比之下，多尔衮及其同母兄弟阿济格、多铎所统率的仅两白旗，如果加上代善的一些子孙（如

1　吴晗辑：《朝鲜李朝实录中的中国史料》（下编）卷一，第 3807-3810 页，北京：中华书局，1980 年。

2　光绪朝《钦定大清会典事例》卷四二六《礼部·大祀·恭进玉册玉宝》，《钦定大清会典事例》（13），第 10702-10703 页，台北：新文丰出版公司，1976 年。

3　努尔哈齐去世前夕留有幼子多尔衮即位，次子代善辅政的口谕，参见李景屏：《顺治追夺多尔衮》，《文史知识》2006 年第 4 期。

罗洛宏、阿达礼等，他们分别掌属镶红旗和正蓝旗）的支持在内，最多只有三个旗多一点的兵力。立豪格在统治集团内部是人心所向，但在皇太极死后第五天于崇政殿召开的诸王大臣议立嗣君的会议上，豪格效法古代帝王登基"三辞三劝"的表演，推辞代善提出的"帝之长子，当承大统"的建议，反对豪格继位的阿济格、多铎等趁机拥立多尔衮，而多尔衮知道两黄旗坚决反对自己继位，获取帝位没有希望，所以提出立福临为帝，自己与济尔哈朗为辅政。[1] 张先生的观点对我们理解豪格在帝位竞争中出局非常有启发意义。

两次与皇位擦肩而过，多尔衮内心是不平衡的，心态的郁积，甚至影响到身体的健康，他曾对身边人感叹："若以我为君，以今上居储位，我何以有此病症。"[2] 他还悄悄准备御用之物，"王曾不令人知备有八补黄袍、大东珠素珠、黑狐褂"[3]，甚至到皇宫张扬皇太极得位不正，"又亲到皇宫院内，以为太宗文皇帝之位，原系夺立，以挟制皇上侍臣"[4]。

但多尔衮终究是雄才大略的人，如果说他与豪格争夺皇位时，因自身没有绝对实力而妥协折中的话，当他辅政、摄政后，逐渐掌握了绝对实力后，完全有实力废顺治帝而代之，正如乾隆帝所说："则方兵权在握，何事不可为？"[5] 但为了满洲贵族的共同利益，他走上了一条不求皇帝之名，而求皇帝之实的路径。

福临继位后，多尔衮排挤了同为辅政的郑亲王济尔哈朗，随着清朝以摧枯拉朽之势进入中原，多尔衮厥功至伟[6]，地位也越来越高。在名号上，顺治元年（1644）九月顺治帝到北京后，多尔衮被封为皇叔父摄政王，顺治五年

1　张玉兴：《多尔衮拥立福临考实》，《明清之际的探索·张玉兴文集》，第 225-236 页，北京：社会科学文献出版社，2012 年。

2　《世祖章皇帝实录》卷六三，《世祖章皇帝实录》影印本，第 496 页，北京：中华书局，1985 年。

3　《世祖章皇帝实录》卷五三，《世祖章皇帝实录》影印本，第 421 页，北京：中华书局，1985 年。

4　台北"故宫博物院"藏：《多尔衮母子撤出庙享诏》；吴晗辑：《朝鲜李朝实录中的中国史料》（下编）卷一，第 3811-3813 页，北京：中华书局，1980 年。

5　《高宗纯皇帝实录》卷一〇四八，《高宗纯皇帝实录》影印本（14），第 5 页，北京：中华书局，1986 年。

6　多尔衮任摄政王后，采取的加强集权，定都北京，笼络、争取汉族地主阶级等政策，奠定了清朝统一中国的格局。参见张玉兴：《评摄政王多尔衮》，《社会科学辑刊》1981 年第 6 期。

（1648）十一月，被尊为皇父摄政王。在礼仪上，他享受皇帝般的待遇。顺治三年（1646）正月一日，礼部定制礼仪，元旦次日，多罗恩郡王、多罗庆郡王、多罗贝勒等以下各臣，各地自王以下各臣及诸民，都要朝贺皇叔父摄政王，"如朝贺礼"，其礼节为：多罗恩郡王、多罗庆郡王以下各臣穿朝服，在皇叔父摄政王府内门外两侧按翼序立，设皇叔父摄政王卤簿，皇叔父摄政王出，端坐衙门正中之榻，宗室王公、固伦额驸、内大臣、固山额真，满蒙汉八旗尚书、大章京，汉王以下文武各官，朝鲜国进贡使臣，外藩二十七旗王，掌札萨克贝勒、小台吉、头目等先后行三跪九叩礼。[1] 顺治三年四月十六日，定会试状元、进士出题礼，摄政王穿朝服，御中和殿升座。内翰林院大臣、礼部大臣、鸿胪寺官于阶上向前行三跪九叩之礼。[2] 满朝权贵向其行三跪九叩的朝贺礼，殿试时升座中和殿，多尔衮以摄政王的身份享受了皇帝的礼仪。

更进一步，多尔衮还废除了其对顺治帝的跪拜礼。在元旦节朝会时多尔衮本需向顺治帝行跪拜礼，顺治四年（1647）十二月丙申（三十日），豫亲王多铎等王公大臣以"皇叔父王体有风疾，不胜跪拜"为由，请求多尔衮所行跪拜礼"俱应停止"，他们认为跪拜是小事，如果勉强行跪拜礼，"形体过劳，国政有误"。多尔衮听从了这个建议，决定，"以后凡行礼处，跪拜永行停止"[3]。

多尔衮代天子摄政、赏罚，其生前的权势、礼仪均有皇帝之实，只差一个皇帝的名分，但他又从大局出发，对自己的野心进行抑制，始终未演出逼宫一幕。多尔衮的矛盾心态，想必他身边的亲信以及满朝王公、文武大臣无人不晓。

多尔衮去世后，顺治帝颁发《皇父摄政王以疾上宾哀诏》（《皇父摄政

---

1 中国第一历史档案馆编：《清初内国史院满文档案译编》（中），第239-240页，北京：光明日报出版社，1989年。

2 中国第一历史档案馆编：《清初内国史院满文档案译编》（中），第309-310页，北京：光明日报出版社，1989年。

3 《世祖章皇帝实录》卷三五，《世祖章皇帝实录》影印本，第290页，北京：中华书局，1985年。据李治亭先生考证，多尔衮体质羸弱，因"风疾"引起关节疼痛，膝盖受病而不便屈膝下跪，"体有风疾，不胜跪拜"不是虚言。参见李治亭：《多尔衮死因考》，《沈阳故宫博物院院刊》，2006年。

王多尔衮丧仪合依帝礼诏》），后又尊多尔衮为"懋德修道广业定功安民立政诚敬义皇帝"，庙号"成宗"。这些诏书虽是以顺治帝的名义发布，但顺治帝当时尚未亲政，朝政仍由多尔衮在摄政七年中网罗的以罗什、博尔惠等两白旗大臣为骨干的庞大集团运作。显然，给予多尔衮皇帝名号的主导力量是多尔衮的亲信，因为对于他们来说，尊崇多尔衮，就是间接巩固他们的地位。

从顺治帝的角度，多尔衮去世突然，在亲政掌握权柄的过渡阶段，最好能保持政局的稳定，对多尔衮的尊崇，稳住了多尔衮遗留集团，而多尔衮遗留集团也明确表态要"依皇上为生"。

但是，若不清算多尔衮，则亲政后的顺治帝就势必受多尔衮遗留集团的掣肘，不能按照自己的意图来行使权力。当时，多尔衮遗留集团虽然臣服于顺治帝，但仍试图按照多尔衮的轨道运作朝政，他们要求顺治帝破格宠顾多尔衮的养子多尔博，破格优待多尔衮亲信大臣，并在调整旗主的旗份时，偏向多尔博。因此，分化、清除多尔衮遗留集团，是顺治帝完全掌握朝政的前提，而要彻底地瓦解多尔衮遗留集团，就必须清算多尔衮，撤其庙享就是应有之义了。[1]

顺治帝虽然清算了多尔衮，但多尔衮所立下的汗马功劳是不容抹杀的，清王朝之所以能在群雄逐鹿中捷足先登、继明而立，最终还是取决于多尔衮的远见卓识。乾隆四十三年（1778），乾隆帝追复多尔衮睿亲王封爵，并配享太庙，乾隆帝认为多尔衮是被"诬以谋逆"。[2]乾隆帝为多尔衮平反，让其神位以臣子身份配享太庙，相对于顺治朝时多尔衮以皇帝身份短暂升祔太庙，更合理，也更长久。

1　刘潞：《清入关后首次宫廷政变》（《故宫博物院院刊》1985年第4期）；李景屏：《顺治追夺多尔衮》（《文史知识》2006年第4期）对顺治帝分化、瓦解多尔衮遗留集团以及清算多尔衮的经过和原因进行了详细分析。
2　《高宗纯皇帝实录》卷一〇四八，《高宗纯皇帝实录》影印本（一四），第5页，北京：中华书局，1986年。

第四章 清代太庙祭祀礼仪

清天聪十年（明崇祯九年，1636）四月乙酉（十一日），皇太极称帝，建立清朝，改元崇德，同时在盛京抚近门东建立太庙，清代皇帝宗庙制度建立。顺治元年（1644）九月，顺治帝入关，清朝定鼎北京，"立太庙于端门左，南向"[1]。所谓立太庙，其实就是承继明代的太庙。太庙作为最为重要的皇帝宗庙，其祭祀礼仪有四孟时享礼、岁暮祫祭礼以及告庙礼。

第一节　清以前的太庙祭祀

太庙祭祀礼仪发轫于先秦，包含正祭与告祭，"宗庙之祭，有正祭有告祭，皆人主亲行，其礼：正祭则时享、禘、祫是也，告祭则国有大事，告于宗庙是也"[2]。正祭有时享、祫祭和禘祭。"先王之制，岁以四祭为正，又有禘祭以追远，祫祭以合食，可谓仁至义尽矣。"[3]所谓四祭，即在春夏秋冬每一个季节举行的时享。时享、祫祭和禘祭互为补充，构成了太庙祭祀体系的主体。

时享在每个季节举行一次，据《周礼》，天子宗庙"以祠，春享先王；以禴，夏享先王；以尝，秋享先王；以烝，冬享先王"[4]，祠为在太庙举行的春祭，禴为夏祭，尝为秋祭，烝为冬祭。时享一般在每季的孟月举行，所以也称之为四孟时享。明洪武三年（1370），礼部尚书崔亮上言"孟月者，四时之首，因时变，致孝思，故备三牲、黍稷、品物以祭"[5]，极好地诠释了时享礼举行的目的：在时序更替之时，备牺牲、时鲜物品祭祀先人，以展孝思。

禘祭、祫祭也是天子宗庙正祭的重要组成部分，但从汉代以来，禘祭、祫祭礼制众说纷纭。关于禘祭，康熙朝时，御史李时谦请行禘祭，礼臣张玉书上言反对："考礼制言禘不一……宗庙之禘，说尤不一。或谓禘止及毁庙，或谓《长发》诗为殷禘，《雍》诗为周禘，而亲庙、毁庙兼祭者。"其意见被

1　清乾隆朝官修：《清朝通典》卷四五《吉（礼五）·太庙》，第 2273 页，杭州：浙江古籍出版社，2000 年。

2　（元）马端临：《文献通考》卷九九《宗庙考九·祭祀时享》，影印文渊阁《四库全书》（612），第 385 页，台北：台湾"商务印书馆"，1986 年。

3　（清）秦蕙田：《五礼通考》卷九〇《宗庙九〇·宗庙时享》，影印文渊阁《四库全书》（137），第 141 页，台北：台湾"商务印书馆"，1986 年。

4　（汉）郑氏注，（唐）贾公彦疏，（唐）陆德明音义：《周礼注疏》卷一八《春官·大宗伯》，影印文渊阁《四库全书》（90），第 325 页，台北：台湾"商务印书馆"，1986 年。

5　（清）张廷玉等：《明史》卷五一《礼五（吉礼五）·时享》，《明史》（5），第 1323 页，北京：中华书局，1974 年。

朝廷认可。而对祫祭的争议则相对明了一些，有两种观点分歧，即在太祖庙中是否祭祀毁庙之主。《春秋公羊传》认为祫祭要祭祀已毁庙主，详见下文。而刘向《五经通义》则认为祫祭不祭祀毁庙主："三年一祫，祫皆取未迁庙主合食太祖庙中……故五岁一禘，禘者，缔也，取已迁庙主合食太祖庙中。"[1] 唐代学者陆淳撰《辨禘义》[2]，该文"据《大传》以释禘，据《公羊》以定祫，宋儒朱子一遵其说"[3]，因为朱熹的认可，在众多的学说中，陆淳对禘、祫祭意义的选择成为主流说法。《礼记·大传》释禘祭："礼，不王不禘，王者禘其祖之所自出，以其祖配之。"[4] 禘祭即祭祀王朝开山始祖的先辈，开山始祖陪同祭祀。如周代以后稷为始祖，后稷的父亲是帝喾，而周代太庙中没有帝喾的神位，举行祫祭的时候不能祭祀帝喾，于是举行禘祭，设立帝喾的神位，以后稷配享。《春秋公羊传》释祫祭："大祫者何？合祭也。其合祭奈何？毁庙之主陈于大祖，未毁庙之主皆升，合食于大祖。"[5] 大祖即太祖，在太祖庙（或始祖庙）中合祭毁庙与未毁庙的神主的祭祀即为祫祭。从周代开始，为了维持天子七庙（或九庙）制度，施行四世亲尽毁庙制度，即周王对上辈的亲属血缘关系不超过高祖，对下辈的亲属血缘关系不超过玄孙，辈分超过了四代，则亲属关系断绝，宗庙迁祧、毁弃。但这些被迁祧的宗庙神主也需要祭祀，于是创设祫祭，将毁庙与未毁庙的先王神主集中起来祭祀。禘祭一般每五年举行一次，祫祭一般每三年举行一次。

　　告祭是临时性的祭祀活动，在周代，重大政治活动、军事活动、社会活动（如婚礼）、灾祸等，周王都要在宗庙举行告庙仪式。[6] 天子举行告庙仪式，

1　赵尔巽等：《清史稿》卷八六《礼五（吉礼五）》，第 10 册，第 2582–2583 页，北京：中华书局，1977 年；（清）朱彝尊：《经义考》卷二三九，影印文渊阁《四库全书》(680)，第 145 页，台北：台湾"商务印书馆"，1986 年。

2　（唐）陆淳：《春秋集传纂例》卷二，影印文渊阁《四库全书》(146)，第 397–401 页，台北：台湾"商务印书馆"，1986 年。

3　（清）秦蕙田：《五礼通考》卷九七《吉礼九七·禘祫》，影印文渊阁《四库全书》(137)，第 317 页，台北：台湾"商务印书馆"，1986 年。

4　（汉）郑氏注，（唐）孔颖达疏，（唐）陆德明音义：《礼记注疏》卷三四《大传》，影印文渊阁《四库全书》(116)，第 47 页，台北：台湾"商务印书馆"，1986 年。

5　（汉）何休注，（唐）陆德明音义：《春秋公羊传注疏》卷一三，影印文渊阁《四库全书》(145)，第 254 页，台北：台湾"商务印书馆"，1986 年。

6　刘源：《商周祭祖礼研究》，第 76–88 页，北京：商务印书馆，2004 年。

"表明不敢自专，尊崇祖先，事事需要禀告祖先，以此方式将美德善政归美于祖先的福助，寻求祖先的庇佑"[1]。

因秦朝焚书坑儒，汉代典章散亡，西汉的第二位皇帝汉惠帝令博士叔孙通建立宗庙礼制，但叔孙通"随时迎合上意，因陋就简，一切为权宜之制，于是古先制度紊灭几尽"，春祠、夏礿、冬烝等古已有之的时享礼仪被废除，而一些杂出的祭祀却泛滥，"凡岁大祠五十二，小祠千一百"[2]。汉光武帝建武二年（26），刘秀大大简化太庙祭祀名目，"四时春以正月，夏以四月，秋以七月，冬以十月及腊，一岁五祀"[3]，建立了太庙一岁五享的制度。

汉代光武朝的太庙祭祀体制为后代继承。如唐玄宗朝官修《大唐开元礼》所载太庙时享制度，"凡一岁五享于太庙，谓四孟月及腊"[4]，此外，每三年的孟冬时节举行一次祫祭[5]，每五年的孟夏时节举行一次禘祭[6]。祫祭与禘祭虽分别举行，但因汉唐之后皇帝世系不明，无法确认开山始祖的先辈，所以禘祭与祫祭礼没有区别。因禘祭名不副实，宋神宗元丰五年（1082），宋神宗决定废除禘祭，"帝谓宰臣曰：禘者所以审禘祖之所自出，故《礼》：'不王不禘。'秦汉以来，谱牒不明，莫知祖之所自出，则禘礼可废也"[7]。

明洪武元年（1368），朱元璋一改汉以来主流的宗庙同堂异室制度（本朝帝后神主供奉于同一大殿的不同龛位中），建立了都宫别殿的宗庙制度（每一代帝后神主供奉于独立的殿宇），并制定太庙祭祀，"每岁四孟及岁除，凡五享"[8]。孟春时享在各庙分别举行，其余的祭祀则在朱元璋追尊的高祖父德祖庙

1 郭善兵：《中国古代帝王宗庙礼制研究》，第103页，北京：人民出版社，2007年。
2 （清）秦蕙田：《五礼通考》卷九〇《吉礼九〇·宗庙时享》，第137册，第141页，影印文渊阁《四库全书》，台北：台湾"商务印书馆"，1986年。
3 （晋）司马彪撰，（梁）刘昭补并注：《后汉书·祭祀志第九·祭祀下》，第11册，第3193页，北京：中华书局，1965年。
4 （唐）萧嵩等撰：《大唐开元礼》卷三七《吉礼·皇帝时享于太庙》，影印文渊阁《四库全书》第646册，第268页，台北：台湾"商务印书馆"，1986年。
5 （唐）萧嵩等撰：《大唐开元礼》卷三九《吉礼·皇帝祫享于太庙》，影印文渊阁《四库全书》第646册，第290页，台北：台湾"商务印书馆"，1986年。
6 （唐）萧嵩等撰：《大唐开元礼》卷四一《吉礼·皇帝禘享于太庙》，影印文渊阁《四库全书》第646册，第309页，台北：台湾"商务印书馆"，1986年。
7 （元）马端临：《文献通考》卷一〇二《宗庙考十二·祫禘》，影印文渊阁《四库全书》（612），第436页，台北：台湾"商务印书馆"，1986年。
8 （清）张廷玉等：《明史》卷五一《礼五（吉礼五）·时享》，《明史》（5），第1322页，北京：中华书局，1974年。

中合祭。洪武九年（1376）改建太庙，恢复同堂异室之制，"自是五享皆罢特享，而行合配之礼"[1]。

弘治元年（1488），岁暮祭祀转为祫祭之礼，嘉靖朝曾短暂地恢复禘礼，但很快又废除。从整个明代来看，太庙祭祀系统正祭有四孟时享及岁暮祫祭，这种祭祀体系为清代太庙祭祀逐步继承。

太庙祭祀的主祭者理应为天子。汉代的太庙祭祀，皇帝有时候出席，"汉四时车驾间出，享庙及八月饮酎，以尽孝思"[2]。但太庙祭祀仪节繁缛，"法驾属车，其卤簿郑重，裸荐升降，其礼节繁多"[3]，汉代以后的皇帝不胜其烦，往往派宗室或大臣代为参加，"自汉以来，礼制隳废，郊庙之祭，人主多不亲行"[4]。如唐代，虽建立了皇帝亲享太庙之制，但每岁四孟及季冬五次时享，以及每三年举行一次的祫祭，每五年举行一次的禘祭，"皆有司侍祠，天子未尝亲事，唯三岁亲郊一行告庙之礼"[5]。宋代亦是如此，其史书上所记载的"亲享太庙"，大都是郊祀前的告祭礼，太庙本身的祭祀，"则未尝亲行，虽禘祫大礼亦命有司摄事"，宋朝只有在仁宗嘉祐四年（1059）十月时，宋仁宗亲行祫祭礼一次，而皇帝从未参加过时享祭祀，"所存仪注，不过祠祀官摄事之仪"[6]。反而和宋同时的辽朝，皇帝多亲行祭礼："辽诸帝于宗庙，有新必荐，有事必告，有祭必亲奉先思孝。"[7] 到了明代，皇帝重视太庙祭祀，亲自主祭太庙，"明代时享之礼，天子亲行，尽革唐宋以来赏赉陋例，可谓拨云雾而睹青天矣！"[8] 相对于前代时享祭祀，明代从制度上要求皇帝亲自参与，并且革除了唐宋以

1 （清）张廷玉等：《明史》卷五一《礼五（吉礼五）·时享》，《明史》（5），第1323页，北京：中华书局，1974年。

2 （清）秦蕙田：《五礼通考》卷九二《吉礼九二·宗庙时享》，影印文渊阁《四库全书》（137），第212页，台湾"商务印书馆"，1986年。

3 （清）秦蕙田：《文献通考》卷九九《宗庙考九·时享》，影印文渊阁《四库全书》（612），第385页，台北：台湾"商务印书馆"，1986年。

4 （清）秦蕙田：《文献通考》卷九九《宗庙考九·时享》，影印文渊阁《四库全书》（612），第385页，台北：台湾"商务印书馆"，1986年。

5 （清）秦蕙田：《五礼通考》卷九二《吉礼九二·宗庙时享》，影印文渊阁《四库全书》（137），第212页，台北：台湾"商务印书馆"，1986年。

6 （清）秦蕙田：《五礼通考》卷九二《吉礼九二·宗庙时享》，影印文渊阁《四库全书》（137），第212页，台北：台湾"商务印书馆"，1986年。

7 （清）秦蕙田：《五礼通考》卷九四《吉礼九四·宗庙时享》，影印文渊阁《四库全书》（137），第258页，台湾"商务印书馆"，1986年。

8 （清）秦蕙田：《五礼通考》卷九六《吉礼九六·宗庙时享》，影印文渊阁《四库全书》（137），第316页，台北：台湾"商务印书馆"，1986年。

来花费过多的弊病。

第二节　清代太庙祭祀礼仪

皇太极创立太庙制度之初，并未严格遵循明制。顺治朝入关后，清朝不仅使用明朝太庙建筑，祭祀礼制也逐渐以明代太庙祭祀制度为圭臬。

（一）时享

清代时享经历了一个长期的发展过程。天命十一年（明天启六年，1626）九月，皇太极即大汗位后，凡遇清明、除夕，都亲自祭拜太祖努尔哈齐的福陵，"是即时享之始"[1]。崇德元年（明崇祯九年，1636），皇太极改国号为"清"，即皇帝位，在盛京建立太庙，太庙时享祭祀正式开始。崇德朝建立清代太庙时享礼制是一个渐进的过程：

> 崇德元年四月，太宗文皇帝亲享太庙，五月有以新樱桃献者，命荐于太庙，又命凡新进果品五谷皆先荐太庙然后进御，著为令，七月中元节，亲享太庙，自后中元节致享并同。十二月除夕祭太庙，自后除夕致享并同。三年正月，祭太庙，自后元旦致享并同。十月万寿节祭太庙，自后恭遇圣节致享并同。五年二月清明节祭太庙，自后清明节致享并同。[2]

汉唐以来，历代皇家太庙都不会在清明、中元节等节令以及皇帝万寿节举行时享祭祀。崇德朝的太庙时享祭祀，并不囿于中原政权代代相传的太庙祭祀礼仪，时享或类似于时享的祭祀有元旦、清明、中元、除夕、万寿节，共五次。满洲本为边疆少数民族，制度草创，未尽完善，出现与历代王朝不一样的太庙时享祭祀制度，也在情理之中。

到了顺治朝，清代继承了明太庙与明代太庙祭祀礼制，"世祖章皇帝定

1　清乾隆朝官修：《清朝通典》卷四五《吉（礼五）・太庙》，第 2279 页，杭州：浙江古籍出版社，2000 年。
2　清乾隆朝官修：《清朝通典》卷四五《吉（礼五）・太庙》，第 2279 页，杭州：浙江古籍出版社，2000 年。

为四孟月及清明、除夕、万寿节之制，太庙祭礼，岁有七，皆时享也"[1]。顺治朝虽接受了明代的四孟时享礼制，但从情感和礼法上又无法彻底扬弃崇德朝太庙时享规制，于是对二者进行了折中，既在太庙举行中国历代皇朝相沿袭的四孟时享，又保留了清明、除夕、万寿节等崇德朝开创的三次类似于时享的礼仪。但顺治朝折中前制（中国历代太庙时享礼制）与祖制（崇德朝时享礼制）后形成的一年七次时享礼仪显得过多，后逐步裁汰。首先是恢复明代弘治朝传统，除夕时享礼改为祫祭，"世祖章皇帝定太庙祫祭之制，每年岁除前一日奉后殿列祖列后神牌、中殿列圣列后神牌于前殿行大祫礼"[2]。其次是奉先殿建立后，荐新以及节令、诞辰、忌辰等崇德朝定在太庙中举行的祭祀改在奉先殿举行："恭建奉先殿以后，凡遇庆辰令节及每月荐新之礼，俱于奉先殿恭行。"[3]清明、中元、万寿节等不再在太庙举行时享礼。

康熙、雍正、乾隆三朝对时享礼仪也进行了微调，康熙十二年（1673）九月，"定祭太庙时享用黎明，先期斋戒，皇帝于别殿致斋。十二月定执事官及乐舞生之数"，雍正十一年（1733）增加享祀太庙上香仪。[4]到了乾隆朝，雄才大略的乾隆帝以建立、完善、定型本朝制度为己任，下令编纂《大清通礼》，时享等祭礼最终定型。

据乾隆朝《大清通礼》"岁四时享太庙之礼"[5]，"孟春于上旬诹吉，夏秋冬于孟月朔"，即孟春祭祀选择在农历一月上旬吉日，夏、秋、冬祭祀分别在农历四月初一、农历七月初一、农历十月初一。时享祭祀仪节大体可分为准备、祭祀、礼成善后等环节。

准备环节：眡牲：祭祀前三日，派礼部尚书一人到牺牲所代替皇帝查视用于祭祀的牲牢。致斋：眡牲这一天拂晓，太常寺卿率属员在乾清门进斋戒牌铜人，皇帝在大内斋宫斋戒，王公百官各在官署斋戒（图4-1）。书祝版：

1　清乾隆朝官修：《清朝通典》卷四五《吉（礼五）·太庙》，第2279页，杭州：浙江古籍出版社，2000年。

2　清乾隆朝官修：《清朝通典》卷四五《吉（礼五）·太庙》，第2281页，杭州：浙江古籍出版社，2000年。

3　清乾隆朝官修：《清朝通典》卷四五《吉（礼五）·太庙》，第2280页，杭州：浙江古籍出版社，2000年。

4　清乾隆朝官修：《清朝通典》卷四五《吉（礼五）·太庙》，第2279页，杭州：浙江古籍出版社，2000年。

5　参见（清）来保等：《钦定大清通礼》卷三《吉礼·宗庙》，影印文渊阁《四库全书》（655），第71—81页，台北：台湾"商务印书馆"，1986年。仪注有张廷玉配享内容，而张廷玉是乾隆二十年（1755）去世的，因此，该仪注是乾隆二十年后的时享仪注。

图 4-1　光绪年间的祭祀斋戒单

祭祀前两天，太常寺司祝将祝版送到内阁，由中书舍人在洁室将时享祭祀祝辞写在祝版上[1]，大学士写皇帝御名。眠割牲：祭祀前一天子时初刻，宰人在宰牲亭杀祭祀牲牢，御史、礼部司官等监视。阅祝版：祭祀前一天太阳刚升起时，皇帝在中和殿阅读太庙后殿、中殿祝版上的祝文。设神座：阅祝版这一天，太常寺卿率属员在后殿龛位前设神座，在前殿陈设中殿供奉帝后神主的神座，并设东西两庑配享的功臣神座（图 4-2）。陈设：祭祀前一天半夜，太常寺卿率人点灯火，陈祭器，乐部陈中和韶乐、武功文德二舞。省蠲：陈

1　太庙前后殿时享祭祀的祝辞为：“孝孙嗣皇帝（御名）敢昭告于（恭呼历代帝后神位）曰：‘时届孟春（夏、秋、冬），谨以牲帛、醴齐、粢盛、庶品，用展追思，伏惟尚享。’”

图 4-2　太庙前殿

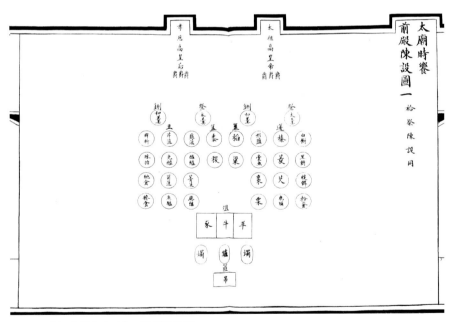

图 4-3　太祖帝后太庙时享、祫祭陈设图

设完毕，太常寺博士引礼部侍郎查看祭器、祭品的陈设情况[1]（图 4-3）。辨位：定皇帝、王公百官的行礼位，各执事人员就位。请神位：祭祀当天五鼓，銮仪卫陈法驾卤簿，陪祀王公在太庙街门候驾，其余百官序立庙廷，日出前四刻，觉罗官将后殿神位奉安在宝座上[2]，宗室官将中殿神主奉安在前殿宝座上[3]。

祭祀环节：就次盥洗就位：太常寺卿赴乾清门奏时，皇帝出宫入太庙戟门幄次，太常寺卿奏奉安神位毕，皇帝出幄次盥洗，进前殿拜位前，陪祀王公百官就拜位。迎神：乐奏《贻平之章》[4]，皇帝到前殿神位前上香，行三跪九拜礼。初献：乐奏《敉平之章》[5]，司帛司爵到神位前奠帛爵，司祝读祝辞。亚献：乐奏《敷平之章》[6]，司爵诣各神位前献爵。三献：乐奏《绍平之章》[7]，司爵诣各神位前献爵。受胙彻馔：皇帝受福酒、胙，彻馔，乐奏《光平之章》[8]。

礼成后续环节：礼成神位还御：乐奏《乂平之章》[9]，奉祝版、筐（帛）、香送燎所，皇帝出殿，宗室、觉罗官奉送神位还中殿、后殿寝室。乘舆回宫：时享礼成，皇帝还宫，乐奏《祐平之章》[10]。

1　清代太庙时享、祫祭时，每一案的陈设是：爵（每位帝后三个），簠二（黍、稷），簋二（稻、粱），笾十二（形盐、鳈鱼、枣、栗、榛、菱、芡、鹿脯、白饼、黑饼、糗饵、粉糍），豆十二（韭菹、醓醢、菁菹、鹿醢、芹菹、兔醢、笋菹、鱼醢、脾析、豚拍、酏食、糁食），筐一（奉先制帛，每位帝后一），俎一（羊、犊、豕）。登（太羹，每位帝后一）、铏（和羹，每位帝后一），牺尊（孟春时享，每位帝后一）、象尊（孟夏时享，每位帝后一）、著尊（孟秋时享，每位帝后一）、壶尊（孟冬时享，每位帝后一）、山尊（岁暮祫祭，每位帝后一），金匕（每位帝后一），金箸（每位帝后二），炉一、灯二。参见（清）张廷玉等：《皇朝文献通考》卷一一三《宗庙考·太庙时享七》，影印文渊阁《四库全书》（634），第 503 页；（清）允禄、蒋溥等：《皇朝礼器图式·目录》，清乾隆三十一年（1766）武英殿刻本；（清）昆冈等：《钦定大清会典图》卷七、卷八"太庙时享"系列陈设图，清光绪二十五年（1899）重修本。
2　时享礼后殿神位奉安顺序是：肇祖帝后正中，兴祖帝后左，景祖帝后右，显祖帝后次左。均南向。告祭同。参见（清）昆冈等《钦定大清会典事例》（光绪朝）卷一〇七一《太常寺·礼节·时享太庙礼节》（23），第 17769-17770 页；（清）昆冈等《钦定大清会典图》卷八、卷九，清光绪二十五年（1899）重修本。
3　清光绪朝时，太庙前殿时享礼神位奉安顺序是：太祖帝后正中，太宗帝后左，世祖帝后右，皆南向。圣祖帝后东位西向，世宗帝后西位东向，高宗帝后东次西向，仁宗帝后西次东向，宣宗帝后东次西向，文宗帝后西次东向，穆宗帝后东次西向。告祭同。参见（清）昆冈等：《钦定大清会典事例》（光绪朝）卷一〇七一《太常寺·礼节·时享太庙礼节》（23），第 17770 页。（清）昆冈等：《钦定大清会典图》卷六。
4　其辞为："肇兹区夏，世德钦崇。九州维宅，王业自东。戎甲十三，奋起飞龙。维神格思，皇灵显融。"
5　其辞为："于皇祖考，克配上天，越文武功，万邦是宣，孝孙受命，不忘不愆，羹墙永慕，时荐斯虔。"
6　其辞为："恳祀精忱，洋洋如生。尊罍再举，于赫昭明。蔼然有容，忾然有声。我怀靡及，顾者中情。"
7　其辞为："粤若祖德，诞受方国。肆予小子，大猷是式。欲报之德，昊天罔极。殷勤三献，中心翼翼。"
8　其辞为："庶物既陈，九奏具举，告成于祖，亦右皇姚。敬彻不迟，用终殷祀。式礼如兹，皇其燕喜。"
9　其辞为："对越无方，陟降无迹。寝祐静渊，孔安且吉。惟灵在天，惟主在室。于万斯年，孝思无致。"
10　其辞为："仪若先典，追孝在天。鸿庆遐邈，烈光丕显。祀事明，神贶宣。福庶民，千万年。"

在中殿举行祭祀仪礼时，后殿、配殿同时举行相应的仪式。

时享仪不一定仅仅在时享时举行，帝后升祔太庙后，所行致祭礼用的也是时享仪。雍正元年（1723）九月初四，圣祖及其四后升祔太庙后，"遂行升祔太庙致祭礼，如时享仪"[1]。岁暮祫祭所用礼仪，大部分也与时享相同。

（二）祫祭

清代祫祭分为岁暮大祫、皇帝守服期满的因时祫祭以及太庙修缮竣工后的祫祭。与时享分别在太庙后殿祭奠追封四祖，在太庙前殿祭奠供奉在中殿的列帝列后不同，祫祭是于岁除前一日将供奉在太庙前后殿的神主同时供奉在太庙前殿祭祀。

皇太极称帝建太庙后，每年岁暮均举行时享祭祀。顺治朝恢复明代礼制，将岁暮时享转变为祫祭，"顺治元年定，祫祭于岁除行礼。四年定，岁除前祫祭，大建于二十九日，小建于二十八日行礼"[2]。顺治元年所定的祫祭时间为除夕，顺治四年将其改为除夕的前一天，大建（夏历30天的月份，大月）定在十二月二十九日，小建（夏历29天的月份，小月）定在二十八日，后来的祫祭一直采用这个时间。

顺治初年所行的岁暮祫祭礼并没有制度化，顺治十六年（1659），清朝制度化的祫祭礼才真正开始，这一年，左副都御史袁懋功，"请举祫祭，以彰孝治"，他的建议被朝廷采纳：

> 乃定岁除前一日大祫，移后殿、中殿神主奉前殿。四祖、太祖南向，太宗东位西向。先一日遣官告后殿、中殿，致斋视牲。届日世祖亲诣，礼如时享，自是岁以为常。寻定祫祭乐舞陈殿外。[3]

乾隆朝《皇朝通典》在梳理祫祭礼制时，谓"顺治十六年七月世祖章皇

---

1 《世宗宪皇帝实录》卷一一，《世宗宪皇帝实录》(1)，第198页，北京：中华书局，1985年。
2 （清）昆岗等：《钦定大清会典事例》（光绪朝）卷四二三《礼部·大祀·岁暮大祫》，《钦定大清会典事例》(13)，第10669页，清光绪二十五年（1899）重修本。
3 赵尔巽等：《清史稿》卷八六《礼五（吉礼五）》，《清史稿》(10)，第2582页，北京：中华书局，1977年。

帝定太庙祫祭之制"[1]，由此可见，顺治元年、四年虽在太庙行过祫祭礼，但后来中断了，顺治十六年才是清代祫祭制度化的开始。

乾隆三十七年（1772）十一月，大学士等遵旨定祫祭太庙行礼仪节，祫祭前的致斋、眡牲、书祝版[2]、眡祝版、眡割牲等"祭前诸仪并准时享"，因祫祭要将追封四祖（妣）与中殿帝后神主同时供奉在前殿，因此，祭前或祭祀环节中的祇告、设神座、请神位[3]、乐章等仪式与时享不尽相同，其余乐舞、牲币器数、皇帝行礼仪节、祀官陪位均如时享之仪。[4]

因时祫祭是不同于岁暮祫祭的一种祫祭类型，其举行的礼制依据是"古礼天子三年丧毕，合先祖神享之，谓之吉祭"，清朝的因时祫祭发端于雍正二年（1724），雍正帝守服期满，吏部尚书朱轼上言："皇上至仁大孝，丧三年如一日，今服制竟，请祫祭太庙，即吉释哀。"第二年二月，雍正帝以圣祖服制二十七月期满，亲自到太庙行祫祭礼。此后，历代皇帝释服后，均举行因时祫祭礼。皇帝释服时，若先帝神主尚未祔庙，则因时祫祭要推迟举行。同治二年（1863）十月十五日，同治帝行释服礼，但当时文宗神牌尚未升祔太庙，太庙因时祫祭暂缓。同治四年（1865）九月二十六日，文宗帝后神牌升祔太庙，十月二十二日，举行祫祭礼。[5]

清代在太庙修缮完成后，也行祫祭礼。乾隆四年（1739）太庙修缮完成，"择吉致祭，照岁暮祫祭之仪，高宗纯皇帝亲诣太庙行礼"[6]。

乾隆帝编纂《大清通礼》，将清朝的各项礼制定型，但他进入六旬以后，

1 清乾隆朝官修：《清朝通典》卷四五《吉（礼五）·太庙》，第2281页，杭州：浙江古籍出版社，2000年。
2 祫祭祝辞为："孝孙嗣皇帝（御名）敢昭告于（恭呼历代帝后神位）曰：'气序已周，岁事告成，谨以牲帛、醴齐、粢盛、庶品，特修大祫礼于太庙，用申追感之情，伏惟尚享。'"
3 清光绪朝，太庙前殿祫祭神位次是：肇祖帝后居中，兴祖帝后左，景祖帝后右，显祖帝后次左，太祖帝后次右，太宗帝后次左，世祖帝后次右，圣祖帝后位西向，世宗帝后西位东向，高宗帝后东次西向，仁宗帝后西次东向，宣宗帝后东次西向，文宗帝后西次东向，穆宗帝后东次西向。参见（清）昆岗等《钦定大清会典事例》（光绪朝）卷一〇七二《太常寺·礼节·祫祭太庙礼节》，《钦定大清会典事例》（23），第17782-17783页；（清）昆岗等：《钦定大清会典图》卷六"太庙祫祭位次图"，清光绪二十五年（1899）重修本。
4 （清）来保等：《钦定大清通礼》卷三《吉礼·宗庙》，影印文渊阁《四库全书》（655），第81-87页，台北：台湾"商务印书馆"，1986年。
5 （清）昆岗等：《钦定大清会典事例》（光绪朝）卷四二三《礼部·大祀·因时祫祭》，《钦定大清会典事例》（13），第10674页，台北：新文丰出版公司，1976年。
6 （清）昆岗等：《钦定大清会典事例》（光绪朝）卷四二三《礼部·大祀·四孟时享太庙》，《钦定大清会典事例》（13），台北：新文丰出版公司，1976年。

因年事已高，简省了太庙祫祭等祭祀礼仪。乾隆三十九年（1774），乾隆帝御制《岁暮祫祭太庙礼成六韵》"节少步趋数，期恒躬祭钦"句注语云：

> 祫祭礼文繁重，自前岁以来，予春秋已逾六十，命阁部诸臣将缛仪少节，以要诸久。因议于正位躬致瓣香，列祖各位则派近支诸王及皇子恭代，而入庙之路亦改由庙壖北门循墙而东，至戟门前降舆，冀稍省步趋之劳，益得专诚对越，且可期岁必亲莅，用展追远之思。[1]

乾隆帝 60 岁以后，对太庙祫祭礼的简省分为两个方面，其一是只在太祖、太宗、世祖、圣祖、世宗等正位前进香，追封四祖则派近支诸王及皇子代劳，其二是为了缩短乾隆帝的步行距离，皇帝本应在太庙神路右降舆，然后步行到戟门，变为直接到戟门前降舆。后世皇帝祫祭太庙，仍然按照未简省的仪节举行。

（三）告庙

清代太庙告祭礼分为两部分，特别重要的告祭礼在太庙举行，次要的告祭礼在奉先殿等原庙举行。清代凡登极授受大典，上尊号、徽号，祔庙，郊祀，万寿节，皇太后万寿节，册立皇太子，大婚册立皇后，均要先期遣官祇告太庙等处。[2]

告太庙之礼分为两种，其一是"皇帝因事亲告之礼"，其二是"遣官祇告之礼"。据《大清通礼》"皇帝因事亲告之礼"，其仪节大略是：钦天监诹吉日，祭祀前一日，皇帝在皇宫致斋，陪祀王公及执事各官均致斋，翰林院根据告庙事宜写祝文，太常寺卿送内阁书写，后将写好的祝版放在神库，太常寺卿率属员入庙打扫，工部司官在戟门张黄幄，銮仪卫官在幄外设洗。

---

1 （清）弘历：《岁暮祫祭太庙礼成六韵》，《御制诗四集》卷二四，故宫博物院编：《清高宗御制诗》（11）《故宫珍本丛刊》（560），第 353 页。
2 赵尔巽等：《清史稿》卷八二《礼一（吉礼一）》，《清史稿》（10），第 2500-2501 页，北京：中华书局，1977 年。

祭祀当天，太常寺卿率属入庙展开中殿神幄，每案前布置祭器祭品等。[1] 执事人员就位，陪祀王公穿朝服在太庙街门外候驾，不陪祀王公百官穿朝服在午门等候。祭祀快开始时，太常寺卿赴乾清门奏时，皇帝御祭服乘舆出宫，进太庙，到戟门幄次休息。太常寺卿奏请皇帝到中殿行礼，皇帝出幄次，盥洗，皇帝进中殿就位，陪祀王公大臣各就位。告庙开始，赞引与对引官恭导皇帝到中殿神位前上香，奠帛爵行初献礼，司祝读祝。亚献在左边奠爵，三献礼在右边奠爵，其仪式与初献礼一样。告庙仪式结束后，执事人员将祝版、筐（帛）、香送燎所，皇帝还宫。皇帝在中殿行告庙礼时，同时遣官告祭后殿，其礼仪为"遣官祗告之礼"，与大祫前的告庙仪式相同，其仪节逊于皇帝亲告之礼。[2]

举行时享礼时也可告庙。如道光八年（1828）二月初二，道光帝谕内阁，因平定张格尔之乱，该年孟夏时享太庙，及常雩、方泽大祀，道光帝本人将出席，他要求在祝版中写上告捷内容，"其用申虔告"[3]。

第三节 清代太庙祭祀的特点

清代太庙祭祀的总体发展方向，是从崇德朝祖制转向以明代太庙祭祀为代表的前制，然后稳定下来；在皇帝宗庙体系中，太庙祭祀与原庙祭祀互为补充；与明代以前的皇帝疏于太庙祭祀相比，清帝多亲行太庙祭礼。

（一）清代太庙祭祀演变轨迹：从祖制到前制

皇太极遵循汉族传统礼制建立太庙祭祀制度时，所能借鉴的最完善蓝本无疑是明代的太庙祭祀礼制。但崇德朝太庙祭祀礼制与明代相比，无疑存在显著的差别：其一，崇德朝于元旦、清明、中元、除夕、万寿节行时享礼，而明代是四孟月行时享礼。其二，崇德朝无祫祭，而明代在岁暮行祫祭礼。其

1 中殿、后殿每筵陈设是：爵（每位帝后三），豆二（鹿醢、兔醢），笾六（鹿脯、葡萄、桃仁、红枣、榛仁、莲子），金匕（每位帝后一），金箸（每位帝后二），炉一，灯二。参见（清）允禄等：《大清会典》（雍正朝）卷八四《礼部二十八》，《近代中国史料丛刊三编》（77），第5528-5534页，台北：文海出版社，1994年。
2 （清）来保等：《钦定大清通礼》卷三《吉礼·宗庙》，影印文渊阁《四库全书》第655册，第87-90页，台北：台湾"商务印书馆"，1986年。
3 《宣宗成皇帝实录》卷一三三，《宣宗成皇帝实录》（3），第22页，北京：中华书局，1986年。

三，崇德朝在太庙行荐新礼，而明代在奉先殿行荐新礼。

顺治元年（1644），清政府入关以后，从东北一隅的政权演变为整个中原地区的政权，统治者以华夏文明的正统继承者自居。在这种背景下，逐步用明代太庙祭祀礼仪改造崇德朝太庙祭祀礼仪。尤其是在奉先殿建成后，分担了崇德朝部分太庙祭祀功能，使清代太庙祭祀体系回到明代太庙祭祀的轨道，下面这则材料生动地记述了顺治朝用明制扬弃崇德朝祖制。顺治二年（1645）礼臣就秋祭太庙、盛京四祖庙（即原盛京太庙）、福陵礼仪上奏：

> 本朝旧制，秋祭太庙于七月十五日，用牛羊，是日福陵献酒果香烛。明时旧例，七月朔祭太庙，用牛羊，是日各陵不献酒果香烛。以七月十五日祭陵，用牛羊，是日太庙不献酒果香烛。奉旨：太庙、盛京四祖庙，俱照故明例，以七月朔用牛羊致祭，是日陵上不必献酒果香烛。中元节仍用牛羊祭陵，是日太庙、盛京四祖庙，不必献酒果香烛。[1]

崇德朝的秋祭在七月十五日，这一天，清太祖努尔哈齐的福陵同时用酒果香烛祭奠，而在明代，七月初一用牛羊祭祀太庙，七月十五日再用牛羊祭祀陵寝，面对本朝旧制和明代礼制的分歧，朝廷决定采用明制。

当然，明代的太庙祭祀制度在洪武朝、嘉靖朝也略有区别。清朝君臣根据需要，对二者进行取舍。雍正十一年（1733）正月，雍正帝希望在享祀太庙时，增加上香仪式，此外，他要求大学士会同礼部酌古准今，确定奠帛献爵之时是否增加跪献仪式。雍正帝对太庙祭祀仪式的修改意见，有前代先例才更名正言顺。大学士与礼部引经据典，上奏：

> 宋代始有上香之仪，并于每位前跪，三上香，其奠帛献爵亦如之，爵以三献，明洪武定制，无上香奠帛之仪，爵两献亦不跪，至嘉靖改从宋制。本朝会典因洪武所定，而酌增之，有奠帛有三献爵，而无上香之仪。臣等敬谨详议，

---

1 （清）昆岗等：《钦定大清会典事例》（光绪朝）卷四二三《礼部·大祀·四孟时享太庙》，《钦定大清会典事例》（13），第10657-10658页，台北：新文丰出版公司，1976年。

大祀莫重于郊坛，而孝享莫大于配天，至宗庙宜与社稷坛同。查祭社稷坛时，皇上亲诣大社大稷前跪上香，则太庙上香自应一例。至奠帛献爵，太庙社稷俱不亲献，是以皇上于拜位前恭立，所以亚于郊坛也，似应仍照旧仪。[1]

上香仪式、奠帛献爵跪献，宋代才出现，但在明洪武朝建立太庙祭祀制度时，没有上香奠帛仪式，两次进爵时皇帝也不跪献，到嘉靖朝才改从宋制。而清代康熙朝立《大清会典》时，"本朝会典因洪武所定，而酌增之，有奠帛有三献爵，而无上香之仪"，当时的礼制典范是《大清会典》，而《大清会典》又以明洪武朝典制为蓝本，洪武朝太庙祭祀奠帛时皇帝献爵，但没有上香仪式。大臣们认为太庙祭祀礼仪规格低于天坛祭祀，而应与社稷坛祭祀等同。祭社稷坛时，皇上亲诣大社大稷前跪上香，因此太庙也应该上香，奠帛献爵时，太庙社稷皇帝都不亲献，皇帝只在拜位前恭立，以此表明其祭祀礼仪逊于郊坛祭祀。

（二） 太庙祭祀与原庙祭祀互为补充

与汉代以降的历代皇帝宗庙体系一样，清代皇帝宗庙体系由太庙与原庙构成[2]，各个宗庙承担了不同的祭祀功能。皇帝原庙制度始于汉惠帝刘盈。"国有二庙，自汉惠始也。"[3]刘盈在渭水北岸为汉高祖刘邦建立原庙，所谓的"原"，是"再"的意思，原庙即太庙之外的皇家宗庙。后世皇朝以汉朝为典范，纷纷建立了本朝的原庙制度。原庙供奉的既有帝后神主，也有帝后神御（圣容），以神御供奉为主。清代皇帝原庙制度在顺治、雍正、乾隆三朝逐步形成：顺治帝遵明制立奉先殿原庙，雍正帝崇奉康熙帝而立寿皇殿、畅春园恩佑寺这两座原庙，乾隆帝尊奉雍正帝而立圆明园安佑宫原庙，敬奉康熙帝而立避暑山庄永佑寺原庙。

清代宗庙祭祀是一个完整的体系：太庙举行最隆重的时享、祫祭以及重要的告祭，其他的祭祀仪式在原庙举行。清代太庙与原庙祭祀功能互补，主

1 清乾隆朝官修：《清朝通典》卷四五《吉（礼五）·太庙》，第2280页，杭州：浙江古籍出版社，2000年。
2 张小李：《清代原庙制度初探》，《故宫学刊》（总第十三辑），北京：故宫出版社，2015年。
3 （明）夏言：《奉敕详议南京太庙不当重建疏》，（明）陈子龙等选辑《明经世文编》卷二〇三，第2134页，北京：中华书局，1962年。

要体现在太庙与奉先殿的功能互补上。

在有清一代的几座原庙中，处于内廷之中的奉先殿地位最高，有着统领地位。明代奉先殿被称为内殿，其与太庙祭祀有明确分工，"若以我朝宗庙之常礼言之，如四时享祫，则止行于太庙。岁序忌辰，则止祭于内殿，未尝并祭也。国有大事，或告于太庙，或告于内殿，亦未尝并告也"[1]。太庙与奉先殿的互补关系，决定了奉先殿的地位几乎等同于太庙。清代太庙制度与奉先殿制度互为借鉴，甚至将奉先殿制度移植到太庙。康熙年间，太庙神牌供奉就借鉴奉先殿制度："定太庙神牌如奉先殿制，供奉居中。请牌用太常官，献帛、爵用侍卫，寻改用宗室官。"[2]

（三）清帝多亲行太庙祭礼

皇太极建立太庙祭祀制度后，与明代皇帝一样，亲自参加太庙祭祀，清朝入关后的皇帝，也勤于太庙祭祀。

顺治帝、康熙帝幼年继位，未亲政前就参加太庙祭祀。顺治二年（1645）七月，"时享太庙，世祖章皇帝亲诣行礼，自后时享皆亲诣如仪"[3]。康熙元年（1662）正月，"时享太庙，圣祖仁皇帝亲诣行礼，自后每岁时享皆亲诣如仪"[4]。康熙五十年（1711）三月初一，康熙帝驻跸畅春园。满朝王公、文武百官及生监百姓等奏称："一岁再郊，必亲对越，四时享庙，务竭精诚，祀事之严，毖数十年如一日也。"[5]这些虽是奉承康熙帝的话，但也可以看出康熙帝数十年如一日，非常重视太庙祭祀。

雍正、乾隆、嘉庆、道光、咸丰五帝，继承大统时已经成年，太庙祭祀均敬谨参加，特殊情况下才派人摄祭，雍正帝甚至为了参加太庙祭祀，而将祭祀时间推迟。雍正八年（1730）正月初五应时享太庙，但雍正帝偶有小疾，"颊旁偶长小热颗"，要两三天后才能痊愈，可能是考虑到脸上长小疮参加祭祀，似对祖先不敬，在群臣面前也有失颜面，于是雍正帝下令，将初五的祭

1 （明）高仪：《议玉芝宫祀典疏》，《明经世文编》卷三一〇，第3293页。
2 赵尔巽等：《清史稿》卷八六《礼五（吉礼五）》，《清史稿》(10)，第2580页，北京：中华书局，1977年。
3 清乾隆朝官修：《清朝通典》卷四五《吉（礼五）·太庙》，第2279页，杭州：浙江古籍出版社，2000年。
4 清乾隆朝官修：《清朝通典》卷四五《吉（礼五）·太庙》，第2280页，杭州：浙江古籍出版社，2000年。
5 《圣祖仁皇帝实录》卷二四五，《圣祖仁皇帝实录》(3)，第434页，北京：中华书局，1985年。

祀延期到初十,到时亲诣行礼。[1]清代乾隆帝年寿最长,他 60 岁后简省了太庙祫祭仪节。考虑到 80 岁后体力不支,乾隆五十四年(1789)十一月甲申(初二日),79 岁的乾隆帝对其 80 岁后的祭祀进行了安排,中祀、耕耤等,不再出席,由礼部奏请,遣官行礼,而南北郊祭天地、太庙祫祭大祀,仍坚持参加,"仍当岁岁躬亲,以及归政之年,始终勿懈"。至于太庙时享、社稷坛祭祀,则临时决定是遣官行礼还是出席,"临时酌量降旨"[2]。

同治帝、光绪帝刚继位时,时享、祫祭遣亲王摄祭,亲政后才参加祭祀。但是在祭祀前一天,皇帝要去行礼,只是没有繁缛的仪节。光绪二年(1876)二月初三,朝廷以光绪帝的名义谕军机大臣等:"朕未亲政以前,恭遇太庙时享及祫祭大祀,均于致祭前一日,亲诣行礼,着自本年孟冬为始。下礼部、太常寺知之。"[3]这种安排,既避免了幼年皇帝在仪式烦琐、整肃的太庙祭祀典礼上有失仪之处,又有皇帝亲祭之义,体现了对祖先的尊崇与敬畏。宣统朝的太庙祭祀由摄政王摄行。

因为清代皇帝多亲自参加宗庙祭祀,故能对祭祀过程中出现的问题及时处理。康熙二十四年(1685)正月,康熙帝参加孟春时享祭祀,他发现赞礼郎宣读祝版,念到皇帝的名字时不敢大声读,祭祀仪式结束后,康熙帝要求:"子孙者通名于祖父,岂可涉于慢易,嗣后俱应高声朗读,毋庸顾忌。"[4]后来的读祝官因此放开了手脚,甚至得到皇帝的嘉奖,道光十八年(1838)秋七月初二,道光帝因"时享太庙,读祝洪亮",赏太常寺读祝官秉璞五品顶戴花翎,并改名额图洪额。[5]

在祭祀过程中出现纰漏会遭到处罚,嘉庆二十二年(1817)正月初八孟春时享太庙,读祝官桂芬将嘉庆二十二年误读为二十一年,第二天,嘉庆帝对此进行了严厉的处理:读祝官桂芬革职发往伊犁,其他的负有间接责任的官员也受到了相应处分。[6]道光朝,清朝的统治颓势倍显,其中太庙

1 清乾隆朝官修:《清朝通典》卷四五《吉(礼五)·太庙》,第 2280 页,杭州:浙江古籍出版社,2000 年。
2 《高宗纯皇帝实录》卷一三四二,《高宗纯皇帝实录》(17),第 1192-1193 页,北京:中华书局,1986 年。
3 《德宗景皇帝实录》卷二六,《德宗景皇帝实录》(1),第 387 页,北京:中华书局,1987 年。
4 清乾隆朝官修:《清朝通典》卷四五《吉(礼五)·太庙》,第 2280 页,杭州:浙江古籍出版社,2000 年。
5 《宣宗成皇帝实录》卷三一二,《宣宗成皇帝实录》(5),第 853 页,北京:中华书局,1986 年。
6 《仁宗睿皇帝实录》卷三二六,《仁宗睿皇帝实录》(5),第 297 页,北京:中华书局,1986 年。

祭祀也是如此。道光十三年（1833）七月的孟秋时享，应行陪祀不到，文职 67 员，武职 99 员，八月十六日，道光帝给予他们"各罚俸一年，不准抵销"的处分。[1] 太庙祭祀缺席人员达 166 人，说明道光朝太庙祭祀纪律已非常松懈。

1　《宣宗成皇帝实录》卷二四二，《宣宗成皇帝实录》（4），第 625 页，北京：中华书局，1986 年。

第五章 清代太庙祭器、祭品陈设

上一章介绍了清代太庙祭祀礼仪。举行祭祀之时，要陈祭器，献祭品。清代太庙祭器、祭品规制直追周代，而祭器、祭品的数量，则踵武元、明。

第一节　历代皇帝宗庙祭器、祭品

天子礼制成熟于周代，然历经春秋战国的动乱，以及秦始皇的焚书坑儒，到了汉代，天子礼制与周代相比，有了断层。其中，含祭祀制度在内的周天子宗庙之礼也恍若隔世，因此，汉代负有重建天子礼制的重任。

西汉立国以后，刘邦废除了秦朝苛刻的仪法，但出身行伍的朝臣却不知体统，"群臣饮酒争功，醉或妄呼，拔剑击柱"。为了规范朝仪，刘邦命儒士叔孙通与鲁诸生制定朝仪。叔孙通所制之礼，"采古礼与秦仪杂就之"。刘邦去世后，惠帝任命叔孙通为太常，制定宗庙仪法。[1] 史书未明确记载叔孙通制定宗庙礼仪的礼制依据，但应与其所制定的朝仪一样，杂糅了古礼与秦仪。

叔孙通制宗庙之礼时，被后世奉为周代礼制典范的《周礼》，因秦火之灾，尚未面世。"《周官》孝武之时始出，秘而不传"[2]，所以，叔孙通重建宗庙礼制时，不可能参阅《周礼》，其所依据的古礼，或许有《周礼》的成分，但再夹杂上秦仪，宗庙礼制与《周礼》更有差距。王莽篡汉之后，《周礼》立学官，受到了儒臣的重视。此后，东汉郑玄遍注群经，兼注《三礼》，而最推崇《周礼》。随着郑玄学说的兴盛，宗庙（太庙）祭祀逐渐以《周礼》为最高准则。

据《周礼》，太庙祭祀是日常宴饮的翻版，祭品与日常食品没有区别，祭器也与日常饮食器具一样，负责宴饮的食官不仅负责提供王室、贵族的食品，还为祭祀供应各种祭品。饮食器具可分为炊食器和饮器两大类，炊食器可分为炊器、盛食器、贮食器等；饮器可分为温酒器、饮酒器、盛酒器、挹酒器等。[3] 而宗庙（太庙）祭祀，是将做好的饮食供奉给先帝（王），因此，只有盛食器、饮酒器、盛酒器、挹酒器等才能既是食器又是祭器，炊器等不

1　（汉）司马迁：《史记》卷九九《刘敬叔孙通列传》，《史记》（8），第 2722–2725 页，北京：中华书局，1959 年。
2　（唐）贾公彦：《序周礼废兴》，影印文渊阁《四库全书》（90），第 12 页，台北：台湾"商务印书馆"，1986 年。
3　王雪萍：《〈周礼〉饮食制度研究》，扬州大学 2007 届博士生毕业论文。

是祭器。

《周礼》所涉及的祭器（食器）主要有盛食器笾、豆、登、铏、簠、簋、俎等，饮酒器爵，盛酒器六尊（牺尊、象尊、著尊、壶尊、山尊、大尊），六彝（鸡彝、鸟彝、斝彝、黄彝、虎彝、蜼彝）等。

在盛食器中，笾、豆、登形状大致相同，但材质不一样，笾为竹器，豆为木器，登为瓦器，《尔雅·释器》："木豆谓之豆，竹豆谓之笾，瓦豆谓之登。"[1] 笾、豆是太庙祭祀最主要的盛食器，使用数量最多。《周礼·天官冢宰·笾人》谓：

笾人掌四笾之实。朝事之笾，其实麷、蕡、白、黑、形盐、膴、鲍鱼、鱐。馈食之笾，其实枣、栗、桃、干藤、榛实。加笾之实，菱、芡、栗、脯。羞笾之实，糗饵、粉餈。凡祭祀，共其笾荐羞之实。[2]

朝事之笾、馈食之笾、加笾、羞笾统称四笾，由笾人职掌。朝事之笾，指行朝事礼时进献的笾，是宗庙祭祀供奉的第一轮笾；馈食之笾，指在行馈食礼时所进献的笾，是供奉的第二轮笾；羞笾是加笾之前供奉的第三轮笾；加笾是天子、后、宾行九献之礼（正献）之后，参加祭祀的诸臣进献的笾，是供奉的第四轮笾。笾为竹器，四笾所盛祭品（食品）为果、脯、饼等干制食品。[3]

关于豆所盛祭品，《周礼·天官冢宰·醢人》谓：

醢人掌四豆之实。朝事之豆，其实韭菹、醓醢、昌本、麋臡、菁菹、鹿臡、茆菹、麇臡。馈食之豆，其实葵菹、蠃醢、脾析、蠯醢、蜃、蚳醢、豚拍、鱼醢。

1 （晋）郭璞注，（宋）邢昺疏，（唐）陆德明音义：《尔雅注疏》卷四，影印文渊阁《四库全书》（221），第88页，台北：台湾"商务印书馆"，1986年。

2 （汉）郑玄注，（唐）贾公彦疏，（唐）陆德明音义：《周礼注疏》卷五，影印文渊阁《四库全书》（90），第101-103页，台北：台湾"商务印书馆"，1986年。

3 朝事之笾所进献的祭品，麷为炒熟的麦，蕡为麻子，白为炒熟的稻，黑为炒熟的黍，形盐为虎形盐块，膴为生鱼片，鲍鱼为用火烘干的鱼，鱐为干鱼块。馈食之笾所进献的祭品，干藤指干梅。加笾所进献的祭品中，芡指鸡头米。羞笾所进献的祭品中，糗饵为炒熟的大豆所捣成的粉，粉餈为糯米粉做的饼，俗称糍粑。参见杨天宇：《周礼译注》，第82-83页，上海：上海古籍出版社，2004年。

加豆之实，芹菹、兔醢、深蒲、醓醢、箔菹、雁醢、笋菹、鱼醢。羞豆之食，酏食、糁食。凡祭祀，共荐羞之豆实。[1]

朝事之豆、馈食之豆、加豆、羞豆通称四豆，由醢人执掌。四豆名目及进献秩序同四笾。豆所盛为齑、菹、醢等各种有汁的濡物。[2]

《礼记·郊特牲》谓："鼎俎奇而笾豆偶。"[3]凡享食宴饮或祭祀，所用笾、豆都为偶数。

登所盛者为太羹（大羹），与登功能类似的祭器有铏，铏盛铏羹。太羹与铏羹的区别，在于是否调味。《周礼·天官·亨人》谓："祭祀，共大羹、铏羹。宾客亦如之。"郑玄注："大羹不致五味也，铏羹加盐菜矣。"[4]

簠、簋为木器，偶数陈设，盛黍、稷、稻、粱。郑玄注《周礼·地官·舍人》云"方曰簠，圆曰簋，盛黍、稷、稻、粱器"[5]；又注《周礼·秋官·掌客》云"簠，稻粱器也"；"簋，黍稷器也。"[6]郑玄认为，簠是方形，盛稻、粱；簋是圆形，盛黍、稷。但据许慎《说文解字》："簋，黍稷圜器也。从竹从皿，甫声。""簠，黍稷方器也。从竹从皿从皀。"[7]许慎认为，簋为圆形，簠为方形。清代乾隆朝制定祭器，遵循的是郑玄的说法。

1　（汉）郑玄注，（唐）贾公彦疏，（唐）陆德明音义：《周礼注疏》卷五，影印文渊阁《四库全书》（90），第105-107页，台北：台湾"商务印书馆"，1986年。

2　朝事之豆所进献的祭品中，韭菹为用醋酱腌渍的韭菜，醓醢为多汁的肉酱，昌本为切成四寸的菖蒲根，麋臡指用带骨的麋鹿肉做成的酱，菁菹为切成四寸的蔓菁，鹿臡为用带骨的鹿肉做成的酱，茆菹为切成四寸的茆，麋臡为用带骨的獐肉做成的酱。馈食之豆所进献的祭品，葵菹为切成四寸的秋葵，蠃醢为蜗牛做成的肉酱，脾析为牛百叶，蠯醢为蛤做成的肉酱，蠯为大蛤，蚳醢为蚁卵做成的酱，豚拍为小猪的肋脂肉，鱼醢为用鱼做成的肉酱。加豆之实的祭品中，兔醢为用兔肉做成的肉酱，深蒲为蒲初生时的嫩叶，箔菹为切成四寸的一种小竹笋，雁醢为用雁肉做成的肉酱。羞豆所进献的祭品，酏食为稻米和狼胸臆间的膏脂所煮成的粥，糁食为用牛、羊、豕肉与稻米混合后做的煎饼。参见杨天宇：《周礼译注》，第84-85页，上海：上海古籍出版社，2004年。

3　（汉）郑玄注，（唐）孔颖达疏，（唐）陆德明音义：《礼记注疏》卷二五，影印文渊阁《四库全书》（115），第519页，台北：台湾"商务印书馆"，1986年。

4　（汉）郑玄注，（唐）贾公彦疏，（唐）陆德明音义：《周礼注疏》卷四，影印文渊阁《四库全书》（90），第78页，台北：台湾"商务印书馆"，1986年。

5　（汉）郑玄注，（唐）贾公彦疏，（唐）陆德明音义：《周礼注疏》卷一六，影印文渊阁《四库全书》（90），第302页，台北：台湾"商务印书馆"，1986年。

6　（汉）郑玄注，（唐）贾公彦疏，（唐）陆德明音义：《周礼注疏》卷三八，影印文渊阁《四库全书》（90），第699页，台北：台湾"商务印书馆"，1986年。

7　（汉）许慎：《说文解字》，第97页，北京：中华书局，1963年。

俎为祭祀或宴享时陈置牲体的食具，木制，奇数陈设。据《周礼·天官冢宰·外饔》："外饔掌外祭祀之割亨，共其脯、修、刑、膴，陈其鼎俎实之牲体、鱼腊。"[1] 可见，祭祀之时，俎盛牲体、鱼、干兽肉等。

在酒器中，宗庙祭祀所用的饮酒器爵为玉质，《周礼·天官冢宰·大宰》："享先王，亦如之，赞玉几、玉爵。"[2] 献爵时盛齐酒，即为祭祀而制作的味薄未经过滤的"五齐"，包括泛齐、醴齐、盎齐、缇齐、沈齐。

宗庙祭祀盛酒器为六尊（献［"献"读为"牺"］尊、象尊、著尊、壶尊、山尊、大尊），六彝（鸡彝、鸟彝、斝彝、黄彝、虎彝、蜼彝），据《周礼·春官宗伯·司尊彝》：

司尊彝掌六尊、六彝之位、诏其酌，辨其用与其实。春祠、夏礿，裸用鸡彝、鸟彝，皆有舟。其朝践用两献尊，其再献用两象尊，皆有罍。诸臣之所昨也，秋尝、冬烝，裸用斝彝、黄彝，皆有舟。其朝献用两著尊，其馈献用两壶尊，皆有罍，诸臣之所昨也。凡四时之间祀、追享、朝享，裸用虎彝、蜼彝，皆有舟。其朝践用两大尊，其再献用两山尊，皆有罍，诸臣之所昨也。凡六彝六尊之酌，郁齐献酌，醴齐缩酌，盎齐涚，凡酒修酌。大丧，存奠彝。大旅，亦如之。[3]

六尊、六彝的使用时机有明确的分工：天子宗庙春天举行祠祭，夏天举行礿祭时，行裸礼（酌上用秬黍酿制并加上郁金香草的郁鬯酒给代死者受祭的尸，尸受祭后，将酒灌于地而求神）用带托盘的鸡彝、鸟彝，行朝践礼是用两献尊，行再献礼（酯礼）时用两象尊。秋天举行尝祭、冬天举行烝祭，行裸礼用带托盘的斝彝、黄彝，朝献礼（酯礼）用两著尊，馈食礼用两壶尊。四时之间的祭祀，行裸礼用有托盘的虎彝、蜼彝，行朝践礼用两大尊，行再献礼（酯礼）用两山尊。

1　（汉）郑玄注，（唐）贾公彦疏，（唐）陆德明音义：《周礼注疏》卷四，影印文渊阁《四库全书》（90），第77页，台北：台湾"商务印书馆"，1986年。
2　（汉）郑玄注，（唐）贾公彦疏，（唐）陆德明音义：《周礼注疏》卷二，影印文渊阁《四库全书》（90），第47页，台北：台湾"商务印书馆"，1986年。
3　（汉）郑玄注，（唐）贾公彦疏，（唐）陆德明音义：《周礼注疏》卷二〇，影印文渊阁《四库全书》（90），第363-368页，台北：台湾"商务印书馆"，1986年。

此外，宗庙祭祀行祼礼时，还要用圭、瓒等挹酒器（注酒器）。

汉代以后，宗庙（太庙）祭祀逐渐以《周礼》为圭臬，但因战乱频仍，且《周礼》定制过于烦琐，实际上很难严格遵循。宋徽宗大观四年（1110）十一月，礼制局新定太庙陈设之仪，"尽依周制"，这是首次以《周礼》所载的祭器制定太庙陈设，每室"笾、豆各用二十有六，簠、簋各八……笾、豆所实之物悉如《周礼》'笾人''醢人'之制，惟簠以稻、粱，簋以黍、稷……铏用三，登用一……"[1] 而唐代时享太庙，每室陈设"笾、豆各十二、簠二、簋二、登三、铏三、俎三"[2]。二者相比较，宋代太庙祭祀笾、豆、簠、簋数量比唐代大为增加，因此可见《周礼》的繁文缛节。宋徽宗虽复归《周礼》，但并不亲自参加太庙祭祀，而是派官员摄事行礼，"终宋之世，宗庙时祭竟未一行，所存仪注，不过祠祀官摄事之仪"[3]。

到了元代，虽有皇帝亲祀时享仪，但《元史》并未载皇帝亲祀时享仪祭器陈设，却详细记载了官员的摄祀仪祭器陈设。据此可知，元代皇帝也可能从未参加宗庙时享、祫祭等祭祀，往往指派官员代替行事，以致没有亲祀时享礼仪的详细仪注流传下来。因为是官员摄祀，其礼仪自然就相对简省，陈设为每室"左十有二笾，右十有二豆，俱为四行。登三在笾豆之间，铏三次之，簠二、簋二又次之，簠左簋右，俎七在簠簋之南……又设每室尊罍于通廊，斝彝、黄彝各一，春夏用鸡彝、鸟彝、牺尊二、象尊二，秋冬用著尊、壶尊，大尊二、山罍二"[4]。祭器减少，祭品相应也简省。

明代，太庙祭器、祭品陈设基本上仿照了元代摄祀仪陈设，但又有所简化，"洪武元年定，每庙登一，铏三，笾、豆各十二，簠、簋各二，共酒尊三、金爵八、瓷爵十六于殿东西向。二十一年更定，每庙登二，铏二。弘治时，九庙通设酒尊九，祫祭加一，金爵十七，祫祭加二，瓷爵三

1　（元）马端临：《文献通考》卷九八《宗庙考八·祭祀时享》，影印文渊阁《四库全书》（612），第352–353页，台北：台湾"商务印书馆"，1986年。

2　（宋）欧阳修、宋祁等：《新唐书》卷一二《礼乐志》，《新唐书》（2），第330页。

3　（清）秦蕙田：《五礼通考》卷九二《吉礼九二·宗庙时享》，影印文渊阁《四库全书》（137），第212页，台北：台湾"商务印书馆"，1986年。

4　（明）宋濂等：《元史》卷七五《祭祀四·宗庙下》，《元史》（6），第1867页，北京：中华书局，1976年。

十四，祫祭加四"[1]。申时行等重修《明会典》，附明代太庙祭器、祭品陈设图[2]（图5-1）。与元代相比，明代太庙祭祀的笾、豆、簠、簋数量大致相同，但取消了行祼礼时所用盛酒器四彝。洪武三年（1370），礼部上疏，请求用瓷质祭器：

> 《礼记·郊特牲》曰"郊之祭也"，"器用陶匏"，尚质也。《周礼·笾人》："凡祭祀供簠簋之实"，疏曰："外祀用瓦簠"。今祭祀用瓷，合古意。惟盘盂之属，与古簠、簋、登、铏异制。今拟凡祭器皆用瓷，其式皆仿古簠、簋、登、豆，惟笾以竹。[3]

朱元璋同意了礼部对祭器的规划。明礼部对祭器的建议，其核心是，从尚质的角度，除笾用竹之外，其他的祭器都用瓷，但其体式要仿照古代

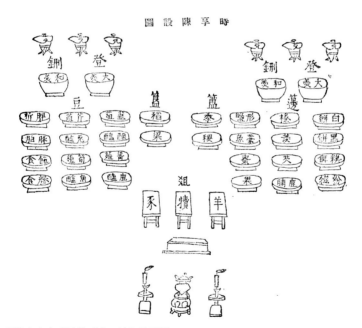

图 5-1　明代太庙帝后神位时享、祫祭陈设图

1 （清）张廷玉等：《明史》卷四七《礼一（吉礼一）·神位祭器玉帛牲牢祝册之数》，《明史》（5），第1233页，北京：中华书局，1974年。

2 （明）申时行等重修：《明会典》卷八六，王云五主编：《万有文库》（2），北京：商务印书馆，1936年。

3 （清）张廷玉等：《明史》卷四七《礼一（吉礼一）·笾豆之实》，《明史》（5），第1237页，北京：中华书局，1974年。

祭器的样式。但在实践中，明代的瓷质祭器，并未使用古祭器的形制。据王光尧先生实证研究，明代祭器除爵的形制和三代青铜彝器的造型吻合外，其余登、铏二器实则为瓷碗，簠、簋、笾、豆四物则均为瓷盘，尊也就是常见的瓷罐。[1]

第二节　清代太庙祭器规制

清崇德元年（明崇祯九年，1636），皇太极称帝，在盛京（今沈阳）抚近门东立太庙，前殿五室，供奉太祖武皇帝、孝慈武皇后。后殿三室，供奉始祖泽王、高祖庆王、曾祖昌王、祖福王以及祖妣，定祭器及祭品，"牛一，羊一，豕一，簠、簋各二，笾、豆各十有二，炉一，灯二，各帛一，登、铏、尊各一，玉爵三，金匕一，金箸二。帛共篚，牲共俎。尊实酒，疏布幂勺具"[2]。其太庙祭祀的祭器规制及数量直接仿明朝制度："初沿明旧，坛庙祭品遵古制，惟器用瓷。"[3]

乾隆十三年（1748）正月初二，乾隆帝下诏定祀典祭器。在乾隆帝看来，国家的坛庙祭祀，是敬天尊祖的行为，礼乐、品物都应得当，才能表明诚敬之心，彰显典制、法则。古代的祭器，用金玉可以表示尊贵，用陶匏来推崇质朴，各有其精义存在。后世在沿袭过程中，祭器制度渐渐偏离古意，明代洪武年间重整祭器、祭品制度，祭品、祭器均遵从古制，祭器则只用古代的名称，而用瓷器代替，本朝仍用瓷器代祭器。雍正年间，雍正帝开始复古，"考按经典，范铜为器，颁之阙里，俾为世守"，但雍正朝复古祭器并未大规模推行，只是藏于阙里，以体现古制。一向以建章立制为己任的乾隆帝，决定：

朕思坛庙祭品，既遵用古名，则祭器自应悉仿古制，一体更正，以备隆仪。着大学士会同该部，稽核经图，审其名物度数，制作款式，折衷至当，详议

1　王光尧：《清代瓷质祭礼器略论》，《故宫博物院院刊》2003 年第 2 期。
2　赵尔巽等：《清史稿》卷八六《礼五（吉礼五）》，《清史稿》（10），第 2573 页，北京：中华书局，1977 年。
3　赵尔巽等：《清史稿》卷八二《礼一（吉礼一）》，《清史稿》（10），第 2494 页，北京：中华书局，1977 年。

绘图以闻。朕将亲为审定。敕所司敬谨制造，用光禋祀，称朕意焉。

不久，礼部据《周礼》，并参酌《仪礼》《礼记》等，草拟了祭器规制，笾、豆、登、簠、簋、尊、爵等祭器的形制，郊坛与太庙存在一定的差别，这些祭器由内务府具体办理，得到了乾隆帝的认可。[1]

乾隆十五年（1750）四月初五，乾隆帝以"仰惟礼器昭垂，世守勿替"之故，令内务府依卤簿大驾之例，"按器绘图，具著体式"，具体事宜由庄亲王允禄会同尚书汪由敦、总管内务府大臣德保经理。[2]后编成《皇朝礼器图式》。

据《皇朝礼器图式》，祭祀历代帝后的太庙正殿（前殿）、后殿，祭祀配享功王神主的太庙东庑、功臣神主的太庙西庑，其所用祭器及材质分别如下表[3]：

太庙正殿、后殿、东庑、西庑祭器及材质比较

祭 器	处 所	材 质	备 注
爵	正殿、后殿	玉	三者的材质、大小、纹饰不一样
	奉先殿	金	
	东庑、西庑	白色瓷	
登	正殿、后殿	黄色瓷	东庑、西庑无
铏	正殿、后殿	主体为铜，两耳及缘饰金	太庙正殿、后殿的铏装饰了金，而东庑、西庑无。东庑、西庑铏的盖略小
	东庑、西庑	铜	
簠（图5-2）	正殿、后殿	木质，髹漆，涂金，四面饰玉	东庑、西庑簠没有饰玉
	东庑、西庑	木质，髹漆，涂金	
簋（图5-3）	正殿、后殿	木质，髹漆，涂金，四面饰玉	东庑、西庑簋没有饰玉
	东庑、西庑	木质，髹漆，涂金	

1　《高宗纯皇帝实录》卷三〇六，《高宗纯皇帝实录》(5)，第1-2页，北京：中华书局，1986年。

2　《高宗纯皇帝实录》卷三六二，《高宗纯皇帝实录》(5)，第984页，北京：中华书局，1986年。

3　（清）允禄、蒋溥等：《皇朝礼器图式》卷二《太庙奉先殿暨群庙祭器》，清乾隆三十一年（1766）武英殿刻本。

祭 器	处 所	材 质	备 注
笾 （图 5-4）	正殿、后殿	黄色，竹编，绢饰里，顶及缘髹漆	二者颜色、大小不一样
	东庑、西庑	红色，竹编，绢饰里，顶及缘髹漆	
豆 （图 5-5）	正殿、后殿	木质，髹以漆，涂金三方，饰以玉	东庑、西庑豆没有饰玉
	东庑、西庑	木质，髹以漆，涂金	
筐	正殿、后殿	黄色，竹编，四周髹漆	颜色不一样，东庑、西庑的筐比正殿、后殿大
	东庑、西庑	红色，竹编，四周髹漆	
俎	正殿、后殿	木制，髹漆，红色	正殿、后殿、东庑所陈俎一样，西庑所陈俎形制不同
	东庑		
	西庑		
牺尊 （图 5-6）	正殿、后殿	铜制，作牺形，尊加其上	孟春时享正殿、后殿用，东庑、西庑无
象尊 （图 5-7）	正殿、后殿	铜制，作象形，尊加其上	孟夏时享正殿、后殿用，东庑、西庑无
著尊	正殿、后殿	铜制，全素	孟秋时享正殿、后殿用，东庑、西庑无
壶尊 （图 5-8）	正殿、后殿	铜制，全素	孟冬时享正殿、后殿用，东庑、西庑无
山尊 （图 5-9）	正殿、后殿	铜制	岁暮祫祭正殿用，东庑、西庑无
大尊	东庑、西庑	白色瓷	东庑、西庑专用

清朝宗庙祭器在祭器系统内部，有鲜明的特点：

第一，宗庙祭器与郊坛祭器既有联系又有区别。

乾隆帝下令制作的本朝祭器体系含郊坛祭器与太庙（宗庙）祭器。太庙祭器华美而郊坛祭器质朴，如笾，均为竹丝编，绢里，髹漆，"郊坛纯漆，太庙画文采"，豆、登、簠、簋，"郊坛用陶，太庙豆、簠、簋皆木，髹漆，饰金玉"，但二者大体还是一致的，所以，《皇朝礼器图式》在描述宗庙祭器时，往往在

图 5-2 清代太庙帝后神位祭祀用木金漆簠（故宫博物院藏，无年款）

图 5-3 清代太庙帝后神位祭祀用木金漆簋（故宫博物院藏，无年款）

图 5-4　清代太庙帝后神位祭祀用竹黄漆丝笾（故宫博物院藏，宣统款）

形制上直接参照郊社祭器，如正殿、后殿陈设之登，言"大小同天坛正位"[1]。

　　第二，宗庙祭器体系内部存在差等制度。

　　在太庙前殿、中殿、后殿、东庑、西庑供奉对象不同，相应地，其陈设

---

1 （清）允禄、蒋溥等：《皇朝礼器图式》卷二《太庙奉先殿暨群庙祭器》，清乾隆三十一年（1766）武英殿刻本。

图 5-5　清代太庙帝后神位祭祀用木金漆豆（故宫博物院藏，无年款）

祭器存在着等级差别。追封四祖神主、本朝帝后神主所用祭器完全相同，而作为配享的东庑、西庑，其祭器等次降低，体现在以下几点：其一，正殿、后殿祭器比东庑、西庑的种类更多，正殿、后殿有登，而东庑、西庑没有；正殿、后殿的尊，按祭祀的不同，分为牺尊、象尊、著尊、壶尊、山尊等五种尊，而东庑、西庑只有一种形制的尊。其二，正殿、后殿祭器的材质更贵重，如爵，正殿、后殿用玉，而东庑、西庑用白色瓷。主体材质一样的祭器，

图 5-6　清代太庙帝后神位祭祀用铜牺尊（故宫博物院藏，乾隆款）

正殿、后殿的装饰更华美，如铏，均用铜铸造，但正殿、后殿陈设之铏两耳及边缘要装饰黄金。其三，髹漆而未涂金的祭器，正殿、后殿为黄色，东庑、西庑为红色，如笾和筐。需要注意的是，中殿、后殿与东庑、西庑祭器的等级差别，主要体现在材质和装饰差别，而不是体量的大小。

嘉庆十九年（1814），还建立了坛庙祭器的维修备用制度，规定大祀之竹笾，太庙之簠、簋、豆，并中祀、群祀之竹笾，三年修理一次。由太常寺

图 5-7　清代太庙帝后神位祭祀用铜象尊（故宫博物院藏，无年款）

"查系实在应修之件，详晰奏明遵办"。笾的材质为竹，簠、簋、豆的材质为木，它们均要髹漆，或髹漆涂金，因易于损坏，或渐失光泽，所以要经常维修。正用祭器之外，还应有备用之件，此后备用者如有缺少，"应令典守官据实呈报，查勘明确，随时补足，以符定额"[1]。

第三节　清代太庙祭器、祭品陈设

清代太庙祭器陈设，始于崇德建元之初，以明代太庙祭器及祭品制度为依据，构建了本朝的祭器及祭品规制。终有清一代，除乾隆朝祭器仿古外，

---

1 （清）昆岗等：《钦定大清会典事例》（光绪朝）卷四一五《礼部·祭统一·祭器》,《钦定大清会典事例》（23），第 10556 页，台北：台北新文丰出版公司，1976 年。

图 5-8　清代太庙帝后神位祭祀用铜壶尊（故宫博物院藏，无年款）

基本遵循了崇德朝的祭器、祭品制度。

（一）　太庙前殿、中殿、后殿陈设

　　清朝太庙四孟时享祭祀，中殿供奉的历代帝后的神位要迁到前殿，追封四祖神位不动。岁暮祫祭，中殿、后殿的神位都要请到前殿。前殿、后殿时

图 5-9　清代太庙帝后神位祭祀用铜山尊（故宫博物院藏，无年款）

享陈设完全一样，而岁末祫祭陈设又与时享完全一样。告祭时太庙中殿、后殿的陈设完全一样。

　　1. 时享、祫祭陈设

　　据雍正十年（1732）编成的雍正朝《大清会典》所附太庙前殿、后殿帝

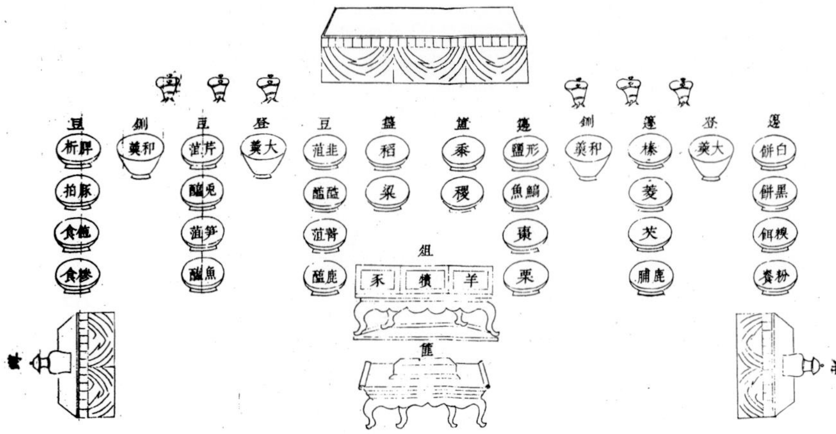

图 5-10 清代太庙帝后神位时享、祫祭陈设图

后时享、祫祭图，“每案陈设皆同”，其陈设为：爵六，簠二（黍、稷），簋二（稻、粱）[1]，笾十二（形盐、鱐鱼、枣、栗、榛、菱、芡、鹿脯、白饼、黑饼、糗饵、粉糍），豆十二（韭菹、醓醢、菁菹、鹿醢、芹菹、兔醢、笋菹、鱼醢、脾析、豚拍、酏食、糁食），登二（太羹），铏二（和羹），篚一（帛），俎一（羊、犊、豕）[2]（图 5-10）。

雍正朝《大清会典》所绘太庙祭祀陈列图非常直观，通过其可以了解当时祭器的摆放方式，但是，这也给我们留下疑问，第一，每代帝后一案，但每位皇帝配享皇后数量不一，太祖只有一位皇后配享，而圣祖有四位皇后配享，每案供奉的帝后数不一样，“每案陈设皆同”是否准确？第二，该祭祀陈设图是否有漏掉的祭器？

据《皇朝文献通考》，乾隆年间，太庙帝后时享陈设为：

---

1 （汉）郑玄注《周礼·秋官·掌客》云：“簠，稻粱器也”；“簋，黍稷器也”。（汉）郑玄注，（唐）贾公彦疏，（唐）陆德明音义：《周礼注疏》卷三八，影印文渊阁《四库全书》（90），第 699 页，台北：台湾“商务印书馆”，1986 年。簠盛稻、粱，簋盛黍、稷。一直到元代，均是如此，“簠实以稻粱，簋实以黍稷”。（明）宋濂等：《元史》卷七五《祭祀四·宗庙下》，《元史》第 6 册，第 1869 页，北京：中华书局，1976 年。但到明代，则用簠盛黍稷，簋盛稻粱，“簠簋各二者，实以黍稷、稻粱”。（清）张廷玉等：《明史》卷四七《礼一（吉礼一）·笾豆之实》，《明史》（5），第 1237 页，北京：中华书局，1974 年。清雍正朝祭祀图承明制，也是簠盛黍、稷，簋盛稻、粱。而据《清史稿》，“簠二，稻、粱。簋二，黍、稷”。赵尔巽等：《清史稿》卷八二《礼一（吉礼一）》，《清史稿》（10），第 2494 页，则后来簠、簋所盛，又恢复为郑玄所主张的簠盛稻、粱；簋盛黍、稷。本书以雍正朝《大清会典》太庙祭祀陈设图所绘簠盛黍、稷，簋盛稻、粱为准。

2 （清）允禄等：《大清会典》（雍正朝）卷八四《礼部二八》，《近代中国史料丛刊三编》（77），第 5484-5492、5504-5510 页，台北：文海出版社，1994 年。

　　帝后皆同案，每案牛一、羊一、豕一、簠二、簋二、笾十有二、豆十有二、炉一、灯二；每位登一、铏一、金匕一、金箸二。南设三案，一少西，供祝版；一东次西向，一西次东向，分奠帝后，每案香盘一；每位奉先制帛一、□尊一、玉爵三。后殿、前殿同。[1]

　　祭器、祭品陈设分同案帝后共用以及每位帝后独用两种情况：同案共用的有祭品牛一、羊一、豕一，祭器簠二、簋二、笾十二、豆十二，炉一，灯二。每位帝后单独的祭品有奉先制帛一，祭器有登一、铏一、金匕一、金箸二、尊一（根据不同的祭祀选用不同的尊）、玉爵三。其他资料对此也予以了佐证，以乾隆年间编纂的《皇朝礼器图式》统计的太庙前殿、后殿祭器为例：

　　太庙正殿五筵：玉爵共四十五、登共十五、铏共十五；簠各二、簋各二、笾各十二、豆各十二、篚各一、俎各一（同社稷坛正位不另图）。牺尊共十五、象尊共十五、著尊共十五、壶尊共十五、山尊共十五。

　　太庙后殿四筵：玉爵各六、登各二、铏各二、簠各二、簋各二、笾各十二、豆各十二、篚各一（同正殿不另图）、俎各一（同社稷坛正位不另图）、牺尊各二、象尊各二、著尊各二、壶尊各二、山尊各二（同正殿不另图）[2]

　　《皇朝礼器图式》以两种方式统计祭器数目，如太庙正殿五筵，第一种方式是某种祭器共有多少，玉爵共四十五，登共十五，铏共十五，牺尊共十五，象尊共十五，著尊共十五，壶尊共十五，山尊共十五。第二种方式是某种祭器各有多少，簠各二，笾各十二，豆各十二，篚各一，俎各一。

　　乾隆三十一年（1766）《皇朝礼器图式》成书时，太庙中殿供奉的是太祖高皇帝、孝慈高皇后（两位），太宗文皇帝、孝端文皇后、孝庄文皇后（三

1 （清）张廷玉等：《皇朝文献通考》卷一一三《宗庙考·太庙时享七》，影印文渊阁《四库全书》（634），第503页，台北："商务印书馆"，1986年。
2 （清）允禄、蒋溥等：《皇朝礼器图式·目录》，清乾隆三十一年（1766）武英殿刻本。

位），世祖章皇帝、孝惠章皇后、孝康章皇后（三位），圣祖仁皇帝、孝诚仁皇后、孝昭仁皇后、孝懿仁皇后、孝恭仁皇后（五位），世宗宪皇帝、孝敬宪皇后（两位）共五代十五位帝后，与"太庙正殿五筵"吻合，太庙后殿供奉四祖及祖妣共四代八位帝后，与"太庙后殿四筵"吻合。因此，不难看出，每一案的祭器，玉爵、登、铏、牺尊、象尊、著尊、壶尊、山尊等笼统计算总数的祭器都是十五的整数倍，也就是每一位帝后都有一份，即每位有玉爵三，登一、铏一、牺尊一、象尊一、著尊一、壶尊一、山尊一。而每案共有的祭器是簠各二、簋各二，笾各十二，豆各十二，筐各一，俎各一。而太庙后殿供奉的追封四祖及祖妣，同一代均为两位，无论是否分共用祭器还是独用祭器，每筵祭器数量都相同，所以以每筵分别计算。

此外，上文所述《皇朝文献通考》载，时享祭祀时，每案炉一、灯二，每位金匕一、金箸二，奉先制帛一，雍正朝《大清会典》前殿、后殿时享、祫祭祭祀陈设图均没有画出来，而其所绘中殿、后殿告祭图有每案炉一、灯二。可见，时享、祫祭陈设图漏掉了每案炉一、灯二，每位金匕一、金箸二、奉先制帛一。

综上，清代太庙时享、祫祭时，每一案的陈设是：爵（每位帝后三个），簠二（黍、稷），簋二（稻、粱），笾十二（形盐、鱐鱼、枣、栗、榛、菱、芡、鹿脯、白饼、黑饼、糗饵、粉糍），豆十二（韭菹、醯醢、菁菹、鹿醢、芹菹、兔醢、笋菹、鱼醢、脾析、豚拍、酏食、糁食）。筐一（奉先制帛，每位帝后一），俎一（羊、犊、豕）。登（太羹，每位帝后一），铏（和羹，每位帝后一），牺尊（孟春时享，每位帝后一）、象尊（孟夏时享，每位帝后一）、著尊（孟秋时享，每位帝后一）、壶尊（孟冬时享，每位帝后一）、山尊（岁暮祫祭，每位帝后一），金匕（每位帝后一），金箸（每位帝后二），炉一，灯二。

2. 告祭陈设[1]

告祭在太庙中殿和后殿举行，据雍正朝《大清会典》，告祭陈设图为：爵

1　清代的告祭礼有：凡登极授受大典，上尊号、徽号，祔庙，郊祀，万寿节，皇太后万寿节，册立皇太子，先期遣官祗告天地、太庙、社稷。致祭岳镇、海渎、帝王陵寝、先师阙里、先师。大婚册立皇后，祗告天地、太庙。赵尔巽等：《清史稿》卷八二《礼一（吉礼一）》，《清史稿》（10），第2500-2501页，北京：中华书局，1977年。

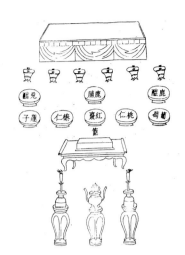

图 5-11　清代太庙中殿、后殿帝后神位告祭陈设图

六，豆二（鹿醢、兔醢），笾六（鹿脯、葡萄、桃仁、红枣、榛仁、莲子），炉一，灯二[1]（图5-11）。其笾、豆数与《清史稿》所载"告祭，中、后殿俱笾六，豆二"[2]吻合。

而《清史稿》没有交代告祭用爵，祭祀用爵是应有之义，告祭陈设图明确绘出了爵，此外，金匕、金箸也是必不可少的。据上文时享、祫祭的陈设，可以确定每位帝后爵三、金匕一、金箸二。因此，清代太庙行告祭礼时，中殿、后殿每筵陈设是：爵（每位帝后三），豆二（鹿醢、兔醢），笾六（鹿脯、葡萄、桃仁、红枣、榛仁、莲子），金匕（每位帝后一），金箸（每位帝后二），炉一，灯二。

据乾隆朝《大清会典则例·内务府·掌仪司·祭享》，宫内奉先殿大享时，陈设规制与太庙祭祀完全一样。此外，这一则材料还罕见地记录了奉先殿祭品的做法，因奉先殿祭祀与太庙祭祀性质相同，祭器也相同，所以，祭品也应一样。据此，我们可以了解太庙祭品的食材及加工方法：登所盛的太羹，"用清肉汁，不和"。铏所盛的和羹，"以熟羊肉为之"。簠所盛的黍、稷，"以黍米、稷米为饭"。簋所盛的稻、粱，"以粳米、粱米为饭"。笾所盛的祭品中，白饼，"白面为之"；黑饼，"荞面为之"；糗饵，"栀子水和米粉为之"；

1　（清）允禄等：《大清会典》（雍正朝）卷八四《礼部二八》，《近代中国史料丛刊三编》（77），第5528-5534页，台北：文海出版社，1994年。

2　赵尔巽等：《清史稿》卷八二《礼一（吉礼一）》，《清史稿》（10），第2492页，北京：中华书局，1977年。

粉糍，"糯米粉为之"。豆所盛祭品中，韭菹，"以青韭切四寸"；醓醢，"切生豕以五味调和"；菁菹，"以白菜切四寸"；鹿醢，"与鹿脯同"；芹菹，"以芹菜切四寸"；兔醢，"切生兔为之"；笋菹，"以片笋切四寸"；鱼醢，"切鲜鱼为之"；脾析，"细切羊肚为胾"；豚拍，"以豕肩肉切圆"；酏食，"以糯米为饭和以蜜"；糁食，"以粳米为饭和以羊胾"。[1]

（二） 东庑宗室功臣陈设

雍正朝《大清会典》于雍正十年（1732）编成，当时太庙东庑配享为通达郡王雅尔哈齐（顺治朝入祀）、武功郡王礼敦及福晋（崇德朝入祀）、慧哲郡王额尔衮及福晋（顺治朝入祀）、宣献郡王界堪及福晋（顺治朝入祀）、怡亲王允祥（雍正朝入祀），共五案八人。其时享、祫祭陈设，"各位俱同"，为：爵六，簠二（黍、稷），簠二（稻、粱），笾十（形盐、鱐鱼、枣、栗、榛、菱、芡、鹿脯、白饼、黑饼），豆十（韭菹、醓醢、菁菹、鹿醢、芹菹、兔醢、笋菹、鱼醢、脾析、豚拍），铏二（和羹）、筐一、俎一（羊、犊、豕），炉一，灯二，尊共二[2]（图5-12）。

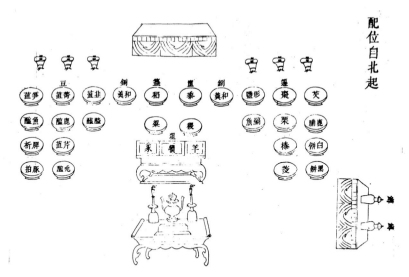

图5-12　清代太庙东庑配享宗室功臣时享、祫祭陈设图

1 （清）张廷玉等：《钦定大清会典则例》卷一六一《内务府掌仪司一一·祭享》，影印文渊阁《四库全书》（625），第234页，台北：台湾"商务印书馆"，1986年。

2 （清）允禄等：《大清会典》（雍正朝）卷八四《礼部二八》，《近代中国史料丛刊三编》（77），第5494-5496、5512-5514页，台北：文海出版社，1994年。

据《皇朝礼器图式·目录》：

东庑五案：陶爵各三、铏共八、簠各二、簋各二、笾各十、豆各十、筐各一、俎各一（同社稷坛正位不另图）、尊三。[1]

《皇朝礼器图式》成书时，东庑宗室功臣配享与雍正朝没有区别，仍是五案八人，与"东庑五案"吻合。因东庑部分宗室功臣与福晋一起配享，所以，五案就分为一案二人（武功郡王礼敦及福晋、慧哲郡王额尔衮及福晋、宣献郡王界堪及福晋）及一案一人两种情况。"簠各二，簋各二，笾各十，豆各十，筐各一，俎各一"当为每案所共有祭器。"陶爵各三"，而雍正朝《大清会典》祭器陈设图爵为六，可知其应为宗室功臣与福晋一起配享的陈设图，每位受祭者陶爵三。"铏共八"与受祭者为八人吻合，每人一，祭器陈设图为铏二，再次证明其为宗室功臣与福晋共同配享之图。因此，太庙东庑宗室功臣的每案的祭器陈设应为：陶爵（每位各三）、簠二、簋二、笾十、豆十、铏（每位各一）、筐一、俎一、炉一、灯二。帝后祭祀每位金匕一、金箸二，相关史料没有交代东庑的匕与箸，但这两种祭器是应有的，只不过其材质应逊于帝后金质匕、箸。

东庑祭祀盛酒的尊，不像帝后每位一尊，而是共用，数目逐步增加，雍正朝《大清会典》载东庑尊共二，乾隆年间《皇朝礼器图式》编成时，配享人数没有增加，尊为三。到光绪二十五年（1899）《大清会典事例》编成时，东庑配享增加了乾隆朝入祀的礼烈亲王代善、睿亲王多尔衮、郑献亲王济尔哈朗、豫通亲王多铎、肃裕亲王豪格、克勤郡王岳托、超勇亲王策凌（策凌先供奉在西庑后迁到东庑）以及光绪二十四年（1898）入祀的恭忠亲王奕䜣。超勇亲王策凌不是宗室，所以，东庑配享从"宗室功臣"变为"功王"，共十二位，加三位福晋，共十五人，尊数增加到了八。[2]

1　（清）允禄、蒋溥等：《皇朝礼器图式·目录》，清乾隆三十一年（1766）武英殿刻本。

2　（清）昆岗等：《钦定大清会典事例》（光绪朝）卷一〇六三《太常寺·祭器·太庙祭器》，《钦定大清会典事例》（23），第17685页，台北：新文丰出版公司，1976年。

（三） 西庑功臣祭祀陈设

太庙西庑配享功臣，雍正朝，配享功臣有直义公费英东（崇德朝入祀）、弘毅公额亦都（崇德朝入祀）、武勋王扬古利（顺治朝入祀）、忠义公图尔格（顺治朝入祀，额亦都子）、昭勋公图赖（顺治朝入祀，费英东子）、文襄公图海（雍正朝入祀），共六位。雍正朝《大清会典》西庑功臣时享和祫祭的陈设图，"各位俱同"，每位的陈设为：爵三，簠一（黍、稷）、簋一（稻、粱），笾四（形盐、枣、栗、鹿脯），豆四（菁菹、鹿醢、芹菹、兔醢），铏一（和羹）、簠一、俎一（羊、豕），炉一，灯二。所有配享功臣共用尊二[1]（图5-13）。

乾隆年间《皇朝礼器图式》成书时，西庑配享功臣增加了襄勤伯鄂尔泰、超勇亲王策凌（策凌后入祀东庑）、大学士张廷玉，加上之前入祀的六位，达到了九位，其祭器有：

西庑九案：陶爵各三、铏各一、簠各一、簋各一、笾各四、豆各四、簠各一（并同东庑不另图）、俎各一、尊五（同东庑不另图）。[2]

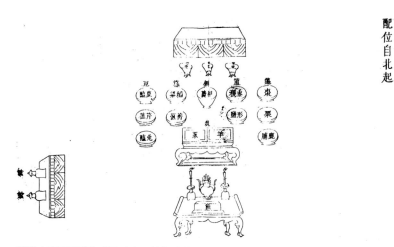

图5-13　清代太庙西庑配享功臣时享、祫祭陈设图

1　（清）允禄等：《大清会典》（雍正朝）卷八四《礼部二八》，《近代中国史料丛刊三编》（77），第5498-5500页、第5516-5518页，台北：文海出版社，1994年。

2　（清）允禄、蒋溥等：《皇朝礼器图式·目录》，清乾隆三十一年（1766）武英殿刻本。

　　每案祭器与雍正朝《大清会典》陈设图相同，与东庑一样，西庑祭品没有匕与箸陈设的相关史料，但这两种祭器为祭祀时必用之物。此外，尊的数量因入祀人数增加而增加，雍正朝为六案二尊，乾隆朝祭案达九案，尊也增加到五座。此后，西庑配享功臣又增加了傅恒（嘉庆朝入祀）、福康安（嘉庆朝入祀，傅恒子）、兆惠（嘉庆朝入祀）、阿桂（道光朝入祀）、僧格林沁（同治朝入祀），西庑配享功臣共十三人，尊数增加到八。[1]

　　清代太庙祭器、祭品陈设继承明制而来，比较简省，不像宋元那么繁复，但与宋元皇帝不参加太庙祭祀相反，清代皇帝均亲自参加，若皇帝幼年继位，则亲政后参加祭祀。清代太庙祭器、祭品数量也非常稳定，从崇德元年开始，一直没有变动，而明代太庙祭器陈设，洪武元年定制后，二年、三年、二十一年都有变动。清前期照搬明朝旧制，祭品遵古制，祭器用瓷器。乾隆朝改祭器制度以后，祭器恢复了古制。清朝作为最后一个封建王朝，其祭器、祭品规制及其陈设，是周代以来天子宗庙祭祀的最后回响。

1　（清）昆岗等：《钦定大清会典事例》（光绪朝）卷一〇六三《太常寺·祭器·太庙祭器》，《钦定大清会典事例》（23），第17685页，台北：新文丰出版公司，1976年。

第六章 清代太庙祭祀乐歌

据《周礼》《仪礼》等典籍，在宗庙（太庙）祭祀完善而复杂的体系与仪式中，祭祀乐歌是其中的重要内容。历代皇朝均遵循了这一体制。

第一节　历代宗庙祭祀乐歌

从周代开始，宗庙（太庙）祭祀形成了一套完整的礼仪，祭祀乐歌是其中的重要组成部分。关于祭祀乐歌在宗庙祭祀中的功用，《周礼·春官宗伯·大司乐》云：

> 乃奏无射，歌夹钟，舞《大武》，以享先祖……《九德》之歌，《九韶》之舞，于宗庙之中奏之，若乐九变，则人鬼可得而礼矣。凡乐事，大祭祀，宿县，遂以声展之。王出入，则令奏《王夏》；尸出入，则令奏《肆夏》；牲出入，则令奏《昭夏》，帅国子而舞，大享不入牲。其它皆如祭祀。[1]

这一则材料为我们提供了祭祀乐歌在太庙祭祀中的两项功能。第一，祭祀乐歌是与神灵交通的桥梁。先祖的神灵不可捉摸，而周人认为，音乐可以与神灵沟通。所以，在宗庙中唱《九德》歌，表演《九韶》舞，如果舞乐演奏九遍，就可以请得祖先的神灵，继而可以进行祭祀了。在祭祀的过程中，用无射宫的调式演奏钟磬，用夹钟宫的调式歌唱，跳《大武》舞，作为祭祀先公、先王的献礼音乐。第二，在祭祀活动中，用乐歌标注祭祀环节。王出入演奏《王夏》，尸（代先王神灵受祭的人）出入演奏《肆夏》，牲（供祭祀的家畜）出入演奏《昭夏》。

周代确立的宗庙祭祀乐歌表演体系，本为诗、舞、乐三位一体，但乐与舞为声音与动作形态，不像诗那样能以文字形态保留下来。所以，我们现在一般只能见到作为文学形态的宗庙乐歌的歌辞。孔子编订的《诗经》中的"颂"即《周颂》《鲁颂》《商颂》，所收即是当时宗庙祭祀乐歌，三颂保留的宗庙祭祀乐歌有35篇（首）。此外，《诗经·大雅》也保留了宗庙祭祀乐歌16篇

---

1 （汉）郑玄注，（唐）陆德明音义，贾公彦疏：《周礼注疏》卷二二《春官·大宗伯》，影印文渊阁《四库全书》（90），第410-415页，台北：台湾"商务印书馆"，1986年。

（首），两者合计 51 篇（首），占现存《诗经》作品总数的六分之一左右。这些祭祀乐歌内容皆叙述祖先的传奇经历与卓越功勋，抒发对历代先辈的敬仰、缅怀之情，并请求先辈赐福。此外，这些乐歌还描写了祭祀场景的隆重肃穆以及祭祀者的祭祀活动与心理状态。[1]

秦灭六国建立大一统王朝后，享国日短。西汉建立后，因各种典籍已被秦始皇焚烧，需要重新建立礼制。汉高祖刘邦令叔孙通承担这项任务，"叔孙通号为习礼，随时迎合上意，因陋就简，一切为权宜之制，于是古先制度紊灭几尽，即当时制度典册疏略，其详亦不可得闻"[2]。典籍已毁，而叔孙通因陋就简，汉代典制文化与先秦文明、文化已出现断裂。此外，辗转流传下来的记载各种礼仪流程的《仪礼》以士、大夫礼为主，没有天子、诸侯之礼。所以，从汉代开始，研究、复原古天子、诸侯祭礼，需根据《周礼》等书只言片语的记载，再结合《仪礼》中的士、大夫祭礼来推测，因而莫衷一是，聚讼纷繁。

东汉光武帝在中国皇帝宗庙祭祀制度的确立方面功不可没，他定下了四孟月祭祀及岁末腊祭（祫祭）制度，即一岁五祠制度，比《周礼》六祭少了禘祭，后世均继承了光武帝的宗庙祭祀制度。清代理学家秦蕙田高度评价光武帝所确立的皇帝宗庙祭祀制度符合周代礼制，"东汉建武享祀之制可谓近古矣"[3]。

汉朝之后，中国历代皇朝迭兴，在确立本朝的宗庙祭祀制度时，无不将创作宗庙祭祀乐歌作为重要任务，"历代创兴，莫不铺陈南雅，自制郊辞，绳祖业之维艰，颂帝功之有赫"[4]。自制本朝祭祀乐歌，以记述先辈创业功德。从汉代开始，历朝历代均有宗庙祭祀乐歌流传下来。

各朝宗庙祭祀乐歌体式大致相同，一般为四言格式或楚辞体，内容也是表达颂祖、祈福之意，在命名上，都有规律可循。清顺治元年（1644），大学

1　参阅梅新林：《〈诗经〉中的祭祖乐歌与周代宗庙文化》，《浙江师大学报》（社会科学版）1999 年第 5 期。

2　（清）秦蕙田：《五礼通考·吉礼九〇（宗庙时享）》卷九〇，影印文渊阁《四库全书》（137），第 141 页，台北：台湾"商务印书馆"，1986 年。

3　（清）秦蕙田：《五礼通考·吉礼九〇（宗庙时享）》卷九〇，影印文渊阁《四库全书》（137），第 145 页，台北：台湾"商务印书馆"，1986 年。

4　赵尔巽等：《清史稿》卷九五《乐一》，《清史稿》（11），第 2731 页，北京：中华书局，1977 年。

士冯铨、洪承畴等向朝廷进言："郊庙及社稷乐章，前代各取嘉名，以昭一代之制，梁用'雅'，北齐及隋用'夏'，唐用'和'，宋用'安'，金用'宁'，元宗庙用'宁'，郊社用'咸'，前明用'和'。我朝削平寇乱，以有天下，宜改用'平'。"[1] 这一段话极好地总结了各代宗庙祭祀乐歌命名状况及所寄寓的吉祥意义。

二十五史中，除《史记》外的二十四史的《乐志》收录了各朝宗庙祭祀乐歌。汉代高祖唐山夫人作《安世房中歌十七章》有辞流传，其余宗庙祭祀乐歌只存目[2]，以后历代均有祭祀乐歌歌辞流传。

各朝正史《乐志》收录的皇家宗庙祭祀乐歌，一般为太庙祭祀乐歌，但也有例外。《宋史·乐十》收录了《真宗奉圣祖玉清昭应宫御制十一首》[3]，《元史·礼乐二》也有皇家道观祭祀乐歌的记载："皇庆二年秋九月，用登歌乐祀太上皇（睿宗）于真定玉华宫，自是岁用之。"[4]《宋史》和《元史》提及皇家道观祭祀乐歌，说明当时在道观中也举行祭祀仪式。

太庙祭祀虽合家国祭祀于一体，但由于各种原因，皇帝本人不一定参加祭祀，往往委托勋贵代为出席。于是，朝廷专为勋贵代皇帝参加宗庙祭祀制定摄事仪礼，并创制相应的摄事祭祀乐歌。《宋史·乐九》收录《摄事十三首》[5]，《金史·乐下》收录《时享摄事登歌乐章》[6]，都是摄事祭祀乐歌。

宗庙祭祀乐歌本为太庙四孟时享及岁末祫祭创制，但宋代，为去世的前代皇帝上册宝、徽号也创制了祭祀乐章。如《宋史·乐九》收录了南宋高宗绍兴十四年（1144）《奉上徽宗册宝二首》。宋孝宗淳熙十五年（1188）《上高宗徽号三首》，宋宁宗庆元三年（1197）《奉上孝宗徽号三首》[7]。

1　赵尔巽等：《清史稿》卷九五《乐一》，《清史稿》（11），第 2733 页，北京：中华书局，1977 年。

2　《汉书·礼乐志》载《嘉至》《永至》《登歌》《休成》《永安》，叔孙通据秦宗庙乐加工。见（汉）班固：《汉书》卷二二，《汉书》（4），第 1043 页，北京：中华书局，1962 年。《后汉书·祭祀下》引《东观书》：西汉有《武德》之舞、《昭德》之舞、《盛德》之舞、《大武》之舞。见范晔、司马彪：《后汉书》卷十九，《后汉书》（11），第 3198 页，北京：中华书局，1965 年。

3　（元）脱脱等：《宋史》卷一三五《乐十》，《宋史》（10），第 3169-3171 页，北京：中华书局，1977 年。

4　（明）宋濂等：《元史》卷六八《礼乐二》，《元史》（6），第 1699 页，北京：中华书局，1977 年。

5　（元）脱脱等：《宋史》卷一三四《乐九》，《宋史》（10），第 3131 页，北京：中华书局，1977 年。

6　（元）脱脱等：《金史》卷四〇《乐下》，《金史》（3），第 907-909 页，北京：中华书局，1975 年。

7　（元）脱脱等：《宋史》卷一三四《乐九》，《宋史》（10），第 3132-3144 页，北京：中华书局，1977 年。

宗庙祭祀演奏、演唱乐歌以迎神、娱神，必不可少，但隋文帝于开皇十七年（597）却取消了太庙祭祀音乐：

> 惟祭享宗庙，瞻敬如在，罔极之感，情深兹日。而礼毕升路，鼓吹发音，还入宫门，金石振响，斯则哀、乐同日，心事相违，情所不安，理实未允，宜改。兹往式用弘礼教，自今以后，享庙日不须备鼓吹，殿庭勿设乐悬。[1]

隋文帝认为，宗庙时享祭祀之时，瞻仰致敬先辈神灵，产生无限哀思之情，而吹吹打打的祭祀乐歌，与祭祀者哀愁的情绪极不吻合，所以宗庙祭祀时不需要音乐，殿庭不许准备钟磬等乐器。隋文帝将个人对先辈的哀思与祭祀乐歌的迎神、娱神等交通神灵功能对立起来了，实际上违背了礼制精神。

第二节　清代太庙祭祀乐歌制度的建立和发展

清代太庙祭祀制度经过长期发展才完善。"清起僻远，迎神祭天，初沿边俗。及太祖受命，始习华风。"[2] 皇太极即位大汗后，凡遇清明、除夕，都亲自祭拜太祖努尔哈齐的福陵，这是清代时享祭祀的开始。清崇德元年（明崇祯九年，1636），皇太极改国号为"清"，即皇帝位，建立太庙，举行时享，"建太庙成，凡四孟时享、每月荐新、圣诞、忌辰、清明、中元、岁暮俱致祭"[3]，清代太庙时享步入正轨。顺治帝于顺治七年（1650）亲政后，第二年，定皇帝亲自参与时享祭祀的仪注，"定亲享制，饮福、受胙如圜丘。奏乐备文、武佾舞"[4]。按礼制，皇帝亲政前，太庙祭祀由勋贵代祭，所以，顺治帝亲政后才制定皇帝出席的时享仪注。

清代祭祀乐歌制度随太庙祭祀制度而建立。清崇德二年（明崇祯十

1　（唐）魏徵等：《隋书》卷一五《音乐下》，《隋书》（2），第382页，北京：中华书局，1973年。

2　赵尔巽等：《清史稿》卷九五《乐一》，《清史稿》（11），第2732页，北京：中华书局，1977年。

3　赵尔巽等：《清史稿》卷八六《礼五（吉礼五）·时享》，《清史稿》（10），第2580页，北京：中华书局，1977年。

4　赵尔巽等：《清史稿》卷八六《礼五（吉礼五）·时享》，《清史稿》（10），第2580页，北京：中华书局，1977年。

年，1637），皇太极定太庙祭祀制度时规定："四孟时享、岁暮祫祭并奏乐。"[1]

清世祖福临入关之后，郊庙祭祀及朝会典礼等继承了明朝留下的中和韶乐。顺治元年（1644），大学士冯铨、洪承畴等建议创制本朝宗庙祭祀乐歌，在历数了历代皇朝"各取嘉名，以昭一代之制"后，他们建议清朝郊庙祭祀乐章的命名要含"平"字："我朝削平寇乱，以有天下，宜改用'平'。"[2]清廷听从了他们的意见，定下了太庙时享祭祀乐歌制度：

> 太庙时享，皇帝出宫，钟止，不作乐。致祭迎神奏《开平》，奠帛、初献奏《寿平》，亚献奏《嘉平》，终献奏《雍平》，彻馔奏《熙平》，送神、望燎奏《成平》。礼成，教坊司导迎奏《禧平》，声钟还宫。[3]

顺治八年（1651）又定下了太庙岁末祫祭乐歌制度：

> 太庙祫祭，迎神奏《贞平》，奠帛、初献奏《寿平》，亚献奏《嘉平》，终献奏《雍平》，彻馔奏《熙平》，送神奏《清平》。[4]

上文所述太庙时享及岁末祫祭乐歌，下文将详细介绍。

顺治朝建立太庙祭祀乐歌制度后，后世又有修改动议或改动。康熙二十一年（1682），三藩削平，天下安定，左副都御史余国柱等大臣请求厘正郊庙、朝贺、宴享乐章。因享祀乐章关乎一代制作，康熙帝下令礼部、翰林院集体商议。众大臣讨论之后，认为不宜对宗庙乐歌进行修改："自古庙乐，原以颂述祖宗功德，本朝郊坛庙祀乐章，曲名曰'平'，遵奉已久。太祖、太宗、世祖同于太庙致祭，宜如旧。"[5]康熙帝听从了礼部、翰林院的意见，余国柱的修改动议被否决。

乾隆七年（1742），改动了太庙时享六章祭祀乐歌的名称：迎神《开平》

1　赵尔巽等：《清史稿》卷九五《乐一》，《清史稿》（11），第2733页，北京：中华书局，1977年。
2　赵尔巽等：《清史稿》卷九五《乐一》，《清史稿》（11），第2733页，北京：中华书局，1977年。
3　赵尔巽等：《清史稿》卷九五《乐一》，《清史稿》（11），第2734页，北京：中华书局，1977年。
4　赵尔巽等：《清史稿》卷九五《乐一》，《清史稿》（11），第2736页，北京：中华书局，1977年。
5　赵尔巽等：《清史稿》卷九五《乐一》，《清史稿》（11），第2737页，北京：中华书局，1977年。

改《贻平》，奠帛、初献《寿平》改《敉平》，亚献《嘉平》改《敷平》，终献《雍平》改《绍平》，彻馔《熙平》改《光平》，还宫《成平》改《乂平》。[1]除乐章名外，歌辞也有改动。《清史稿》没有记录这一年是否也修改了太庙岁末祫祭乐歌，但据《清高宗实录》，乾隆十一年（1746）正月庚午日：

钦定祭祀中和乐章名……太庙时享乐：迎神：《贻平》。奠帛、初献：《敉平》。亚献：《敷平》。终献：《绍平》。彻馔：《光平》。还宫：《乂平》。太庙祫祭乐：迎神：《开平》。奠帛、初献：《肃平》。亚献：《协平》。终献：《裕平》。彻馔：《诚平》。还宫：《成平》。[2]

这一则材料所记载的太庙祭祀乐章名，时享乐章与乾隆七年（1742）改动后的一样，而太庙祫祭乐章与顺治八年（1651）所定乐章名相比，也完全改变了。迎神《贞平》改《开平》，奠帛、初献《寿平》改《肃平》，亚献《嘉平》改《协平》，终献《雍平》改《裕平》，彻馔《熙平》改《诚平》，还宫《清平》改《成平》。

道光元年（1821），仁宗即将升祔太庙，升祔礼与时享仪同。乐部等衙门上奏："时享太庙初奏乐章仅四言八句。兹恭值仁宗睿皇帝升祔，初奏迎神之乐，字简音长，于行礼仪节未协，请敬增四句。"因迎神《贻平》之章四言八句，字数短而音节长，要求再增加四句。道光帝将乐部的建议交大学士、军机大臣、六部商议。众大臣商议的结果是，乾隆六年（1741）（《清史稿·乐志》记乾隆帝于乾隆七年）修改乐章，乾隆帝亲定乐章，将顺治元年（1644）定《开平》改《贻平》，将原文四言十二句缩减为四言八句，"彝宪所垂，至今遵守，未便轻易更张"，道光帝采纳了大学士等的意见，下旨经高宗亲加改定、斟酌尽善的太庙时享乐章"自当遵循勿替"。[3]

清代宗庙祭祀乐歌由太常寺承应。乾隆七年（1742）七月初一，举行秋

1 赵尔巽等：《清史稿》卷九五《乐一》，《清史稿》（11），第2819页，北京：中华书局，1977年。
2 《高宗纯皇帝实录》卷二六五，《高宗纯皇帝实录》（12），第317页，北京：中华书局，1986年。
3 《高宗纯皇帝实录》卷二〇，《高宗纯皇帝实录》（1），第366-367页，北京：中华书局，1986年。

季时享祭祀太庙礼，乾隆帝亲诣行礼。在演奏祭祀乐歌时，乾隆帝发现参与演奏的太常寺乐员宫调、商调不分，大为震怒。乾隆帝因而整顿太常寺，命令总领乐部大臣庄亲王、三泰、张照等在管理和声署之余，也要管理太常寺事务。乾隆帝还废除从明代沿袭下来的太常寺乐员由道士充任的惯例，严格督促太常寺衙门的乐员每逢三六九在凝禧殿勤加演习。[1]

太庙祭祀要用乐歌交通、娱乐神明。而在斋戒、守服期间，需肃静，不能演奏音乐。因此，如果在斋戒、守服之时逢宗庙祭祀之期，则需做出特殊规定。关于斋戒时逢宗庙祭祀，顺治元年（1644）定，"孟春时享如遇祈谷斋戒之期，皇帝诣太庙，出入导迎乐均设而不作"[2]。出入导迎乐演奏地点在太庙外，设而不作，即服从斋戒的要求，而在太庙中演奏的乐歌则需照常演奏。至于守服期间适逢太庙祭祀，乾隆帝即位后，对雍正帝三年丧期的时享服饰和音乐做了规定，"定三年持服内，享庙御礼服作乐如故，唯斋戒用素服，冠缀缨"[3]。要求为雍正帝守服的三年，太庙祭祀仍旧穿礼服、奏乐歌。乾隆四十二年（1777），乾隆帝生母孝圣宪皇后去世，礼部在定丧仪时，要求二十七日之内，所有社稷坛等祭祀，援照雍正九年（1731）孝敬宪皇后丧仪旧例，素服致祭，乐设而不作等。乾隆帝反对这一规定，令军机大臣在《会典》中找到了康熙年间列后的二十七日守服期间，遇大祀典祭日即穿朝服作乐的旧典。因此，乾隆帝下令："着照军机大臣所议，二十七日内，如遇郊、庙、社稷及日坛诸大祀，虽系遣官致祭，仍当作乐，穿朝服行礼。其余寻常祭祀，均用素服致祭，乐设而不作，方为允当。"[4]皇太后二十七日守服期间的郊、庙、社稷及日坛诸大祀，虽然遣官代皇帝祭祀，但仍穿朝服（不穿孝服），需演奏、演唱乐歌。

清代宗庙祭祀乐歌制度（包括整个宗庙祭祀制度）建立的原则是遵明绍古，"稽清之乐，式遵明故，六间七始，实绍古亡"[5]，不仅遵循明代之故事，

1 《高宗纯皇帝实录》卷一七〇，《高宗纯皇帝实录》（11），第115-156页，北京：中华书局，1986年。
2 （清）纪昀等：《钦定大清会典则例》卷七八《礼部·祠祭清吏司·大祀三·太庙》，影印文渊阁《四库全书》（622），第486页，台北：台湾"商务印书馆"，1986年。
3 赵尔巽等：《清史稿》卷八六《礼五（吉礼五）·时享》，《清史稿》（10），第2580页，北京：中华书局，1977年。
4 《高宗纯皇帝实录》卷一〇二五，《高宗纯皇帝实录》（21），第740-741页，北京：中华书局，1986年。
5 赵尔巽等：《清史稿》卷九五《乐一》，《清史稿》（11），第2732页，北京：中华书局，1977年。

更继承了先秦逸亡制度。遵循明代当为事实，继承被秦火中断的先秦礼乐制度，略显夸张，但从中我们可以看到清王朝以边疆少数民族身份蜕变出来的华夏正统心态。

尤需注意的是，清代宗庙祭祀乐歌制度坚持了满汉并存而不融合的原则。皇太极在建立遵循华夏传统的太庙制度的过程中，有意识地将满汉祭祀礼仪做了区隔，太庙祭祀礼仪为纯汉族传统仪式，而满族传统的记述祖先功德的莽式舞仍然保留，"歌辞异汉，不颁太常"[1]，皇太极及后代清帝之所以同时让汉族的宗庙祭祀仪礼与满洲的祭祖舞蹈并行而不融合，"原因在于保持民族意识需要满族传统的仪式，而为了成为中华世界的政权需要中华王朝式的仪式，二者皆其需要"[2]。正如《清史稿》所谓，莽式舞表演"所谓缵业垂统，前王不忘者欤"[3]。同为少数民族入主中原的元朝就不一样，元朝的宗庙祭祀礼仪融合了汉族传统与蒙古民族习俗。

明清曾以太庙时享未足以展孝思为由，在紫禁城内建奉先殿，以奉先殿祭祀作为太庙祭祀的补充。奉先殿时享祭祀乐章与太庙祭祀乐章相同。

第三节　清代太庙祭祀乐章

清代太庙祭祀乐章包括太庙时享祭祀与岁末大袷乐章，《清史稿·乐志》两者均收录。《钦定大清通礼》收录了乾隆年间的太庙时享祭祀仪注、袷祭仪注，内包含时享乐章和大袷乐章。

（一）时享乐章

清代太庙时享祭祀举行的时间，顺治元年（1644）规定，"孟春择上旬日，三孟用朔日，乐章六奏"[4]，乾隆年间规定，"孟春择上旬吉日，夏秋冬均

1　赵尔巽等：《清史稿》卷九五《乐一》，《清史稿》（11），第2732页，北京：中华书局，1977年。
2　[日]楠木贤道：《清太宗皇太极的太庙仪式和堂子——关于满汉两种仪式的共处情况》，《清史研究》2011年第1期。
3　赵尔巽等：《清史稿》卷九五《乐一》，《清史稿》（11），第2732页，北京：中华书局，1977年。
4　赵尔巽等：《清史稿》卷八五《礼五（吉礼五）·时享》，《清史稿》（10），第2580页，北京：中华书局，1977年。

以孟月一日"[1]，孟春祭祀选择在农历一月上旬吉日，夏、秋、冬祭祀均在孟月一日（农历四月初一、七月初一、十月初一）。

下文以《钦定大清通礼》时享仪注为基础，结合《清史稿·乐志》记载的时享六章唱词，初步探讨时享祭祀乐章。

1. 迎神奏《贻平》之章

典仪赞："迎神。"左右司香奉香盘以次进，至各案前恭候。司乐赞："举迎神乐，奏《贻平》之章。"辞曰："肇兹区夏，世德钦崇。九州维宅，王业自东。戎甲十三，奋起飞龙。维神格思，皇灵显融。"[2]

这一章及下面的乐章，均是清宗庙祭祀时演奏、演唱乐歌的环节。典仪赞词提示了即将举行的祭祀内容，司乐赞词交代了即将演奏、演唱的乐章。这一章为迎神之乐。要祭祀神灵，首先要演奏、演唱乐歌，恭请神灵降临，接受献祭，即《周礼·大司乐》所谓"《九德》之歌，《九韶》之舞，于宗庙之中奏之，若乐九变，则人鬼可得而礼矣"。《贻平》之章原名《开平》之章，乾隆帝修订顺治年间所定太庙祭祀乐章时，这一章的改动最大[3]。乾隆帝的改动，除变动了字句外，还减少了篇幅。顺治年间定《开平》之章为四言十二句，而乾隆年间所定《贻平》之章为四言八句，改动之后，和后面乐章的句数一样。这一章的主要内容为，追述了先祖在东方，以十三甲起事的开国筚路蓝缕之状，请求先祖、先妣的神灵下降，接受献祭。

2. 奠帛爵、初献奏《敉平》之章

典仪赞："奠帛爵，行初献礼。"司乐赞："举初献乐，奏《敉平》之章。"辞曰："于皇祖考，克配上天。越文武功。万邦是宣。孝孙受命，不忘不愆。虆墙永慕，

1　（清）纪昀等：《钦定大清会典则例》卷七五《礼部·祠祭清吏司》，影印文渊阁《四库全书》（622），第435-436页，台北：台湾"商务印书馆"，1986年。

2　此处及下文的包含乐章的引文，均出自（清）来保等：《钦定大清通礼》卷三，影印文渊阁《四库全书》（655），第71-81页，台北：台湾"商务印书馆"，1986年。

3　其原文为："皇舆启图，世德钦崇。粤庇眇躬，率土攸同。九州维宅，爰止自东。太室既尊，万国朝宗。翼翼孝孙，对越肃雝。维神格思，皇灵显庸。"据赵尔巽等：《清史稿》卷九六《乐三》，《清史稿》（11），第2819页，北京：中华书局，1977年。

时荐斯虔。”

奠帛爵、初献礼，即祭祀时向神灵进献帛，并第一次敬酒，此时演奏、演唱《敉平》之章，《敉平》之章原名《寿平》之章，乾隆年间做了局部改动。[1] 这一章的内容为，称颂清先朝诸帝的文治武功，表示孝孙（当朝皇帝）要永远铭记、继承先辈功业。初献时，乐作武舞生舞干戚之舞。

3. 亚献奏《敷平》之章

典仪赞："行亚献礼。"司乐赞："举亚献乐，奏《敷平》之章。"辞曰："恝祀精忱，洋洋如生。尊罍再举，于赫昭明。俨然有容，忾然有声。我怀靡及，惕若中情。"乐作舞《羽钥》之舞。

第二次向神灵献酒称"亚献"，所奏《敷平》之章原名《嘉平》之章，乾隆年间做了局部改动。[2] 这一章的内容为，"我"（当朝皇帝）怀着恭敬之心，举起酒杯，列圣列后的音容笑貌好像可感可触。先辈虽不可复生，但"我"表情肃敬，内心真诚。演唱《敷平》之章的同时，乐作文舞生舞羽籥之舞。

4. 终献奏《绍平》之章

典仪赞："行终献礼。"司乐赞："举终献乐，奏《绍平》之章。"辞曰："粤若祖德，诞受方国。肆予小子，大献是式。欲报之德，昊天罔极。殷勤三献，中心翼翼。"乐作舞（同亚献）。

宗庙祭祀第三次敬酒称"终献"，此时演奏、演唱《绍平》之章，原名《雍平》之章，乾隆年间做了局部改动。[3] 全句意为，祖宗开创了江山，"予小

---

1 奠帛、初献《敉平》（原《寿平》）改动情况为：于皇祖考，克配上天。越文武功，万邦（原"四方"）是宣。孝孙受命，不忘不愆（原"达志承前"）。羹墙永慕，时荐斯虔（原"永锡纯嘏，亿万斯年"）。据赵尔巽等：《清史稿》卷九六《乐三》，《清史稿》（11），第2819页，北京：中华书局，1977年。

2 亚献《敷平》（原《嘉平》）改动情况为：恝祀精忱（原"神"），洋洋如生。尊罍再举，于赫昭明（原"有融昭明，陟降于庭"）。俨然有容，忾然有声。我怀靡及，惕（原"孝孙虔只"），惕（原"容"）若中情。据赵尔巽等：《清史稿》卷九六《乐三》，《清史稿》（11），第2819页，北京：中华书局，1977年。

3 终献《绍平》（原《雍平》）改动情况为：粤若祖德，诞受方国。肆予小子，大献是式。（原"越祖宗之德，肇兹天历"，敢曰予小子，享有成绩。）欲报之德，昊天罔极。殷勤三献，中心翼翼（原"我心悦怿"）。据赵尔巽等：《清史稿》卷九六《乐三》，《清史稿》（11），第2819页，北京：中华书局，1977年。

子"（当朝皇帝）要遵循先朝列帝的治国大道，感激之情难以穷尽。怀着恭敬之心，第三次敬酒。演唱的同时，乐作同亚献一样，文舞生舞羽钥籥之舞。

5. 彻馔奏《光平》之章

典仪赞："彻馔。"司乐赞："举彻馔乐，奏《光平》之章。"辞曰："庶物既陈，九奏具举。告成于祖，亦右皇妣。敬彻不迟，用终殷祀。式礼如兹，皇其燕喜。"

彻馔即祭祀即将结束，撤去食物，所奏《光平》之章原名《熙平》之章，乾隆年间做了局部改动。[1] 此章内容为，祭祀的祭品已敬献，祭祀乐歌已演奏、演唱。向列圣列后报告祭祀礼完成，即将撤掉祭品，结束祭祀仪式。

6. 还宫奏《乂平》之章

太常寺赞礼郎诣神位前，跪奏："礼毕，请还寝室。"三叩，兴，退。司乐赞："举还宫乐，奏《乂平》之章。"辞曰："对越无方，陟降无迹。寝祏静渊，孔安且吉。惟灵在天，惟主在室。于万斯年，孝思无斁。"

太庙时享祭祀已成，皇帝即将还宫，此时奏《乂平》之章，原名《成平》之章，乾隆年间做了局部改动[2]。这一章的意思是，通过祭祀表达对列圣列后的感激之情无与伦比，多谢先辈神灵的保佑，先辈神灵在天，神主藏于太庙石祏，"我"的孝思没有尽头。

除上文所述时享祭祀六章外，皇帝离开太庙进宫之时，还需演奏、演唱回銮导迎乐《祐平》之章：

时享礼成，皇帝至太庙南门外神路右，乘礼舆。导迎乐作，奏《祐平》

1　彻馔《光平》（原《熙平》）改动情况为：庶物既陈，九奏具举（原"仪肃乐成，神燕以娭"）。告成于祖，亦右皇妣。敬彻不迟，用终殷祀（原"用终祀礼"）。式礼如兹，皇其燕喜（原"介福绥禄，永锡祚祉"）。据赵尔巽等：《清史稿》卷九六《乐三》，《清史稿》（11），第2819页，北京：中华书局，1977年。
2　还宫《乂平》（原《成平》）改动情况为：对越无方，陟降无迹（原"盈溢肃雝，神运无迹"）。寝祏静渊，孔安且吉（原"恍兮安适"）。惟灵在天，惟主在室。于万斯年，孝思无斁。据赵尔巽等：《清史稿》卷九六《乐三》，《清史稿》（11），第2819页，北京：中华书局，1977年。

之章，辞曰："仪若先典，追孝在天。鸿庆遐邕，烈光丕显。祀事明，神贶宣。福庶民，千万年。"

宗庙时享结束后，皇帝到太庙南门外神路之右，乘坐轿舆，导迎乐奏《祐平》之章。顺治元年（1644）定皇帝祭祀回銮导迎乐，太庙祭祀为《禧平》之章[1]，乾隆十七年（1752），定凡祭祀回銮乐皆曰《祐平》，庆典回銮乐为《禧平》。乾隆年间所定《祐平》之章，不仅改变了顺治年间《禧平》之章的乐歌名，歌辞也完全改变了。这一章的意思是，用上古礼仪进行宗庙时享祭祀已尽孝道，希望列圣列后神灵保佑国祚及天下生灵。

清太庙时享祭祀乐歌，承袭了《诗经》开创、历代沿袭的四言格式，其内容也是追述祖宗创业艰辛，表示要继承先辈法度，祈求赐福等。辞章简洁、稳定。

（二）　太庙大袷乐章

《清史稿·乐志》收录了清太庙大袷六章。与太庙时享祭祀乐歌一样，太庙大袷乐歌也进行了修改。乐章原为顺治十六年（1659）定，乾隆七年（1742）以旧辞重改。

大袷为宗庙岁末合祭，其日期依年末的大小月来定。乾隆年间规定，"岁暮袷祭大建于十二月二十九日，小建于二十八日"[2]，大建（夏历 30 天的月份，大月）定在十二月二十九日，小建（夏历 29 天的月份，小月）定在二十八日。

下文详细介绍大袷乐章，乾隆年间所替换之顺治朝原文附于句中。

1. 迎神奏《开平》之章

承眷命兮，抚万邦。嗣丕基兮，祖德昌。溯谟烈兮，唐哉皇（原"弗敢忘"）。虔岁祀兮，式（原"举"）旧章。肃对越兮，诚恫将（原"沥恫诚兮，迓休光"）。

1　其辞为："于皇绍烈，累熙重光。销铄群愿，我武奋扬。肃肃清庙，璀璨奉璋。奠鬯斯馨，祚命无疆。"据赵尔巽等：《清史稿》卷九六《乐三》，《清史稿》（11），第 2836 页，北京：中华书局，1977 年。

2　（清）纪昀等：《钦定大清会典则例》卷七五《礼部·祠祭清吏司》，影印文渊阁《四库全书》（622），第 435 页，台北：台湾"商务印书馆"，1986 年。

尚来格兮，仰休光（原"祈来格兮，意彷徨"）。[1]

大袷迎神所奏《开平》之章原为《贞平》之章。这一章的内容为，继承祖先的基业，承担治理天下的重任，一定将列圣的功业发扬光大。在一年之末，用旧典举行祭祀。真心诚意地祭祀，希望列圣列后的神灵降临，好让当朝皇帝沐浴先辈的光辉。

2. 奠帛、初献奏《肃平》之章

粤我先兮，肇俄朵。长白山兮，鹊衔果。绵瓜瓞兮，天所佐。明之侵兮，歼其左。混中外兮，逮乎我。奉太室兮，安以妥。（原"纷威蕤兮，神毕临。俨对越兮，抒素忱。陈纤缟兮，有壬林。酌醇酤兮，荐德馨。恪溥将兮，俶来歆。锡嘉祉兮，佑斯民。"）

大袷奠帛、初献所奏《肃平》之章原为《寿平》之章。这一章的意思是，祖先肇始于长白山俄朵里城，在上天保佑下，宗族子孙不断繁衍，打退了明朝的入侵，最终混一中外，拥有中原，并将功业传给了当朝皇帝，将列圣列后神灵安放在太室，恭敬地祭祀，传达敬思之情。

3. 亚献奏《协平》之章

纷葳蕤兮，列圣临。俨对越兮，心钦钦。陈纤缟兮，有壬林。击浮磬兮，弹朱琴。恪溥将兮，肃来歆。锡嘉祉兮，天地心。（原"维肇祥兮，德配天。垂燕翼兮，祚百年。洁豆笾兮，秩斯筵。载陈醴兮，介牲牷。协笙镛兮，绕云軿。肃骏奔兮，中弥虔。"）

亚献所奏《协平》之章原为《嘉平》之章。这一章的意思是，列圣列后神灵降临，华美庄严，当朝皇帝怀着谨慎戒惧之心，恭敬祭祀。献上祭品，演奏、演唱乐歌，恭请神灵接受祭祀。列圣列后怀着天地生民之心，赐予福

1　本章及下文所列大袷乐章均引自赵尔巽等：《清史稿》卷九六《乐三》，《清史稿》（11），第2819–2821页，北京：中华书局，1977年。来保等：《钦定大清通礼》卷三，影印文渊阁《四库全书》（655），第87页，台北：台湾"商务印书馆"，1986年。

祉，为子孙后代谋福。

4. 终献奏《裕平》之章

椒馂芬兮，神留俞。爵三献兮，旨清醑。万羽干兮，乐孔都。礼明备兮，罔敢渝。神（原"既"）醉止兮，咸乐胥。永启佑兮，披皇图。

终献所奏《裕平》之章原为《雍平》之章。这一章的意思是，祭祀食物、美酒、音乐与舞蹈均已上献，祭祀之礼不敢变更。希望列圣列后神灵畅饮美酒，保佑皇朝永固。

5. 彻馔奏《诚平》之章

祝币陈兮，神燕娭（原"典仪叙兮，神格思"）。尊俎将兮，反威仪（原"享靡遗"）。悦且康兮，彻弗迟。不可度兮，矧射思。礼有成兮，厘百宜（原无此二句）。鉴精诚（原"禋"）兮，萧禄绥。

彻馔所奏《诚平》之章原为《熙平》之章。这一章的意思是，各种祭品已献上，祭祀典礼已完成，列圣列后神灵已喜悦、安乐。祭品即将下撤，对列圣列后的感念之情不可测度。请列圣列后神灵念及当朝皇帝的精诚之情，赐予福禄。

6. 还宫奏《成平》之章

龙之驭兮，旋穆清（原"孝思展兮，礼告成。神言归兮，陟在庭。萃龙驭兮，返穆清"三句）。神之御兮，式丹楹（原"主肃将兮，式丹楹"）。瞻列圣兮，僾容声。回灵眄兮，佑丕承。维神听兮，和且平。继序皇兮，亶休征。

还宫所奏《成平》之章原为《清平》之章。这一章的意思是，列圣列后神灵从天而降，又要回归上天。看列圣列后的牌位，好像能隐约感知列圣列后的举止与声音。希望列圣列后保佑大清江山永固。

太庙大祫乐章近似于楚辞体，基本内容与时享乐章相同，但语气更舒缓，抒情色彩更浓。

研究清代太庙祭祀乐歌，对清代太庙祭祀研究，以及清代其他祭祀乐歌研究都有重要的意义。

第七章　清代皇帝原庙制度

　　中国历代皇帝宗庙是由太庙、原庙所构成的一个系统化祭祀群，其中，太庙是主体，而形形色色的原庙[1]，即太庙之外的皇帝宗庙，是皇帝宗庙系统的重要辅助部分。

　　原庙最早出现于汉代，由汉惠帝刘盈及大臣叔孙通开创。汉代的原庙制度影响深远，后世纷纷效法。历代原庙主要供奉帝后神御（圣容），如宋代皇室之神御殿、元代皇室之影堂。清代的皇帝原庙有奉先殿、寿皇殿、畅春园恩佑寺、圆明园安佑宫、避暑山庄永佑寺及绥成殿等处，其中奉先殿供奉神主，寿皇殿等其余几处供奉神御。清代皇帝原庙制度是在顺治帝、雍正帝、乾隆帝时代逐步形成的。

第一节　历代皇帝原庙制度

　　"国有二庙，自汉惠始也。"[2] 皇帝原庙之建，始于汉惠帝刘盈。据《汉书·叔孙通传》[3] 记载，汉孝惠帝即位以后，任命叔孙通为奉常，制定宗庙仪法。惠帝住在长安西南隅的未央宫，而当时秉持朝政的吕后住在长安东南隅的长乐宫。惠帝平时谒见吕后，需要开路清道，为了避免烦扰民间，惠帝下令修筑复道（间道，楼阁间架空的通道）连通未央宫与长乐宫。当复道修筑到未央宫武库南时，叔孙通向惠帝谏言："陛下何自筑复道高帝寝？衣冠月出游高庙，子孙奈何乘宗庙道上行哉！"原来，依汉朝制度，刘邦高帝陵寝藏刘邦衣冠，每月都要准备仪驾，将衣冠请出，游于高庙，这项礼仪称之为"游衣冠"。"游衣冠"之线路

1　关于"原庙"的解释，《汉书》颜师古注："原者，重也，先已有庙，今更立之，故云重也。"（汉）班固：《汉书》卷四三《郦陆朱刘叔孙传》，《汉书》(7)，第 2130 页，北京：中华书局，1962 年。顾炎武解释"原"为"再"意："原者，再也。《易》：'原筮'，《周礼·马质》《礼记·月令》'原蚕'，《文王世子》：'末有原'，汉'原庙'之'原'，皆作'再'字解。"（清）顾炎武《日知录》卷三二，影印文渊阁《四库全书》(858)，第 1113 页，台北：台湾"商务印书馆"，1986 年。北宋张舜民解释原庙为："汉陵皆在原上，意取高原名之。"南宋程大昌引《史记·高帝纪》"令郡国诸侯各立高祖庙，以岁时祠及孝惠五年思高祖之悲乐沛，以沛宫为高祖原庙，原庙则庙重之说是也，后光武又尝幸丰，祠高祖于原庙，则岂其高原之谓哉？以是推之，庙之立于郡国者得称原庙也"，否定了"原"为高原之意。（宋）程大昌《考古编》卷八《庙在郡国亦名原庙》，影印文渊阁《四库全书》(852)，第 51 页，台北：台湾"商务印书馆"，1986 年。综合各家之说，"原庙"之"原"当训为"再""重"之义。

2　（明）夏言：《奉敕详议南京太庙不当重建疏》，（明）陈子龙等选辑：《明经世文编》卷二〇三，第 2134 页，北京：中华书局，1962 年。

3　（汉）班固：《汉书》卷四三《郦陆朱刘叔孙传》，《汉书》(7)，第 2129-2131 页，北京：中华书局，1962 年。

即为宗庙道，而惠帝修筑的复道就在宗庙道上。惠帝听了叔孙通的话，非常惊恐，鉴于复道已经修筑的现实，于是叔孙通给惠帝提了一条建议来掩饰：

> 人主无过举。今已作，百姓皆知之矣。愿陛下为原庙渭北，衣冠月出游之，益广宗庙，大孝之本。

叔孙通的建议是，在渭水北岸再为刘邦建立原庙，每月的"游衣冠"从高庙移到原庙，如此，则"游衣冠"的"宗庙道"就不再是惠帝所修的复道，而且还博取了大孝的名声。惠帝听从了叔孙通的建议，"上乃诏有司立原庙"。

除了渭北高帝原庙外，汉代郡国所立高帝庙也属于原庙的范畴。惠帝"令郡国诸侯各立高祖庙，以岁时祠"[1]。此后的文帝、武帝去世后也享受到了在郡国立庙的特殊尊奉。景帝继位后，丞相申屠嘉建议为文帝立郡国庙："郡国诸侯宜各为孝文皇帝立太宗之庙。"[2] 汉宣帝本始二年（前72）六月，为武帝立郡国庙，"尊孝武庙为世宗，奏《盛德》《文始》《五行》之舞，天子世世献。武帝巡狩所幸之郡国，皆立庙"[3]。遍布天下的郡国庙，不仅给政府带来了沉重的经济压力，而且地方王侯和官员参与郡国庙祭祀，也违背了《春秋》"父不祭于支庶之宅，君不祭于臣仆之家，王不祭于下土诸侯"之意，因此，汉元帝永光四年（前40），"下诏先议罢郡国庙"[4]。

后世皇朝以汉朝为典范，纷纷建立了本朝的原庙制度。北魏永兴四年（412），明元皇帝拓跋嗣为太祖道武皇帝拓跋珪建立原庙：

> 立太祖庙于白登山。岁一祭，具太牢，帝亲之，亦无常月……是岁，诏郡国于太祖巡幸行宫之所，各立坛，祭以太牢，岁一祭，皆牧守侍祠。又立太祖别庙于宫中，岁四祭，用牛马羊各一。[5]

---

1 （汉）司马迁：《史记》卷八《高祖本纪》，《史记》（2），第392页，北京：中华书局，1959年。

2 （汉）司马迁：《史记》卷一〇《孝文本纪》，《史记》（2），第436页，北京：中华书局，1959年。

3 （汉）班固：《汉书》卷八《宣帝纪》，《汉书》（1），第243页，北京：中华书局，1962年。

4 （汉）班固：《汉书》卷七三《韦贤传》，《汉书》（10），第3116页，北京：中华书局，1962年。

5 （北齐）魏收：《魏书》卷一〇八，《魏书》（8），第2736页，北京：中华书局，1974年。

拓跋嗣所建立的北魏皇帝原庙制度，白登山之庙与汉代原庙同，在拓跋珪巡幸过的郡国立坛，与汉代的郡国庙制度近似，而宫中的太祖别庙，又近于明清的奉先殿。

唐初建立了东西二都，即西京长安和东京洛阳，但皇家的宗庙在长安。武则天称大周皇帝后，在洛阳立周七庙，祭祀武氏祖先，而将长安的李唐皇室太庙改称为享德庙。唐中宗神龙元年（705），唐中宗李显复位，将洛阳周庙中的武氏庙主迁到长安，但洛阳周庙并未毁弃，而是改成了李唐宗庙：

> 为崇尊庙，而以东都武氏故庙为唐太庙，祔光皇帝以下七室而亲享焉。由是东西二都皆有庙，岁时并享。[1]

东都李唐太庙祔庙的是献祖光皇帝以下的唐代七代皇帝神主，其虽为太庙，但相对于长安太庙来说，未尝不可以目为原庙。唐武宗会昌五年（845）十月乙亥（初一日），中书某奏，池水县武牢关是太宗李世民擒拿王世充、窦建德的地方，关城东峰有高祖李渊、太宗李世民的塑像，共处一堂。或许是在唐皇室风雨飘摇之际，怀念先帝开拓江山之际攻城略地的荣光，他建议仿照汉惠帝为高祖刘邦立原庙以及郡国庙故事，在此建庙，"伏望名为昭武庙，以昭圣祖武功之盛"[2]。他的建议被采纳。因此，唐代原庙有东都宗庙与武牢关昭武庙。

宋代的原庙称为神御殿。宋真宗景德四年（1007）二月癸酉（初七日），真宗下诏，"西京建太祖神御殿，置国子监武成王庙"[3]。北宋都城在东京开封府（今河南省开封市），所谓西京在河南府（今河南省洛阳市东）。宋真宗大中祥符五年（1012），赵恒下令以"臆想"出来的神人圣祖赵玄朗降临之处建景灵宫，此后，景灵宫成了集中供奉宋代帝后神御的地方。仁宗天圣元年（1023）在景灵宫修万寿殿供奉真宗神御，署"奉真"。宋英宗治平元年（1064）下诏在景灵宫西园建殿奉仁宗御容，署"孝严"。治平四年（1067）建英德殿奉英宗神御。宋

---

1 （宋）欧阳修、宋祁等：《新唐书》卷一三《礼乐三》，《新唐书》（2），第 342 页，北京：中华书局，1975 年。
2 （后晋）刘昫等：《旧唐书》卷一八《武宗本纪》，《旧唐书》（2），第 606–607 页，北京：中华书局，1975 年。
3 （元）脱脱等：《宋史》卷七《真宗本纪》，《宋史》（1），第 132 页，北京：中华书局，1977 年。

神宗元丰五年（1082），在景灵宫修十一殿，将祖宗帝后的神御迎奉入内。[1] 宋哲宗绍圣二年（1095），奉安神宗神御于景灵宫显承殿。徽宗即位之初，从宰臣执政官蔡京请求，建景灵西宫。宋徽宗政和三年（1113）奉安哲宗神御于重光殿。此时，景灵宫东西两宫规制为："前殿九，后殿八，山殿十六，阁一，钟楼一，碑楼四，经阁一，斋殿三，神厨二，道院一，及斋宫廊庑，共为二千三百二十区。"除景灵宫神御殿外，宋真宗景德年间又奉安御容于禅院，仁宗皇祐年间，仿照汉代郡国庙故事，在滁州、并州等州奉安御容，自后递相沿袭，与太庙典礼略同。因此，作为宋代皇帝原庙的神御殿，每位皇帝往往有多处，如太祖赵匡胤的神御殿有七处："太祖神御之殿七：太平兴国寺开元殿、景灵宫、应天禅院西院、南京鸿庆宫、永安县会圣宫、扬州建隆寺章武殿、滁州大庆寺端命殿。"宋室南渡后，原庙神御暂供奉于永嘉（今浙江省温州市），宋高宗绍兴十三年（1143），仿照景灵宫旧规建神御殿，修三殿供奉帝后神御。[2]

辽代的原庙供奉的是石像。辽圣宗统和十三年（995）九月丁卯（二十四日），"奉安景宗及皇太后石像于延芳淀"[3]，第二年十一月乙酉（初七日），"奉安景宗及太后石像于乾州"[4]。辽圣宗开泰元年（1012）十二月丙寅（初三日），"奉迁南京诸帝石像于中京观德殿，景宗及宣献皇后于上京五鸾殿"。[5]

金代原庙有多处。金太宗天会二年（1124），在西京立太祖大圣皇帝庙。金熙宗天眷二年（1139）九月，将上京会宁府庆元宫作为太祖原庙。金熙宗皇统七年（1147），东京辽阳府御容殿建成。海陵王迁都燕京（今北京市西南）后，在燕京兴建了太庙和原庙，原庙名衍庆宫。金世宗大定二年（1162），将睿宗御容奉迁燕京衍庆宫；大定十六年（1176），扩建衍庆宫，

1　据（元）马端临《文献通考》卷九四《宗庙考四·天子宗庙》：（宋神宗元丰年间）"祖宗帝后神御皆寓于宫观寺院，在京师者十有五，神宗作景灵宫，而在京寺观神御悉迎奉入内，所存者惟万寿观、延圣、广爱、宁华三殿焉，后又诏宗室宫院有祖宗御容，遣内侍奉迎藏于天章阁。自是臣庶之家凡有御容悉取藏禁中。"可知北宋中后期神御除集中于景灵宫外，尚有天章阁（宫中藏书阁）。（元）马端临《文献通考》卷九四《宗庙考四·天子宗庙》，影印文渊阁《四库全书》（612），第255页，台北：台湾"商务印书馆"，1986年。
2　以上宋代神御殿内容参见（元）脱脱等：《宋史》卷一〇九《礼十二（吉礼十二）·景灵宫神御殿》，《宋史》（8），第2621-2628页，北京：中华书局，1977年。
3　（元）脱脱等：《辽史》卷一三《圣宗本纪》，《辽史》（1），第147页，北京：中华书局，1974年。
4　（元）脱脱等：《辽史》卷一三《圣宗本纪》，《辽史》（1），第148页，北京：中华书局，1974年。
5　（元）脱脱等：《辽史》卷一五《圣宗本纪》，《辽史》（1），第172页，北京：中华书局，1974年。

奉安世祖神御等。[1]

元代神御殿称为影堂，据《元史·神御殿》[2]，元代所奉历代帝后御容，"皆纹绮局织锦为之"。影堂是分散的：世祖、裕宗帝后在大圣寿万安寺；顺宗、仁宗帝后在大普庆寺，成宗帝后在大天寿万宁寺；武宗帝后在大崇恩福元寺；明宗帝后在大天源延圣寺；英宗帝后在大永福寺。影堂藏玉册、玉宝。元文宗天历二年（1329），"复以祖宗所御殿尚称影堂，更号神御殿"，每一殿都命名：

> 世祖曰"元寿"，昭睿顺圣皇后曰"睿寿"，南必皇后曰"懿寿"，裕宗曰"明寿"，成宗曰"广寿"，顺宗曰"衍寿"，武宗曰"仁寿"，文献昭圣皇后曰"昭寿"，仁宗曰"文寿"，英宗曰"宣寿"，明宗曰"景寿"。

此外，世祖还在真定玉华宫立孝思殿。在翰林院藏太祖、太宗、睿宗等帝御容，元惠宗至元六年（1340），翰林院三朝御容迁石佛寺影堂。

明代的原庙是奉先殿，朱元璋称帝后，下令修建奉先殿：

> 洪武三年，太祖以太庙时享，未足以展孝思，复建奉先殿于宫门内之东。以太庙象外朝，以奉先殿象内朝。[3]

奉先殿与太庙有明确的分工，"以太庙象外朝，以奉先殿象内朝"，奉先殿正殿五间，南向，深二丈五尺。前轩五间，深一丈二尺五。藏朱元璋追封四祖的神位、衣冠。明成祖朱棣迁都北京后，"建如制"。[4]

汉惠帝、叔孙通开创的天子宗庙原庙制度虽影响深远，但后儒对其多持

1 （元）脱脱等：《金史》卷三三《礼六·原庙》，《金史》（3），第787-792页，北京：中华书局，1975年。
2 （明）宋濂等：《元史》卷七五《祭祀四·宗庙下》，《元史》（6），第1875页，北京：中华书局，1976年。
3 （清）张廷玉等：《明史》卷五八《礼六（吉礼六）》，《明史》（5），第1331页，北京：中华书局，1974年。
4 （清）张廷玉等：《明史》卷五八《礼六（吉礼六）》，《明史》（5），第1332页，北京：中华书局，1974年。
  关于明代北京奉先殿是否如南京奉先殿一样，为前轩后殿各五间格局，许以林先生在《奉先殿》一文引《日下旧闻考》卷三二《宫室》；引孙承泽《春明梦余录》，谓奉先殿"殿九室，如庙寝制，国有太庙以象外朝，有奉先殿以象内朝"，为"前正殿，后寝殿"各九间格局（见许以林：《奉先殿》，《故宫博物院院刊》1989年第1期）。据此，则《明史》所谓"成祖迁都北京，建（奉先殿）如制"所指之制为太庙规制，而不是南京奉先殿规制。

批评态度。宋儒朱熹严厉批评汉明帝、汉章帝开创的天子宗庙同堂异世之制"以一时之乱命而坏千古之彝制"，但长期以来，"然古今诸儒未有斥其非者，而徒知论惠帝叔孙通作原庙之罪"，由此可见，诸儒多批评惠帝、叔孙通建原庙，当然朱熹也认为"原庙诚不当作"[1]。宋儒胡寅批评原庙制：

> 有七庙又作原庙，非过举乎？且衣冠出游，于礼何据……使后世有致隆于原庙，而简于太庙者，则通说启之矣。[2]

胡寅认为，衣冠出游，违背礼法；且建立原庙，造成了后世重视原庙而忽视太庙祭祀礼仪。后世为何重视原庙而轻视太庙，朱熹弟子杨复从人情角度进行了解释：

> 宗庙之体极乎严，原庙之体几乎亵。人情常惮于严而安于亵，则藏祀之礼反移于原庙。故宗庙之礼虽重而反为虚文矣……盖既有宗庙，又有原庙，则心分而不专，末既有所重，则本必有所轻，其势然也。[3]

杨复认为，叔孙通让汉惠帝建原庙，其结果是开启了宗庙祭祀之礼不被重视。宗庙祭祀之礼要庄严，而原庙之礼一般为家人礼，典制意味较淡。而从人情来说，人们常畏惧严肃而喜欢轻慢，所以，人们更亲近原庙之祭祀。

第二节　清代皇帝系列原庙

清代皇帝原庙建制是逐步完成的，顺治朝入关后，继承了明代的原庙制度，重建奉先殿。雍正朝，为了纪念康熙帝，立寿皇殿、恩佑寺等原庙。乾

1　（元）马端临：《文献通考》卷九二《宗庙考一·天子宗庙》，影印文渊阁《四库全书》（612），第202页，台北：台湾"商务印书馆"，1986年。

2　（元）马端临：《文献通考》卷九二《宗庙考一·天子宗庙》，影印文渊阁《四库全书》（612），第212–213页，台北：台湾"商务印书馆"，1986年。

3　（元）马端临：《文献通考》卷九二《宗庙考一·天子宗庙》，影印文渊阁《四库全书》（612），第213页，台北：台湾"商务印书馆"，1986年。

隆朝，建安佑宫、永佑寺等原庙纪念康熙、雍正二帝。乾隆朝以后，清朝皇帝原庙没有再增加，只有道光朝将永佑寺供奉神御迁到绥成殿这一点变动。

以上原庙均为乾隆朝编纂的《清朝通典》所收录，但该书未收录的体仁阁、养心殿佛堂、圆明园佛堂等处也具有原庙功能。

（一） 顺治朝建置原庙：奉先殿

清代奉先殿是清承明制的产物，是建于内朝宫廷之原庙。据顾炎武考证，在内朝建立原庙起于唐玄宗："唐玄宗于别殿安置太宗、高宗、睿宗御容，每日侵早，具服朝谒。此今日奉先殿之所自立也。"[1] 明洪武三年（1370）冬，"以太庙时享，未足以展孝思"[2] 为由，下令修建奉先殿。明成祖朱棣迁都北京，在北京紫禁城重建奉先殿[3]。明崇祯十七年（1644），李自成攻入北京，撤离之时，焚毁了奉先殿。

清顺治十三年（1656）十二月戊戌（二十五日），顺治帝仿明制，下诏在景运门东北建奉先殿：

朕考往代典制，岁时致享，必于太庙，至于晨昏谒见，朔望荐新，节序告虔，圣诞、忌辰行礼等事皆另建有奉先殿，今制度未备，孝思莫伸，朕心歉然。尔部即察明旧典具奏。[4]

顺治帝建奉先殿之初衷，仍是将其与太庙进行分工，太庙进行"岁时致享"等大型祭祀，而奉先殿进行高频率、礼制不太森严的小型祭祀。顺治十四年（1657），顺治帝再次"敕建奉先殿，前后殿各七楹"[5]。正月开工，十一月建成。

奉先殿建成后，其建筑格局及内部空间分割进行过调整。顺治十七年（1660）五月壬申（十八日），顺治帝谕工部改建奉先殿：

1 （清）顾炎武：《日知录》卷一四《御容》，影印文渊阁《四库全书》（858），第713页，台北：台湾"商务印书馆"，1986年。
2 （清）张廷玉等：《明史》卷五八《礼六（吉礼六）》，《明史》（5），第1331页，北京：中华书局，1974年。
3 （清）张廷玉等：《明史》卷五八《礼六（吉礼六）》，《明史》（5），第1332页，北京：中华书局，1974年。
4 《世祖章皇帝实录》卷一〇五，《世祖章皇帝实录》影印本，第820页，北京：中华书局，1985年。
5 光绪朝《钦定大清会典事例》卷八六三《工部·宫殿·营建》，《钦定大清会典事例》（20），第15779页，台北：新文丰出版公司，1976年。

奉先殿享祀九庙，稽考往制，应除东西夹室行廊，中建敞殿九间，斯合制度。前兴工时该衙门未加详察，连两夹室止共造九间，殊为不合。今宜于夹室行廊外，中仍通为敞殿九间，以合旧制。[1]

顺治十四年（1657）顺治帝"敕建奉先殿，前后殿各七楹"，为何三年后又谓奉先殿"享祀九庙"呢？原来，在前后殿的七楹（间）之外，东西分别建了一间夹室（每夹室实为半间）[2]，所以，前后殿又分别可算九楹，但顺治帝对加上夹室才九楹不满意，所以他要求正殿就应为九楹。

但顺治十七年的扩建，可能只将前殿扩为九楹，而后殿仍是七楹，这直接导致了道光元年（1821）对奉先殿后殿空间分割进行改建。仁宗祔庙后，后殿七楹已满，道光帝继位后，追封其于嘉庆十三年（1808）正月戊午（二十一日）去世的嫡福晋钮祜禄氏为孝穆皇后，仁宗二十七个月服满后，孝穆皇后的神牌应升祔奉先殿，孝穆皇后升祔的位置即将来道光帝去世后升祔的位置。若奉先殿后殿一楹只供奉一朝帝后，则从道光帝开始的帝后将面临无处可供的难题。为了扩大奉先殿后殿的供奉位，道光帝于道光元年（1821）十二月癸卯（二十七日）下旨：

恭查后殿七楹，供奉太祖至仁宗七龛，今敬拟中楹列龛惟三，供奉太祖、太宗、世祖。东次楹列龛惟二，供奉圣祖、高宗。西次楹列龛惟二，供奉世宗、仁宗。其余四楹，拟分为八。于东再次楹，供奉孝穆皇后，所有内外各龛，以及供案、宝椅等件，均应稍为改饰。[3]

道光帝对奉先殿后殿的改建计划，其要点有二：其一，已经供奉的七帝，置于三楹，而空出来的四楹空间，改为八楹，就可以供奉十五代帝后。其二，因每代帝后的龛间缩小，则供祭祀用的供案、宝椅就需相应缩小（图7-1）。

1　《世祖章皇帝实录》卷一三五，《世祖章皇帝实录》影印本，第1044页，北京：中华书局，1985年。
2　刘鸿武：《紫禁城奉先殿修建概略》，《历史档案》2009年第3期。
3　《宣宗成皇帝实录》卷二七，《宣宗成皇帝实录》影印本（1），第495-496页，北京：中华书局，1986年。

此外，奉先殿在康熙十八年（1679）和乾隆二年（1737）维修过两次。

（二） 雍正朝建置原庙：寿皇殿、恩佑寺

雍正帝继位后，推行了一系列尊崇康熙帝的措施，其中某些措施明显违背礼制，如在雍正四年（1726），康熙帝三年大丧礼结束，雍正帝要求以后每当康熙帝忌辰，遵照三年大丧礼的规制举行祭祀活动，并恭读祝文。雍正帝知道这违背了礼制，"至与旧制相合与否，朕皆不遑计及"，并规定此后不能奉为成规，"此礼亦惟朕躬特行之于我皇考，后世子孙不得奉为成例"[1]。

雍正帝尊崇康熙帝的系列措施中，最具有典制意义的是专为康熙帝设置供奉神御的原庙寿皇殿、恩佑寺。此外，雍正帝还敬奉康熙帝神主于养心殿佛堂、圆明园佛堂，这两处佛堂也具有浓厚的原庙色彩。

1. 寿皇殿

康熙六十一年（1722）十二月丙寅（十五日），雍正帝谕怡亲王允祥等：

图 7-1　奉先殿后殿内景（局部，胡锤摄）

---

1 《世宗宪皇帝实录》卷四七，《世宗宪皇帝实录》影印本（1），第 712 页，北京：中华书局，1985 年。

朕受皇考深恩，四十余年未尝远离。皇考升遐，无由再瞻色笑。今追想音容，宛然在目。御史莽鹄立精于写像。昔日随班奏事，常觐圣颜。皇考有御容数轴，收藏内府。今皇考高年圣颜微异于往时。着莽鹄立敬忆御容，悉心熏沐图写。[1]

莽鹄立将康熙帝御容画成，敬奉到养心殿，雍正帝看后，依恋悲恸不胜，下令待康熙帝梓宫发引后，将康熙帝御容恭奉于景山东北寿皇殿。雍正帝之所以选择寿皇殿供奉康熙帝御容，是因为寿皇殿是康熙帝过去经常临幸之处，"盖寿皇在景山东北，本明季游幸之地，皇祖常亲射较士于此。我皇考因以奉神御"[2]，以康熙帝常亲临之处建原庙，与汉代在武帝巡幸过的郡县建郡国庙的精神实质相似，但不像郡国庙那样泛滥。

乾隆元年（1736），乾隆帝在寿皇殿东一室奉世宗圣容，"嗣后列朝圣容，依次奉东西室，为恒例"[3]。

因寿皇殿体量狭小，山向不正，"为室仅三，较安佑翻逊巨丽，予心歉焉……初未择山向之正偏，合閟宫之法度也"[4]，乾隆十四年（1749）[5]，将寿皇殿从景山东北迁到景山正中，"乃命奉宸发内帑，鸠工庀材，中峰、正午、砖城、戟门、明堂九室，一仿太庙而约之。盖安佑视寿皇之义，寿皇视安佑之制"[6]。同年冬天建成。改建后的寿皇殿，大殿九室，左右殿各三楹，东西配殿各五楹（图7-2）。

在寿皇殿原庙建立之前，"太祖、太宗、世祖及列后圣容，向奉体仁

1　《世宗宪皇帝实录》卷二，《世宗宪皇帝实录》影印本（1），第58页，北京：中华书局，1985年。

2　（清）弘历：《重建寿皇殿碑记》，《御制文初集》卷一八，故宫博物院编：《清高宗御制文》（1），第159页，《故宫珍本丛刊》（569）。

3　赵尔巽等：《清史稿》卷八五《礼四（吉礼四）》，《清史稿》（10），第2568页，北京：中华书局，1977年。

4　（清）弘历：《重建寿皇殿碑记》，《御制文初集》卷一八，故宫博物院编：《清高宗御制文》（1），第159页，《故宫珍本丛刊》（569）。

5　关于寿皇殿的改建时间，《清史稿》载为乾隆十三年："十三年，徙建景山正中，如安佑宫制。"赵尔巽等：《清史稿》卷八五《礼四（吉礼四）》，《清史稿》（10），第2568页，北京：中华书局，1977年。《清朝通典》载为乾隆十四年："十四年正月谕内务府移建寿皇殿于景山前正中，如安佑宫规制。寻诹吉兴工，于是冬告成。"清乾隆朝官修：《清朝通典》卷四六《礼六（吉六）·原庙》，第2292页，杭州：浙江古籍出版社，2000年。据《高宗纯皇帝实录》，乾隆十四年四月戊子（十一日），"诣寿皇殿阅视工程"［见《高宗纯皇帝实录》卷三三八，《高宗纯皇帝实录》影印本（5）］据此，寿皇殿的改建时间应为乾隆十四年。

6　（清）弘历：《重建寿皇殿碑记》，《御制文初集》卷一八，故宫博物院编：《清高宗御制文》（1），第159页，《故宫珍本丛刊》（569）。

阁"[1]。雍正元年（1723），雍正帝将康熙帝御容供奉于寿皇殿中殿，从此，体仁阁不再收藏去世帝后的神御。乾隆十五年（1750）五月辛亥（初十日），乾隆帝发布上谕，决定将体仁阁供奉的太祖、太宗、世祖圣容及列后圣容迁到寿皇殿：

　　仰惟太祖、太宗、世祖圣容，列后圣容，向于体仁阁函奉尊藏，未获修岁时展谒之礼。粤稽前代安奉神御，或于宫中别殿，或于寺观净宇，本无定所。国家缘情立制，宜极明备周详。敬念列祖创垂，显承斯在，永怀先泽，瞻仰常新。式衷庙裕之仪，期协家庭之制，应即于寿皇殿增修丹艧，恭迎列祖列后圣容，敬谨奉安。[2]

　　于是从体仁阁迎太祖、太宗、世祖及列后御容，与圣祖、世宗帝后一同供奉在寿皇殿。体仁阁收储前朝帝后圣容的功能终结。体仁阁尊藏帝后御容

图 7-2　寿皇殿悬挂御容情景（图片来源：《故宫周刊》1930 年第 21 期）

1　赵尔巽等：《清史稿》卷八五《礼四（吉礼四）》，《清史稿》（10），第 2567 页，北京：中华书局，1977 年。
2　《高宗纯皇帝实录》卷三六四，《高宗纯皇帝实录》影印本（5），第 1013 页，北京：中华书局，1986 年。

期间，"未获修岁时展谒之礼"，一直没有祭祀礼仪，因此，体仁阁不具有前朝神御殿的完整功能，乾隆年间编纂的《清朝通典》未将体仁阁纳入清代皇帝宗庙原庙范畴。

2. 恩佑寺

雍正三年（1725）四月，雍正帝将康熙帝长期生活并驾崩于此的畅春园清溪书屋改建为恩佑寺，并将康熙帝御容供奉于此（图7-3）。从此，雍正帝在宫中可到寿皇殿瞻仰康熙帝御容，在西苑则可到恩佑寺瞻仰。乾隆帝继位后，除将雍正帝御容奉安于寿皇殿东室，还在圆明园建安佑宫供奉雍正帝御容。乾隆帝要瞻仰其祖康熙帝的御容到恩佑寺，要看其父雍正帝的御容则到安佑宫。但恩佑寺、安佑宫两处并立，康熙帝、雍正帝父子御容异处，终非良策，于是乾隆帝扩建安佑宫，乾隆八年（1743）十一月将康熙帝御容从恩佑寺迁奉到安佑宫中室，将雍正帝御容供奉到安佑宫东室，"于是苑中瞻仰圣容始专礼于安佑宫"[1]。恩佑寺作为原庙的时间非常短，只有十九年，供奉的只有康熙帝神御。

除寿皇殿、恩佑寺两处原庙外，雍正年间，在养心殿东佛堂、圆明园东佛堂供奉康熙帝以及孝恭仁皇后神位，乾隆帝继位后继续尊奉之。乾隆四十二年（1777）二月丙辰（二十日），乾隆帝召集军机大臣等安排原庙供奉，提到了养心殿东佛堂、圆明园东佛堂：

> 至养心殿之东佛堂、圆明园之东佛堂，因皇考时曾恭奉皇祖神位，并恭奉孝恭仁皇后神位，是以朕亦遵奉此制而行，不敢有所损益。[2]

这两处佛堂供奉康熙、雍正帝后神主是继承了雍正帝所开创的礼制。嘉庆元年（1796）十二月甲戌（初三日），退位后的乾隆帝发布谕旨，交代养心殿佛堂、景山寿皇殿、圆明园安佑宫、避暑山庄永佑寺的供奉及迁祧制度，关于养心殿东佛堂，乾隆帝谓：雍正年间，于养心殿东佛堂佛龛之右，供奉圣祖仁皇帝、孝恭仁皇后神位，"原以庙享岁有常期，而宫闱近地，可以朝夕顶礼，以抒

1　清乾隆朝官修：《清朝通典》卷四六《礼（吉六）·原庙》，第2293页，杭州：浙江古籍出版社，2000年。

2　《高宗纯皇帝实录》卷一〇二七，《高宗纯皇帝实录》影印本（13），第768页，北京：中华书局，1986年。

图 7-3　位于北京大学西门的恩佑寺山门（张小李摄）

思慕之诚"。乾隆帝登极后，遵照雍正帝成法，在康熙帝后神位右边添供雍正帝
神牌，后又供奉孝圣宪皇后神牌。乾隆帝在谕旨中要求，养心殿佛堂供奉神位
制度，"此系皇考不匮孝思之所创设，我子孙自当永远遵守"。[1] 圆明园东佛堂在
奉三无私东西回廊 [2]，乾隆帝在嘉庆元年关于原庙安排的谕旨中未提及该处，
其原因不详。养心殿佛堂、圆明园佛堂具有原庙的完整功能，但或许因其不
是独立建筑，而是附属于特定宫殿，所以，乾隆年间编纂的《清朝通典》未
将这两处列入原庙。

（三）　乾隆朝建置原庙：安佑宫、永佑寺（绥成殿）

　　乾隆帝继位后，效法其父雍正帝，兴建安佑宫和永佑寺原庙，分别纪念

1　《高宗纯皇帝实录》卷一四九五，《高宗纯皇帝实录》影印本（19），第 1021-1023 页，北京：中华书局，1986 年。
2　刘阳：《昔日的夏宫圆明园：城市记忆·老图像》，第 15 页，北京：学苑出版社，2005 年。

雍正帝和康熙帝。乾隆帝建了这两座原庙之后，担心后代皇帝效法，为尊崇父、祖，建立新的原庙，特下令后世不许建立新的原庙，此后清代皇室原庙没有再增加。

1. 安佑宫

乾隆三年（1738）二月，乾隆帝奉雍正帝御容于圆明园西北隅安佑宫，由此，安佑宫成为圆明园中的原庙。乾隆帝奉安佑宫为供奉雍正帝神像的原庙，其原因是，圆明园是雍正帝长期生活的地方，"念兹圆明园我皇考向日游观在囿在沼之地也"[1]，因此，乾隆帝仿雍正帝将康熙帝"常亲射较士于此"的寿皇殿以及畅春园恩佑寺建为供奉康熙帝神御的原庙的先例，将安佑宫设为供奉雍正帝神御的原庙。乾隆五年（1740）四月，乾隆帝下令重建安佑宫，仿太庙规制，大殿九室，乾隆八年（1743）十一月建成，将畅春园恩佑寺康熙帝神御奉迁到安佑宫中室，雍正帝神御供奉在东一室[2]（图7-4）。

清咸丰十年（1860），圆明园被英法联军焚毁，安佑宫原庙也被毁。

2. 永佑寺（绥成殿）

永佑寺在承德避暑山庄万树园旁，乾隆十五年（1750），乾隆帝在避暑山庄"躬度平敞地，规建永佑寺，以奉圣祖仁皇帝御容"，当年开工，第二年秋建成。乾隆十七年（1752）建永佑寺后楼，乾隆十八年（1753）夏竣工。永佑寺供奉神御之楼在面对舍利塔的三楹"面塔殿"楼上[3]（图7-5）。如果说，安佑宫是乾隆帝为纪念其父雍正帝而建，那永佑寺就是为纪念其祖康熙帝而立。乾隆帝御制《永佑寺碑文》云：

我皇祖圣祖仁皇帝以无量寿佛示现转轮圣王，福慧威神，超轶无上。省方览胜，乃眷热河，建山庄为清暑地……予小子叨年随侍，仰见我皇祖清晏

1　（清）弘历：《安佑宫碑文》，《御制文初集》卷一六，故宫博物院编：《清高宗御制文》（1），第145页，《故宫珍本丛刊》（569）。

2　参见清乾隆朝官修《清朝通典》卷四六《礼（吉六）·原庙》："乾隆三年二月，皇上敬奉世宗宪皇帝御容于安佑宫，五年四月命重建安佑宫，大殿九室，如太庙规制，七月兴工，八年十一月告成……是年定安佑宫供享仪，恭请圣祖仁皇帝御容安奉中室，世宗宪皇帝御容安奉东一室。"第2293-2294页，杭州：浙江古籍出版社，2000年。

3　（清）和珅、梁国治等：《钦定热河志》卷七七，影印文渊阁《四库全书》（496），第227页，台北：台湾"商务印书馆"，1986年。

图 7-4　圆明园安佑宫（图片来源：《圆明园四十景图咏》，中国建筑工业出版社，2008 年）

娱游，无逸乃逸，对时育物，天地同流，至于今弹指三十余年。秋狝之余，时复税驾于此，松云如旧，榱桷翘瞻，感陟降之在庭，思报恩而荐福。遂即山内万树园之地，创立精蓝，爰名永佑，固不特钟鱼梵呗，足令三十六景借证，声闻我皇祖圣日所照，千秋万岁，后子孙臣庶无不永如在之思……[1]

避暑山庄为康熙帝所建，康熙帝晚年异常宠爱幼年弘历，曾带他到避暑山庄秋狝，乾隆帝对康熙帝抱有超越一般祖孙关系的感情，永佑寺的建立，

1　（清）弘历：《永佑寺碑文》，《钦定热河志》卷七七，影印文渊阁《四库全书》（496），第 228 页，台北：台湾"商务印书馆"，1986 年。

图 7-5　避暑山庄永佑寺供奉圣容楼遗址（张小李摄）

乃如上文乾隆帝所说"思报恩而荐福"，以这种方式纪念康熙帝。

　　永佑寺本是为供奉康熙帝御容而建的，乾隆二十七年（1762），因乾隆帝每年秋季驻跸避暑山庄，而八月二十三日是雍正帝忌辰，乾隆帝思慕斋居，于是奉雍正帝神御于永佑寺东室。至此，永佑寺与圆明园安佑宫一样，同时供奉康熙帝与雍正帝圣容。

　　乾隆帝去世后，其神御也供奉在永佑寺。因永佑寺供奉圣容的楼只有三楹，康、雍、乾三帝已占满，嘉庆帝去世后，需要改建才能将嘉庆帝神御供奉进去，嘉庆帝神御就暂放云山胜地楼（图 7-6）。道光十一年（1831）十月初一日，内务府总管载铨等循例对永佑寺进行查勘，发现寺后舍利塔的塔顶歪闪，因舍利塔塔北二丈数尺即供奉圣容之楼，如对舍利塔进行维修，恐损及此楼，载铨建议选址供奉圣容，最后选中松鹤斋继德堂作为供奉圣容之处。[1] 道光十二年（1832），将永佑寺康熙帝、雍正帝、乾隆帝御容从永佑寺移供继德堂，"更

1　赵文良：《避暑山庄供奉清帝圣容处所浅谈》，《历史档案》2005 年第 4 期。

题曰绥成殿。中室圣祖，左世宗，右高宗，左次室仁宗，以后列朝御容，仍依次悬左右室云"[1]（图7-7）。绥成殿大殿七楹，光绪帝御容需祔庙时，绥成殿已无祔庙空间，因此将光绪帝御容供奉于松鹤斋畅远楼上正中，而"列圣圣容，仍敬奉于绥成殿，永远遵行"[2]（图7-8）。

第三节 清代皇帝原庙礼制

清代在陆续建立原庙的过程中，也相应建立了一系列礼制，主要有升祔及迁祧制度、祭祀制度以及告庙制度等。

（一）升祔及迁祧制度

清代太庙祔庙制度与明代不一样，明代每代皇帝只有嫡皇后与之共同升祔太庙，皇帝的生母和继后都不祔太庙，因此，明代祔庙格局为一帝一后。

图 7-6　避暑山庄云山胜地楼，道光朝前期供奉嘉庆帝御容（张小李摄）

1　赵尔巽等：《清史稿》卷八五《礼四（吉礼四）》，《清史稿》（10），第 2570 页，北京：中华书局，1977 年。
2　《宣统政纪》卷四七，《宣统政纪》影印本，第 847 页，北京：中华书局，1987 年。

图 7-7　避暑山庄松鹤斋继德堂（道光年间供奉圣容时更名"绥成殿"，原建筑坍塌，后根据乾隆朝规制修复，名称恢复为"继德堂"）（张小李摄）

而清代的继后以及皇帝生母都会升祔太庙，祔庙格局为一帝多后。

　　清代原庙系统中，奉先殿的祔庙格局与太庙相同，除皇帝神主外，所有有皇后名号的后妃神主均升祔。因此，到清朝灭亡时，奉先殿升祔神主的有太祖高皇帝、孝慈高皇后，太宗文皇帝、孝端文皇后、孝庄文皇后，世祖章皇帝、孝惠章皇后、孝康章皇后，圣祖仁皇帝、孝诚仁皇后、孝昭仁皇后、孝懿仁皇后、孝恭仁皇后，世宗宪皇帝、孝敬宪皇后、孝圣宪皇后，高宗纯皇帝、孝贤纯皇后、孝仪纯皇后，仁宗睿皇帝、孝淑睿皇后、孝和睿皇后，宣宗成皇帝、孝穆成皇后、孝慎成皇后、孝全成皇后、孝静成皇后，文宗显皇帝、孝德显皇后、孝贞显皇后、孝钦显皇后，穆宗毅皇帝、孝哲毅皇后，德宗景皇帝、孝定景皇后，共三十五位帝后神主。

　　而其他的原庙升祔则不同，其表现在：第一，除养心殿、圆明园佛堂供奉神主外，寿皇殿等原庙供奉的是神御；第二，皇后的神御不一定在原庙供奉。在乾隆朝的原庙供奉情况为：

　　　　寿皇殿恭安列圣列后神御，惟除夕元旦敬奉瞻礼。至圆明园之安佑宫、

图 7-8　避暑山庄松鹤斋畅远楼，宣统朝供奉光绪帝御容（张小李摄）

避暑山庄之永佑寺则祇奉圣祖仁皇帝、世宗宪皇帝御容，而未及列后。惟养心殿及圆明园之东佛堂，世宗宪皇帝时曾恭奉孝恭仁皇后神位，皇上因亦遵奉孝圣宪皇后神位。[1]

　　"寿皇殿恭安列圣列后神御"，所有帝后的神御都应供奉于寿皇殿，据光绪朝《钦定大清会典事例》载，光绪年间，寿皇殿供奉的帝后神像有：寿皇殿大殿中间恭悬圣祖仁皇帝圣容，东一间恭悬世宗宪皇帝圣容，西一间恭悬高宗纯皇帝圣容，东二间恭悬仁宗睿皇帝圣容，西二间恭悬宣宗成皇帝圣容，东三间恭悬文宗显皇帝圣容，西三间恭悬穆宗毅皇帝圣容。以上诸帝画像每日悬供。而太祖高皇帝、太宗文皇帝、孝庄文皇后、世祖章皇帝、孝惠章皇后、孝康章皇后、孝诚仁皇后、孝恭仁皇后、孝敬宪皇后、孝圣宪皇后、孝贤纯皇后、孝仪纯皇后、孝淑睿皇后、孝和睿皇后、孝穆成皇后、孝全成皇后、孝德显皇后、孝哲毅皇后等的画像，都是每年除夕悬供，正月初二日收藏。[1] 与太庙、奉先殿比较，寿皇殿供奉的神御少了孝端文皇后、孝昭仁皇后、孝懿仁皇后、孝慎成皇后、孝静成皇后、孝贞显皇后［孝贞显皇后于光绪七年（1881）去世，而《钦定大清会典事例》是光绪二十五年重修的］。为何少了这些皇后，原因待考。光绪帝和慈禧太后去世后，其神御也供奉在寿皇殿。

安佑宫与永佑寺只供奉从康熙帝开始的皇帝。关于安佑宫供奉的神御，据光绪朝《钦定大清会典事例》载："中龛恭悬圣祖仁皇帝圣容，前设一案，供奉圣祖仁皇帝、孝恭仁皇后神牌。左龛恭悬世宗宪皇帝圣容，右龛恭悬高宗纯皇帝圣容。"[2]《清史稿》载："中龛悬圣祖御容，左世宗，右高宗。"[3] 这两则史料一致，据此，安佑宫只供奉了圣祖、世宗和高宗御容，以及圣祖、孝恭仁皇后神牌。咸丰十年（1860）安佑宫原庙随同圆明园被英法联军焚毁，因此，咸丰帝之后的皇帝神御不可能供奉在安佑宫，而光绪朝《钦定大清会典事例》及《清史稿》没有提及嘉庆帝和道光帝的神御在安佑宫供奉，但现圆明园安佑宫说明牌谓"大殿内最初仅供康熙、雍正二帝'圣容'，后又相继供奉乾隆、嘉庆、道光三帝画像"，二者相抵牾。从情理以及寿皇殿、绥成殿均供奉了康熙帝以后的清帝来看，《钦定大清会典事例》及《清史稿》关于嘉庆帝和道光帝的神御本供奉于安佑宫而失载的可能性较大。

永佑寺供奉了从康熙帝到光绪帝的八位清帝。[4]

清代原庙升祔神主或神御，有严格的礼仪规定，其中，最为隆重的是奉先殿帝后升祔仪。乾隆朝《大清通礼》载，奉先殿升祔礼有两种类型，一是帝后同时升祔，一是皇后单独升祔。帝后同时升祔的礼仪是，前期内务府在奉先殿神库制造升祔神位，先帝神位由继任皇帝恭奉，再选择一位恭奉皇后神主的大臣。前三天掌仪司官进后殿陈设寝室。升祔礼当天，掌仪司官到前殿陈设宝座、祭器等。乐部陈设乐舞，恭奉皇后神主的大臣以及相关执事做好准备。当天前

1　（清）昆岗等：《钦定大清会典事例》（光绪朝）卷一一八〇《内务府·祀典·恭悬圣容》，《钦定大清会典事例》（24），第 18869-18870 页，台北：新文丰出版公司，1976 年。

2　（清）昆岗等：《钦定大清会典事例》（光绪朝）卷一一八〇《内务府·祀典·圆明园安佑宫》，《钦定大清会典事例》（24），第 18878 页，台北：新文丰出版公司，1976 年。

3　赵尔巽等：《清史稿》卷八五《礼四（吉礼四）》，《清史稿》（10），第 2569 页，北京：中华书局，1977 年。

4　赵文良：《避暑山庄供奉清帝圣容处所浅谈》，《历史档案》2005 年第 4 期。

朝帝后升祔太庙礼成后，皇帝还宫更换服装，礼部尚书到乾清宫奏请皇帝乘舆出宫，掌仪司官到后殿寝室将列圣列后神位奉安于前殿宝座。皇帝到诚肃门后降舆，赞引、对引太常寺卿二人带领皇帝至神库门外东，洗手，入神库门，到帝主、后主神位前上香，行三拜礼，奉后主大臣在门外随同行礼，皇帝近前跪，恭奉帝主，恭奉后主大臣随行。进奉先殿中门后，先奉安帝主于宝座上，捧后主大臣恭奉后主行祗见帝主礼，后主再奉安到宝座上。帝后神主升祔后，举行大享礼，其过程有迎神、上香、读祝、奠献、望燎等仪节。大享礼结束后，皇帝回宫，掌仪司官恭请神位还御寝室，仪执事官藏祭器，内监阖门。

皇后升祔奉先殿之礼，应是为当朝皇帝（乾隆帝）的皇后升祔而设的，其与上文帝后升祔礼不同之处有三：其一，升祔神位是在殡宫配殿制造的。其二，捧皇后神主的是皇子。其三，因升祔皇后是当朝皇帝的皇后，不行祗见帝主礼。[1]

寿皇殿、恩佑寺、安佑宫、永佑寺的升祔礼则相对简单。其中，乾隆八年（1743），安佑宫供奉康熙帝和雍正帝的升祔礼是，先期钦天监谨诹十一月十九日辰时安奉。当日，内务府大臣率属下着蟒袍补服，赴恩佑寺清净地，恭备彩亭驾衣，从恩佑寺预备龙旗御仗鼓乐，恭迎圣祖仁皇帝御容进圆明园西南门，过清净地，恭请世宗宪皇帝御容同进安佑宫安奉。圣祖仁皇帝御容安奉中室，世宗宪皇帝御容安奉东一室。[2]

在清代的原庙中，奉先殿与太庙一样，没有迁祧制度。但在嘉庆元年（1796）十二月甲戌（初三日），乾隆帝对养心殿佛堂、景山寿皇殿、圆明园安佑宫、热河永佑寺的迁祧做出了安排。[3]

考虑到养心殿神龛位置有限，乾隆帝安排养心殿之西佛堂供奉的佛像，将来随自己移居宁寿宫之养性殿。养心殿西配殿腾出的空间，照东佛堂制造神龛，乾隆帝要求：

1 （清）来保等：《钦定大清通礼》卷四《吉礼·奉先殿致祭》，影印文渊阁《四库全书》（655），第104-108页，台北：台湾"商务印书馆"，1986年。

2 （清）昆岗等：《钦定大清会典事例》（光绪朝）卷一一八〇《内务府·祀典·圆明园安佑宫》，《钦定大清会典事例》（24），第18879页，台北：新文丰出版公司，1976年。

3 《高宗纯皇帝实录》卷一四九五，《高宗纯皇帝实录》影印本（19），第1021-1023页，北京：中华书局，1986年。

将来万万年后，中间佛龛之左右，朕及子孙，皆可依次安设神牌。俟传至朕元孙万年后，再将东佛堂圣祖牌位移于寿皇殿，从此世代递祧，依次移供。可以奉为世守。

根据乾隆帝的旨意，他自己的神位及其子、其孙的神牌，分居西佛堂佛龛，加上东佛堂的圣祖帝后及世宗帝后，养心殿佛堂共供奉五代帝后。到了乾隆帝的玄孙辈去世后，则将东佛堂圣祖牌位移到寿皇殿。从这里可以看出，乾隆帝规定了养心殿神牌的迁祧制度，以维持五亲庙的格局。但嘉庆二年，乾隆帝又对养心殿东佛堂帝后神主迁祧制度进行了修改，只供奉当朝皇帝的祖、父两代，详见下一章。

对寿皇殿、安佑宫、永佑寺，乾隆皇帝明确规定了迁祧制度：

朕仰荷天恩，缵承圣祖皇考贻绪。自登极以来，于今六十余年，开疆辟土，敬天勤民。自维功德，勉绍前徽。万万年后，圣祖、皇考及朕均当在不迁之列。将来寿皇殿九龛供满时，当由朕以下为始，以次递祧。所有圆明园安佑宫、热河永佑寺，均当照此一例供奉，以昭法守而示来兹。

乾隆帝明确规定，对寿皇殿、安佑宫、永佑寺，康熙帝、雍正帝及其本人不迁祧，九庙满之后，后世皇帝应进入迁祧序列。圆明园安佑宫原庙毁于咸丰十年英法入侵，寿皇殿、永佑寺（绥成殿）虽一直存在，但从康熙帝到光绪帝，寿皇殿、永佑寺共祔庙八位皇帝，此后宣统帝退位，已不可能祔庙，因此，乾隆帝所规定的九庙祔满之后的原庙迁祧制度并未施行。

（二）祭祀制度

顺治朝建成奉先殿后，当年定下奉先殿祭祀的基本格局：元旦、冬至、岁除、万寿、册封、每月朔望，将后殿供奉神位请到前殿，皇帝亲自行礼，供献之物与太庙大享仪相同。立春、上元、四月八日佛诞节、端阳、重阳等较次要的岁时节日，国忌、清明、霜降、十月朔等哀慕日期，皇帝祭祀，但不赞礼、作乐。元旦、万寿两节，将太庙后殿四祖、四后神位请到奉先殿，与列圣、列后合享。奉先殿的祭祀礼仪，康熙、雍正、乾隆三帝进行过增减。[1]

顺治十八年（1661），康熙帝继位，参照明洪武三年所定奉先殿礼仪，"朝夕焚香，朔、望瞻拜，时节献新，生、忌致祭，具常馔，行家人礼"[2]。其修改要点有二：其一，"朝夕焚香"，每天两次上香，顺治朝没有。其二，朔、望，时节，生、忌所行之礼为家人礼，与太庙国家之礼相对照，更亲近，更有人情味。同年世祖升祔奉先殿，定下了奉先殿升祔礼，此后，历代清帝祔庙均遵照。康熙十一年（1672）二月，康熙帝行耕耤礼，前期遣官祗告奉先殿，以后成为惯例，奉先殿告庙内容增加。康熙十三年（1674）定奉先殿早晚点香烛，但停止每日供献，每月荐新令内务府掌仪司官于后殿上香行礼。康熙十五年（1676），减省奉先殿礼仪："罢册封大享，遣官祗告后殿。凡上徽号、册立、御经筵、耕耤、谒陵、巡狩、回銮亦如之。"[3]皇帝亲享次数大大减少，而遣官祗告大大增加。康熙三十八年（1699）十二月，康熙帝废除了顺治年间所定下的元旦、万寿两节，将太庙后殿四祖、四后神位请到奉先殿，与列圣、列后合享的制度。[4]

雍正九年（1731），雍正帝特意尊崇康熙帝："嗣后恭遇圣祖仁皇帝圣诞，于奉先殿后殿上香致祭。"雍正十三年（1735），增加奉先殿祭祀礼仪，"准太庙时享例，增上香仪"[5]。

乾隆元年（1736），增加列祖生辰上香仪，"列祖圣诞均应如圣祖仁皇帝圣诞仪，于奉先殿后殿上香致祭"[6]。乾隆年间奉先殿祭祀仪礼固定下来，记有：皇帝亲自在奉先殿前殿祭享的有万寿圣节、元旦、冬至及国有大庆，如遇册立、册封、经筵、耕耤、谒陵、省方诸典则遣官在奉先殿后殿告祗。又列圣圣诞、列圣列后忌辰、上元、清明、霜降、岁除等日，立春、端阳、重阳等节暨孟夏

---

1 赵尔巽等：《清史稿》卷八五《礼四（吉礼四）》，《清史稿》（10），第 2565 页，北京：中华书局，1977 年。
2 （清）昆岗等：《钦定大清会典事例》（光绪朝）卷一一七九《内务府·祀典·奉先殿常祭》，《钦定大清会典事例》（24），第 18864 页，台北：新文丰出版公司，1976 年。
3 赵尔巽等：《清史稿》卷八五《礼四（吉礼四）》，《清史稿》（10），第 2569 页，北京：中华书局，1977 年。
4 元旦、万寿两节为什么废除奉太庙后殿四祖、四后神位到奉先殿前殿祭祀，清宗室昭梿有过考证："今每遇元旦、圣寿日及告祭诸事，惟祭太庙后殿，初不知其故。尝询诸贝勒奕絪，云列圣神御，是日已于奉先殿告祭，故太庙惟祭祧庙云。后见《居易录》云国初定制，初尝捧祧庙神主至奉先殿致祭，后以为烦渎，始改今制云。"（清）昭梿：《啸亭续录》卷四《太庙后殿》，第 482 页，北京：中华书局，1980 年。
5 清乾隆朝官修：《清朝通典》卷四六《礼（吉六）·原庙》，第 2289 页，杭州：浙江古籍出版社，2000 年。
6 清乾隆朝官修：《清朝通典》卷四六《礼（吉六）·原庙》，第 2289 页，杭州：浙江古籍出版社，2000 年。

八日在后殿上香行礼，每月荐新，朔、望祭献，每日早晚燃香烛。[1]

奉先殿的祭祀制度在清代皇帝宗庙原庙中最为尊贵，其礼节与太庙相比等而次之，据昭梿《啸亭杂录》：

> 其礼仪祭器，一如太庙之制，惟不设牲俎，不行饮福受胙礼，王公不陪祭。其乐名《贻平》《牧平》《敷平》《绍平》《光平》《乂平》诸名，异于太庙之奏。[2]

奉先殿祭祀比太庙祭祀礼仪减省，不设牲俎、不行饮福受胙礼，王公不陪祭。但昭梿所谓奉先殿祭祀乐章"乐名《贻平》《牧平》《敷平》《绍平》《光平》《乂平》诸名，异于太庙之奏"，据《清史稿》："太庙时享六章顺治元年定，乾隆七年以旧词重改，初制载句中，奉先殿同。"清乾隆七年（1742）的改动是迎神《开平》改《贻平》，奠帛、初献《寿平》改《牧平》，亚献《嘉平》改《敷平》，终献《雍平》改《绍平》，彻馔《熙平》改《光平》，送神、还宫、望燎《成平》改《乂平》。[3] 而乾隆七年改动后的乐名与昭梿所述奉先殿祭祀音乐相同，可见，昭梿谓奉先殿祭祀乐章"异于太庙之奏"有误。

雍正朝，凡康熙帝圣诞、忌辰、元旦、令节，雍正帝率皇子、近支王公均皆先诣奉先殿，复诣寿皇殿展谒奠献。凡是雍正帝亲享亲祫太庙礼成之后，或者奉先殿行礼后，皆亲诣寿皇殿兼诣恩佑寺。雍正帝到寿皇殿奠献的频率非常高，"月必瞻礼，或月至三诣焉"[4]。乾隆四年（1739）八月，雍正帝忌辰，乾隆帝诣寿皇殿行礼，"自后岁如圣祖仁皇帝忌辰仪恭行"[5]，明显违背了雍正帝定下的"此礼亦惟朕躬特行之于我皇考，后世子孙不得奉为成例"[6]的谕旨。乾隆五年（1740）规定，恭遇万寿圣节，行礼于寿皇殿。[7] 乾隆帝虽将世祖以上的列

1　清乾隆朝官修：《清朝通典》卷四六《礼（吉六）·原庙》，第 2287 页，杭州：浙江古籍出版社，2000 年。
2　（清）昭梿：《啸亭杂录》卷八《内务府定制》，第 227 页，北京：中华书局，1980 年。
3　赵尔巽等：《清史稿》卷九六《乐三》，《清史稿》（11），第 2819 页，北京：中华书局，1977 年。
4　清乾隆朝官修：《清朝通典》卷四六《礼（吉六）·原庙》，第 2291 页，杭州：浙江古籍出版社，2000 年。
5　清乾隆朝官修：《清朝通典》卷四六《礼（吉六）·原庙》，第 2292 页，杭州：浙江古籍出版社，2000 年。
6　《世宗宪皇帝实录》卷四七，《世宗宪皇帝实录》影印本（1），第 712 页，北京：中华书局，1985 年。
7　（清）昆岗等：《钦定大清会典事例》（光绪朝）卷一一八〇《内务府·祀典·恭悬圣容》，《钦定大清会典事例》（24），第 18874 页，台北：新文丰出版公司，1976 年。

帝列后的画像从体仁阁迁到寿皇殿，但在供奉礼仪上，遵循的是亲亲原则，即圣祖、世宗帝后每日供奉，而世祖帝后等只是在每年的除夕日到正月初二日这三天供奉，其他时间都收藏起来了：

> 每岁除夕内监诣寿皇殿恭请圣容恭悬，每案供干鲜果品十二，羊豕肉二，清酱一，爵三，上香行礼……初二日如除夕供，上香行礼毕，恭收圣容，即殿尊藏。[1]

礼仪明显逊于圣祖、世宗帝后。此外，寿皇殿的祭祀礼仪还有元旦大祭，其礼仪是献笾豆，上香行礼作乐，献帛爵，不乐舞不读祝；上元节每日供饽饽等。[2]

安佑宫的祭祀礼仪有，每当清帝正月幸圆明园，其驻跸之初和上元节都要到安佑宫行礼。皇帝在圆明园期间，凡遇列圣诞辰、忌辰、令节，每月朔望，均到安佑宫拈香行礼。每年四月八日，皇帝率领诸皇子、近侍拜谒安佑宫。[3]

乾隆朝奉雍正帝神御于永佑寺东室，以后乾隆帝每年驾临避暑山庄，"先诣永佑寺瞻谒，及中元日亲诣行礼，恭遇世宗宪皇帝忌辰，上虔诣瞻拜，一如安佑宫之礼"[4]。

（三）告庙制度

在清代皇帝原庙礼制中，奉先殿的告庙仪式最为隆重。奉先殿的告庙事项有：尊封太妃、册封皇贵妃及贵妃，祗告太庙后殿及奉先殿。追上尊谥庙号、葬陵，祗告天地、社稷、太庙后殿、奉先殿。凯旋奏功，祗告奉先殿，致祭陵寝，释奠先师，致祭岳镇、海渎、帝王陵庙、先师阙里。谒陵、巡狩，启程和回銮祗告奉先殿。耕耤田，祗告奉先殿。御经筵，祗告奉先殿。[5]

奉先殿的告庙仪式均在后殿举行，分为两种，一是皇帝亲诣祗告，二是

1　清乾隆朝官修：《清朝通典》卷四六《礼（吉六）·原庙》，第2292–2293页，杭州：浙江古籍出版社，2000年。

2　《高宗纯皇帝实录》卷三六四，《高宗纯皇帝实录》影印本（5），第1013–1014页，北京：中华书局，1986年。

3　（清）昭梿：《啸亭续录》卷一《安佑宫》，第391页，北京：中华书局，1980年。

4　清乾隆朝官修：《清朝通典》卷四六《礼（吉六）·原庙》，第2295页，杭州：浙江古籍出版社，2000年。

5　赵尔巽等：《清史稿》卷八二《礼一（吉礼一）》，《清史稿》（10），第2500页，北京：中华书局，1977年。

遣官祗告。这两种告庙仪式的主体部分相同，行礼仪节有迎神、上香、读祝、奠献、望燎，不设乐、不悬乐舞。二者的区别是，皇帝亲诣祗告，从奉先殿左门进出，上下台阶均走左阶；而皇帝遣皇子暨王公大臣祗告，由奉先殿右门出入，上下台阶均由右（西）阶，读祝内容也与皇帝亲诣祗告有一定区别。[1]

寿皇殿的告庙事项有：乾隆三年（1738）八月雍正帝忌辰，乾隆帝奉皇太后诣雍正帝泰陵致祭，先到寿皇殿行礼启銮，"自后恭遇谒陵、省方、启跸、回銮皆行礼于寿皇殿"[2]。此外，寿皇殿也行凯旋奏功礼，恭亲王奕訢《同治癸酉四月初六日，遣使册封亲王，世袭罔替，敬纪殊恩，兼以自警，爰成五言长律四十韵》"昭告趋坛，馨香荐镐京"注语云：

同治三年六月，克复江宁省城，剿平粤匪，又历年余，搜捕余孽，歼除净尽。红旗报捷之日，上亲诣奉先殿、寿皇殿行礼，并遣亲、郡王等分诣坛庙及盛京三陵、东西两陵虔申祗告。七年七月，剿平捻匪，上亲诣寿皇殿行礼，并诣景山关帝庙拈香。[3]

同治年间，在镇压太平军和捻军的战争取得决定性胜利后，同治帝均到寿皇殿行礼。

安佑宫的告庙制度是，凡皇帝谒陵、省方启銮、回跸，都亲自到安佑宫祗告。[4]

第四节　清代皇帝原庙制度特点

与历史上原庙制度发达的汉代、宋代相比，清代的原庙设置非常节制，既

1　参见（清）来保等：《钦定大清通礼》卷四《吉礼·奉先殿致祭》，影印文渊阁《四库全书》(655)，第103-104页，台北：台湾"商务印书馆"，1986年。
2　清乾隆朝官修：《清朝通典》卷四六《礼（吉六）·原庙》，第2292页，杭州：浙江古籍出版社，2000年。
3　（清）奕訢：《同治癸酉四月初六日，遣使册封亲王，世袭罔替，敬纪殊恩，兼以自警，爰成五言长律四十韵》，（清）梁章钜、朱智：《枢垣记略》卷二四，第289页，北京：中华书局，1984年。
4　清乾隆朝官修：《清朝通典》卷四六《礼（吉六）·原庙》，第2294页，杭州：浙江古籍出版社，2000年。

奉行了历史上建原庙供奉先帝神御这一传统，又将原庙限定在一定的规模，不让其泛滥。清代原庙在宫中、苑中、行围处分别建立，互为补充，互为参照，形成了完整的体系。此外，清代原庙制度施行差等制度，尊崇从圣祖开始的列帝，而世祖之上的清帝以及列后的礼仪大大逊色。

（一） 清代皇帝原庙建制隆重而不泛滥

顺治帝建立奉先殿，雍正帝建立寿皇殿、恩佑寺，乾隆帝建立安佑宫和永佑寺之后，清代没有建置新的原庙。顺治帝建奉先殿，乃是遵循明代旧制。真正具有清代特色的原庙是寿皇殿、恩佑寺、安佑宫、永佑寺。而开启清代特色原庙建制的是雍正帝。雍正帝之所以要开启原庙建制，建寿皇殿和恩佑寺，据乾隆帝《御制安佑宫碑文》，乃是"我皇祖有非常之泽及天下，是以皇考合天下之情，亦以非常之礼报之"。即康熙帝有大功德，而雍正帝有大孝心。但从另外一个方面来说，雍正帝继位在当时存在巨大的争议，雍正帝用建原庙等方式尊崇康熙帝，未尝不是用"孝"的方式来宣示其继位合法性或者掩盖其继位合法性的不足。雍正帝尊崇康熙帝而建原庙，为乾隆帝尊崇雍正帝、康熙帝而建原庙树立了"榜样"。

乾隆帝对于原庙的设置，遵循了一个原则，就是"一奉前规，不敢不及，亦不敢有过所"[1]。乾隆八年（1743）安佑宫建成后，乾隆帝比较了清代原庙制度与汉代、宋代的区别："有汉宋备物备礼之诚，而无宋代徧及郡国祀繁致亵之讥也。"[2] 可见，当时的乾隆帝已经对本朝的原庙制度有了清晰的思路，既要有"备物备礼之诚"，但同时，又不能像宋代那样到处建立神御殿而"致亵"。乾隆二十七年（1762）在避暑山庄建永佑寺供奉康熙帝圣容。乾隆六十年（1795）十月戊戌（二十一日），乾隆帝向皇太子、皇子、军机大臣等发布谕旨，交代本朝原庙制度问题：

我朝开国承家，于太庙岁时禘祫，对越骏奔，典制最为隆备。又仿原庙

---

1 《高宗纯皇帝实录》卷一〇二七，《高宗纯皇帝实录》影印本（13），第 767 页，北京：中华书局，1986 年。
2 （清）弘历：《安佑宫碑文》，《御制文初集》卷一六，故宫博物院编：《清高宗御制文》（1），第 145 页，《故宫珍本丛刊》（569）。

及前明之制，在奉先殿以时行礼，已足伸忾闻僾见之思。雍正年间，复于景山建寿皇殿。乾隆年，圆明园移恩佑寺奉安皇祖神御于安佑宫，敬将皇考神御一体崇奉。所谓有举莫废，朕不敢奉皇考神御于雍和宫，意在此也。然揆诸古制，已属有加，此后更可毋庸增设。我国家景运延洪，绳绳万禩。若继体之君，皆欲特为所生崇祀，以展孝思，于父皇平日居处燕息之地，奉安御容，非特于礼制未符，而宫庭之内，供奉亦无余地。且增设处所过多，岂能一一躬亲行礼，势必别遣恭代，转非精禋专一之义……将来我子孙祗循前典，惟当于寿皇殿、安佑宫旧奉神御处所，一体展敬，足抒孺慕。设因重华宫系朕藩邸旧居，特为崇奉，势必扃闭清严，转使岁时锡庆之地，无复燕衎之乐。何如仍循其旧，俾世世子孙，衍庆联情，为吉祥福地之为愈乎？[1]

　　乾隆帝简要回顾了本朝原庙奉先殿、寿皇殿、安佑宫的设置经过，因为其本人并未将雍和宫建成雍正帝原庙，所以坚决反对自己去世后将重华宫设为原庙，乾隆帝的理由是：第一，设置奉先殿、寿皇殿、安佑宫这些原庙，"揆诸古制，已属有加"。第二，如果嗣君崇奉先皇，将先皇平时起居之处设为奉安御容的原庙，这样既不符合礼制，而且也会占据宫廷空间，乃至"供奉亦无余地"。第三，原庙设置过多，皇帝本人就不可能亲自祭祀行礼，只能派遣皇室成员代替，则"转非精禋专一之义"。因此，乾隆帝要求，要将本朝供奉神御的原庙固定在已有的寿皇殿、安佑宫等处，而重华宫等宫殿继续发挥其固有功能。可以说，乾隆帝为清代的原庙建设画上了句号。

（二）　清代皇帝原庙建制是一个有机系统

　　清代皇帝原庙建制是一个完整的体系：皇帝在紫禁城、圆明园以及避暑山庄这三个起居最多的地方，都分别有随时可以祭拜的原庙，在空间上互补。

　　有清一代的几座原庙，处于内廷之中的奉先殿地位最高，处于统领地位。明代奉先殿被称为内殿，其与太庙祭祀明确分工，"若以我朝宗庙之常礼言之，如四时享袷，则止行于太庙。岁序忌辰，则止祭于内殿，未尝并祭也。国有大

1　《高宗纯皇帝实录》卷一四八九，《高宗纯皇帝实录》影印本（19），第 924-925 页，北京：中华书局，1986 年。

事，或告于太庙，或告于内殿，亦未尝并告也"[1]。太庙与奉先殿的互补关系，决定了奉先殿的地位几乎等同于太庙。清代，太庙制度与奉先殿制度互为借鉴，甚至将奉先殿制度移植到太庙。康熙年间，太庙神牌供奉就借鉴奉先殿制度，"定太庙神牌如奉先殿制，供奉居中。请牌用太常官，献帛、爵用侍卫，寻改用宗室官"[2]。同治帝去世后，因太庙中殿九室已满，为了解决同治帝的祔庙难题，礼亲王世铎等提出仿照道光年间奉先殿增加龛位的办法，将太庙中殿九室分割为十七室的主张，得到了李鸿章的鼎力支持：

> 或又谓奉先殿乃古原庙之制，与太庙事体不同。查会典所载：雍正十一年奏准，奉先殿神牌供奉，与太庙理应画一，是太庙如奉先殿制，久有成宪可循。不得谓奉先殿可以增龛，独不可仿行于太庙也。[3]

针对有人提出的奉先殿只是原庙，与太庙事体有异，李鸿章搬出了雍正十一年（1733）奉先殿神牌供奉与太庙"理应画一"的祖制，论证了太庙可以借鉴奉先殿制度。其实，这从一个侧面证明了奉先殿虽是原庙，但绝不同于一般的原庙。

奉先殿在原庙中地位独尊，但其他原庙并未因此贬抑，清代乾隆朝官修《清朝通典》谓：

> 我朝既建奉先殿与太庙同申孝享……至崇奉圣容之礼，则寿皇殿、恩佑寺、安佑宫、永佑寺先后建立，宫中苑中神御，式凭如亲陟降……与奉先殿典礼并隆焉。[4]

据此，寿皇殿等处的典礼，应与奉先殿一样隆重。其实，寿皇殿等原庙

---

1 （明）高仪：《议玉芝宫祀典疏》，（明）陈子龙等选辑：《明经世文编》卷三一〇，第 3293 页，北京：中华书局，1962 年。

2 赵尔巽等：《清史稿》卷八六《礼五（吉礼五）》，《清史稿》（10），第 2580 页，北京：中华书局，1977 年。

3 （清）李鸿章：《遵议升祔祔典礼疏》，（清）盛康辑：《皇朝经世文续编》卷六二《礼政二·大典上》，光绪二十三年（1897）武进盛氏思补楼刊本。

4 清乾隆朝官修：《清朝通典》卷四六《礼（吉六）·原庙》，第 2390–2391 页，杭州：浙江古籍出版社，2000 年。

的典礼不像奉先殿典礼那样严格、庄重，但因其简省，而更显亲近，更有家人礼特质。

清代的不同原庙在规制方面又互为参照，最为明显的是寿皇殿与安佑宫的互动关系。雍正帝建寿皇殿原庙奉康熙帝神御后，乾隆帝仿寿皇殿制度建安佑宫。又因安佑宫体量大，于是乾隆帝又仿安佑宫的规制改建寿皇殿，"盖安佑视寿皇之义，寿皇视安佑之制"。寿皇殿与安佑宫分处于宫中、苑中，但因寿皇殿处于宫中，更为庄重，"则寿皇实近法宫，律安佑为尤重"。[1]

（三）　清代皇帝原庙神御供奉及祭祀礼仪施行差等制度

清代皇帝原庙神御供奉差等制度体现在两个方面：其一，尊列帝、抑列后；其二，尊自康熙帝以后的皇帝，抑自顺治之前的皇帝。

建原庙尊列帝、抑列后，是乾隆帝建立原庙制度的一个核心内容。乾隆四十二年（1777）正月，乾隆帝生母孝圣宪皇后卒于圆明园长春仙馆，二月丙辰（二十日），乾隆帝发布上谕，下令将悟正庵改建恩慕寺，为其母荐福，但"并无供奉神御之事也"，紫禁城长春宫本有孝贤纯皇后及皇贵妃等影堂，乾隆帝每年腊月二十五日孝贤纯皇后忌辰都亲临一次，因乾隆帝不为列后及其母建专奉神御处所，所以，乾隆帝在上谕中下令取消长春宫岁暮悬挂孝贤纯皇后画像。[2]

乾隆四十三年（1778）正月十四日，乾隆帝御制诗《正月十四日作》有"式礼敢遵神御屡"之句，其注解再次强调在原庙中损抑列后神御，以及不在其母孝圣宪皇后长期生活的寿康宫挂孝圣宪皇后神御：

礼缘义起，予惟恪奉前规，不敢稍有过不及。如寿皇殿向奉皇祖、皇考御容，而皇祖妣、皇妣御容惟于除夕、元旦同列祖列后神御敬奉瞻拜。至圆明园之安佑宫，则祗奉皇祖、皇考御容，未及列后。惟养心殿及圆明园之东

1　（清）弘历：《重建寿皇殿碑记》，《御制文初集》卷一八，故宫博物院编：《清高宗御制文》（1），第159页，《故宫珍本丛刊》（569）。

2　《高宗纯皇帝实录》卷一〇二七，《高宗纯皇帝实录》影印本（13），第768页，北京：中华书局，1986年。但此处谓孝贤纯皇后忌辰为腊月二十五日有误，据《清高宗实录》卷三三四，乾隆十四年（1749）二月壬午（初四日）礼部奏："三月十一日，孝贤纯皇后忌辰。应照例忌室以上不筵宴，不作乐，不理刑名，穿素服。官民人等不理刑名，俱穿素服。俟命下通行遵照。报可。"（《高宗纯皇帝实录》影印本（5），第582页。）此外，《高宗纯皇帝实录》尚有多处谓孝贤纯皇后忌辰为三月十一日。

佛堂，皇考时曾恭奉孝恭仁皇后神位，因亦遵奉圣母神位。至寿康宫虽遵奉慈闱颐庆年久，但其地宜留为万万年奉养东朝所居，奕䄄所当敬守。若于此安奉圣母御容神位，何以示垂贻久远之图？是以不敢轻率议加，以协旧典……又长春宫过年节向有悬孝贤皇后及皇贵妃等影之事，今圣母既不另奉圣容，因令罢长春宫悬像之礼，曾面谕皇子等存记。兹并详识之。[1]

若前代有相应礼节，则乾隆帝尊奉之，如养心殿及圆明园之东佛堂，因雍正帝奉孝恭仁皇后神主，所以乾隆帝尊奉了孝圣宪皇后神主。而安佑宫则只供奉圣祖、世宗御容，不供奉列后御容。寿康宫虽为孝圣宪皇后长期生活的地方，若在此安奉孝圣宪皇后御容，乃成为事实上的原庙，则以后的皇太后就不能住进来。乾隆帝之所以在供奉孝圣宪皇后御容之事上屡次申明，其实是因为对乾隆帝的孝贤纯皇后的礼节太过，将长春宫作为了每年腊月二十五日悬挂孝贤纯皇后画像的影堂，实际上将长春宫变成了孝贤纯皇后的原庙，为自己的皇后建原庙，而不为其母建原庙，显然与礼不符，因此，乾隆帝不在寿康宫供奉孝圣宪皇后御容，也一并撤销了长春宫悬挂孝贤纯皇后御容的惯例。

雍正帝建立的寿皇殿、恩佑寺原庙，专为尊奉康熙帝而建。乾隆帝建安佑宫原庙，是为尊奉雍正帝；建永佑寺原庙，是为尊奉康熙帝，并不涉及太祖、太宗、世祖帝后。此后，恩佑寺、安佑宫、永佑寺一直未供奉他们的御容。乾隆十五年（1750）五月，乾隆帝虽将体仁阁供奉的太祖、太宗、世祖圣容及列后圣容迁到寿皇殿，但他们的供奉礼遇远远比不上康熙、雍正两代帝后，其神御与孝诚仁皇后已降列后都是每年除夕悬供，正月初二日收藏。乾隆帝之后，一样尊奉了寿皇殿神御供奉差等制度。

此外，寿皇殿清朝列帝祭祀礼仪，也有明显的差等制度。乾隆朝的礼仪制度和礼仪惯例无疑是后世皇帝奉行的标杆。对待前世皇帝，乾隆帝尊崇其父、其祖两代，而对辈分隔三代的曾祖顺治帝、高祖皇太极及五世祖努尔哈齐，则礼节明显减杀。每当康熙帝忌辰、诞辰，乾隆帝均亲自到奉先殿、寿皇殿行礼，

---

1 （清）弘历：《正月十四日作》，《御制诗四集》卷四五，故宫博物院编：《清高宗御制诗》（12），第321页，《故宫珍本丛刊》（561）。

而顺治帝以上清帝的忌辰、诞辰，则遣诸王轮流恭代："盖祀事常仪，应有限制。是以恭遇忌辰、诞辰，亲诣行礼之处，近逮祖考，而曾祖以上，则遣诸王恭代，具有等差。"[1] 嘉庆四年（1799）十一月丙寅（十二日），嘉庆帝向内阁发布谕令，安排寿皇殿圣祖忌辰祭祀礼仪[2]，康熙帝于嘉庆帝为曾祖，若嘉庆帝亲自到奉先殿行礼，"则视皇考恭遇世祖章皇帝忌辰、诞辰，遣代之礼，为有过之"。但嘉庆帝认为，因寿皇殿从康熙帝开始供奉神御，可以例外，且寿皇殿与圆明园之安佑宫一样，"密迩宫庭，较之奉先殿之崇祀列圣者，又有不同"，于是，嘉庆帝决定，康熙帝忌辰，自己亲自到寿皇殿行礼，并定下礼制：

> 遇祖孝忌辰、诞辰，必亲诣奉先殿行礼。至曾祖以上，则于奉先殿应遣恭代。其寿皇殿及圆明园之安佑宫，自圣祖仁皇帝以后，万世供奉，每遇忌辰、诞辰，皆应躬亲展敬。

因寿皇殿遵循"亲亲"的原则，嘉庆帝只在圣祖、世宗、高宗的忌辰、诞辰行礼。生活于乾、嘉、道之际的宗室昭梿记述寿皇殿神御供奉时只提到了康、雍、乾三帝："寿皇殿尊奉仁皇帝、宪皇帝、纯皇帝御容，凡遇圣诞及忌辰，皇上躬率诸皇子及近支王，展谒行礼，其岁时奠献，一如事生仪。"[3] 这两则材料可互证。但到了咸丰朝，康熙帝于咸丰帝已是五代祖，从血缘关系上说已经"亲尽"，则此时尊奉康熙帝已属于"尊尊"的范畴，因此，咸丰朝及以后的光绪朝、宣统朝，寿皇殿原庙祭礼"尊尊""亲亲"两原则同时发挥作用。

1　《仁宗睿皇帝实录》卷五四，《仁宗睿皇帝实录》影印本（1），第702页，北京：中华书局，1986年。

2　《仁宗睿皇帝实录》卷五四，《仁宗睿皇帝实录》影印本（1），第702页，北京：中华书局，1986年。

3　（清）昭梿：《啸亭杂录》卷八《内务府定制》，第227页，北京：中华书局，1980年。

第八章 清代养心殿东佛堂祭祖

康熙帝去世后,雍正帝将康熙帝及自己的生母孝恭仁皇后的神牌(神主)供奉在养心殿东佛堂,东佛堂因此具有了皇帝宗庙的功能。

本书上一章《清代皇帝原庙制度》对养心殿祭祖研究稍有涉猎,本章在全面搜罗资料的基础上,对清代养心殿祭祖做专题研究。

第一节　养心殿东佛堂帝后神牌升祔制度

养心殿东佛堂位于养心殿东配殿,一共有五间[1],清朝入关以后,顺治皇帝的寝宫除位育宫(即保和殿)、乾清宫之外,养心殿也是寝宫之一,其东配殿功能不明。康熙时期,养心殿的功用从寝宫向多元发展,养心殿东次间是养心殿造办处的工作场所,养心殿东西两旁甚至后殿也可能是工作场所。[2]到了雍正朝,养心殿东西配殿作为佛堂[3],东佛堂还作为供奉帝后神牌的原庙。

(一) 养心殿东佛堂升祔的帝后

康熙六十一年(1722)十一月十三日,康熙帝驾崩,雍正帝在与诸兄弟争夺皇位的惨烈斗争中胜出。因康熙帝传位雍正帝的遗诏存在争议,雍正帝便通过格外尊崇康熙帝的方式,宣示其继位合法性。首先是崇庙号,尊康熙帝为圣祖。其次是建原庙,将康熙帝经常临幸的景山寿皇殿、恩佑寺(由畅春园清溪书屋改建而成)升为供奉康熙帝御容的原庙。然后是厚葬,雍正帝以极为隆重的丧礼,土葬康熙帝,使其成为清代第一位土葬的皇帝。最后是

1　1923年,因养心殿东西佛堂渗漏,营造司为申领维修经费而呈文,"据画匠房库掌宝义呈称:宣统十四年七月初一日由堂抄出,总管阮进寿传旨:养心殿东西佛堂渗漏。钦此。等因。传出遵此踏勘。得养心殿东佛堂五间,头停渗漏,瓦片缺欠不齐。拟东佛堂头停添加陇捉节,找补瓦片,屋内糊饰顶棚。"(内务府营造司:《为支领修理养心殿佛堂等处活计所需银两事》,中国第一历史档案馆藏《内务府呈稿》,编号05-08-033-000022-0009)从这则档案可知,养心殿东佛堂一共有五间。

2　参见郭福祥:《康熙时期的养心殿》,《故宫博物院院刊》2003年第4期。

3　养心殿东佛堂名为佛堂,除供奉帝后神主外,也是供佛的。如嘉庆四年(1799)五月初九日总管梁进忠传旨:"养心殿东佛堂供二堂,供桌上现安五供二分,内配铜台鋄画彩拗金苓芝花画龙蜡。钦此。"[(清)内务府造办处:《油木作为实销成做养心殿东佛堂供佛应用楠木硃油五彩拗金蜡等买办桐油等项共用工料银两事等》,中国第一历史档案馆藏《清内务府呈稿》,编号05-08-030-000052-0088]道光十九年(1839)十二月十一日,哲布尊丹巴呼图克图等十人入觐,"御乾清宫西暖阁召见,跪请圣安,赐座慰。赐茶毕,奕纪、赛尚阿引哲布尊丹巴呼图克图并章嘉呼图克图、噶勒丹锡呼图呼图克图等三人,至养心殿东西佛堂瞻拜,并养心殿明殿念经毕,出中正殿门,中正殿等处瞻拜。"(《道光朝起居注》卷五八)这都是养心殿东佛堂供佛的明证。

尊遗迹，雍正帝以不忍动用先皇遗物为由，将皇帝处理政务及起居之所，从乾清宫移至养心殿。

为了能在养心殿随时祭拜康熙帝，雍正帝将养心殿东配殿建为佛堂，供奉康熙帝以及雍正帝生母孝恭仁皇后神牌。目前尚未发现雍正朝在养心殿东佛堂供奉康熙帝后牌位的相关史料，嘉庆元年（1796）十二月初三日，乾隆帝对此事做了间接交代：

> 雍正年间，于养心殿东佛堂佛龛之右，供奉圣祖仁皇帝、孝恭仁皇后神位。原以庙享岁有常期，而宫闱近地，可以朝夕顶礼，以抒思慕之诚。[1]

根据乾隆帝的转述，雍正帝在养心殿东佛堂供奉圣祖仁皇帝、孝恭仁皇后，是为了"可以朝夕顶礼，以抒思慕之诚"，表达对康熙帝无限的崇敬（图8-1）。

图 8-1　养心殿外景

---

1 《高宗纯皇帝实录》卷一四九五，《高宗纯皇帝实录》影印本（19），第 1021-1022 页，北京：中华书局，1986 年。

雍正帝继位后，在兴建景山寿皇殿、畅春园恩佑寺原庙，供奉康熙帝御容的基础上，又在养心殿东佛堂供奉康熙帝后神牌，且紫禁城奉先殿也供奉康熙帝神牌，而奉先殿也是"宫闱近地"，也可以"朝夕顶礼"。顺治帝十三年（1656）十二月戊戌（二十五日），顺治帝仿明制，下诏在景运门东北建奉先殿，有"至于晨昏谒见，朔望荐新，节序告虔，圣诞忌辰行礼等事，皆另建有奉先殿"[1]之语，与雍正帝兴建养心殿东佛堂"朝夕顶礼"，何其相似！这只能说明，养心殿东佛堂供奉圣祖帝后，在礼制上是一种过于尊崇之举。其实雍正帝也知道，他推行的一系列尊崇康熙帝的措施中，某些措施明显违背了礼制，如在雍正四年（1726），康熙帝三年大丧礼结束，雍正帝要求以后每当康熙帝忌辰，遵照三年大丧礼的规制举行祭祀活动，并恭读祝文。雍正帝知道这违背了礼制，"至与旧制相合与否，朕皆不遑计及"，并规定此后不得奉为成规，"此礼亦惟朕躬特行之于我皇考，后世子孙不得奉为成例"。[2]

或许雍正帝在养心殿东佛堂供奉圣祖帝后神牌，只是一项临时性的措施，但乾隆帝将其上升为祖制，不仅在养心殿东佛堂供奉世宗帝后神牌，还要求后世子孙，遵循这项成例："是以朕登极后，即遵照成法，亦于右次添供皇考世宗宪皇帝神牌，丁酉年，复供奉孝圣宪皇后神牌于一龛。此系皇考不匮孝思之所创设，我子孙自当永远遵守。"[3]

嘉庆四年（1799）正月初三日，乾隆帝去世，初六日，嘉庆帝发布御旨，转述了他在嘉庆二年（1797）十一月初六日，乾隆帝对其神牌在养心殿东佛堂升祔的安排：

将来万万年后，应敬将圣祖仁皇帝、孝恭仁皇后神牌移供寿皇殿，再敬将世宗宪皇帝、孝圣宪皇后神牌移供于西龛之东，嗣皇帝敬奉考妣神牌供奉于西龛之西。钦此。朕祗聆面训，谨志弗忘。[4]

---

1 《世祖章皇帝实录》卷一〇五，《世祖章皇帝实录》影印本，第 820 页，北京：中华书局，1985 年。
2 《世宗宪皇帝实录》卷四七，《世宗宪皇帝实录》影印本（1），第 712 页，北京：中华书局，1985 年。
3 《世祖章皇帝实录》卷一〇五，《世祖章皇帝实录》影印本，第 820 页，北京：中华书局，1985 年。
4 《仁宗睿皇帝实录》卷三九，《仁宗睿皇帝实录》影印本（1），第 459 页，北京：中华书局，1986 年。

乾隆帝要求其去世后，将圣祖帝后神牌移供寿皇殿，将雍正帝、孝圣宪皇后神牌移供于西龛之东，嘉庆帝再将乾隆帝及嘉庆帝生母孝仪纯皇后神牌供奉于西龛之西。根据乾隆帝的新安排，嘉庆帝下令："即着祇造皇考高宗纯皇帝、皇妣孝仪纯皇后神牌，涓吉供奉于西龛之西，用昭妥侑。"[1] 完全遵从了乾隆帝的遗愿。

嘉庆二十五年（1820）七月二十五日，嘉庆帝在避暑山庄去世，八月初九日，道光帝发布谕旨：

养心殿佛堂供奉考妣神牌，嘉庆二年恭奉皇祖敕旨每代递迁。四年，皇考大行皇帝钦遵奉移圣祖仁皇帝、孝恭仁皇后神牌于寿皇殿。奉移世宗宪皇帝、孝圣宪皇后神牌于西龛之东，高宗纯皇帝、孝仪纯皇后神牌于西龛之西，朕祇循成法，不敢有踰，应敬请世宗宪皇帝、孝圣宪皇后神牌奉移于寿皇殿，敬请高宗纯皇帝、孝仪纯皇后神牌奉移于西龛之东，俟恭上皇考、皇妣尊谥后，祇造神牌，蠲吉供奉于西龛之西，用昭妥侑。所有一切派员奉移各事宜，着该衙门敬谨豫备，其圆明园安佑宫亦敬谨照此恭移安奉。钦此。[2]

道光帝根据祖制，将高祖雍正帝、孝圣宪皇后神牌奉移于寿皇殿，祖父乾隆帝、孝仪纯皇后神牌移到西龛之东，将嘉庆帝及道光帝生母孝淑睿皇后神牌升祔到西龛之西。

道光三十年（1850）正月十一日，道光帝崩于圆明园慎德堂。咸丰二年（1852）十月初二日，咸丰帝向内阁发布御旨：

养心殿东佛堂、圆明园殿均应供奉皇考宣宗成皇帝、皇妣孝全成皇后神牌，所有涓吉恭制并一切应行事宜，着该衙门敬谨豫备。钦此。[3]

1　《仁宗睿皇帝实录》卷三九，《仁宗睿皇帝实录》影印本（1），第459页，北京：中华书局，1986年。
2　中国第一历史档案馆编：《嘉庆道光两朝上谕档》（25），第347页，桂林：广西师范大学出版社，2000年。
3　中国第一历史档案馆编：《咸丰同治两朝上谕档》（2），第350页，桂林：广西师范大学出版社，1998年。

图 8-2　供奉在东佛堂的道光帝及孝全成皇后神牌

这一道谕旨，没有明确说明咸丰帝的高祖辈乾隆帝、孝仪纯皇后神牌是否奉移到寿皇殿，只安排了其父道光帝、其生母孝全成皇后神牌升祔养心殿东佛堂（图8-2）。

咸丰十一年（1861）七月十七日，咸丰皇帝病死于避暑山庄烟波致爽殿，但《实录》和《上谕档》都未记载其神牌升祔养心殿东佛堂。同治十三年（1874），同治帝染上天花，于十二月初五日死于养心殿东暖阁。但同治帝神牌在其去世后并未立即升祔养心殿，而是光绪帝驾崩后于宣统年间升祔，究其原因，养心殿东佛堂供奉的是当朝皇帝的祖辈与父辈，而同治帝去世后继位的光绪帝，与同治帝宗统辈分同辈。

光绪三十四年（1908）十二月二十一日，光绪帝去世，二十二日，慈禧太后去世。宣统二年（1910）十月二十三日，摄政王载沣面奉隆裕皇太后懿旨：

> 明年二十七月除服后，养心殿东佛堂应供奉孝钦显皇后神牌、穆宗毅皇帝神牌、孝哲毅皇后神牌、德宗景皇帝神牌，着造办处查照成案，敬谨恭制，其一切应行恭办事宜，并着该衙门届时查照成案，敬谨办理。钦此。[1]

据隆裕皇太后旨意，慈禧太后、同治帝、孝哲毅皇后、光绪帝等四人神牌一同升祔养心殿东佛堂。

（二）咸丰帝神牌没有升祔养心殿东佛堂

宣统二年（1910）十一月二十七日，准备升祔慈禧太后、同治帝后以及光绪帝的神牌于养心殿东佛堂，摄政王载沣面奉隆裕皇太后懿旨，率同司员前往养心殿东佛堂查勘："所有先供神龛一座，计两间……梓龛一座……神牌一座。"[2] 载沣等人在养心殿东佛堂只看到了一个神牌。根据礼制，这里供奉的神牌应该是当朝皇帝的祖辈和父辈。因宣统朝慈禧太后等人神牌还没有升祔进来，所以，载沣看到的是光绪朝的供奉陈设，而光绪帝和同治帝辈分一样，

1 中国第一历史档案馆：《光绪宣统两朝上谕档》（36），第418页，桂林：广西师范大学出版社，1996年。
2 （清）内务府造办处：《为恭制养心殿东佛堂供奉孝钦显皇后等位神牌呈报尺寸图式，由懋勤殿篆书庙号事等》，中国第一历史档案馆藏《清内务府来文》，编号05-13-002-000375-0111。

所以，这也是同治朝的祭祀陈设。同治帝的祖辈是道光帝、孝全成皇后，父亲咸丰帝，其生母慈禧太后尚未去世，所以，从理论上说，同治朝养心殿东佛堂供奉的是道光帝、孝全成皇后和咸丰帝神牌。那么，载沣所看到养心殿东佛堂唯一的神牌是谁的呢？

道光帝崩逝后，咸丰帝明确下旨"养心殿东佛堂、圆明园殿均应供奉皇考宣宗成皇帝、皇妣孝全成皇后神牌"，所以，可以明确道光帝后的神牌升祔了养心殿东佛堂，而且他们的神牌只有在玄孙辈继位后，才会迁到寿皇殿，也就是说，同治朝、光绪朝均应供奉，直到宣统朝才能迁走。宣统三年（1911）正月，慈禧太后、同治帝、孝哲毅皇后、光绪帝神牌升祔养心殿东佛堂时，升祔的前一天，宣统帝"诣养心殿东佛堂行礼跪送神牌"[1]，其实就是将宣统帝的高祖辈道光帝后的神牌迁到寿皇殿，既然有这个迁祧仪式，说明载沣所看到养心殿东佛堂唯一的神牌无疑是道光帝的。这就衍生了两个疑问，先前道光帝孝全成皇后神牌为何撤走？咸丰帝神牌为何不升祔养心殿东佛堂？

孝全成皇后的神牌为何从养心殿东佛堂撤走，目前尚未看到相关佐证资料。而咸丰帝神牌未升祔养心殿东佛堂之事却不是孤证，如上文所述，清朝皇帝《上谕档》《实录》等都未见咸丰帝神牌升祔养心殿东佛堂的记载，至于为何有这一违背礼制之举，尚待进一步研究。

第二节　养心殿东佛堂帝后神牌迁祧制度

在清代的原庙中，奉先殿与太庙一样，没有迁祧制度，但这会带来一个麻烦，即当后世皇帝去世后，在宗庙中没有祔庙空间，道光年间奉先殿、光绪年间太庙都曾出现过这个问题。乾隆帝虽未对最重要的太庙、奉先殿立下迁祧祖制，但对养心殿佛堂、景山寿皇殿、圆明园安佑宫、避暑山庄永佑寺这些原庙的迁祧制度都做出了安排。

（一）　嘉庆元年乾隆帝规定的养心殿东佛堂帝后神牌迁祧制度

在嘉庆元年（1796）十二月甲戌（初三日），乾隆帝发布谕旨，规定养心

1　中国第一历史档案馆：《宣统帝起居注》，第594页，桂林：广西师范大学出版社，2006年。

殿佛堂、景山寿皇殿、圆明园安佑宫、避暑山庄永佑寺等原庙施行迁祧制度。其中，考虑到养心殿神龛位置有限，乾隆帝对养心殿东佛堂的迁祧制度做出的安排是：

> 因思养心殿之西佛堂现供之佛，将来朕移居宁寿宫之养性殿时，自应移于养性殿之西配殿。现在养心殿之西配殿，当照此东佛堂一律造龛。将来万万年后，中间佛龛之左右，朕及子孙，皆可依次安设神牌。俟传至朕元孙万年后，再将东佛堂圣祖牌位移于寿皇殿，从此世代递祧，依次移供，可以奉为世守。[1]

　　乾隆帝计划，养心殿之西佛堂供奉的佛像，将来随自己移居宁寿宫之养性殿。养心殿西配殿腾出的空间，照东佛堂制造神龛，他自己的神位及其子、其孙的神牌，分居西佛堂佛龛，加上东佛堂的圣祖帝后及世宗帝后，养心殿佛堂共供奉五代帝后。到了乾隆帝的玄孙辈去世后，则将东佛堂圣祖等牌位依次迁祧到寿皇殿。从这里可以看出，乾隆帝规定了养心殿佛堂帝后神牌的迁祧制度，以维持五亲庙的格局，即从乾隆帝的视角，供奉的是祖父辈康熙帝后、父辈雍正帝后、乾隆帝后、子辈帝后、孙辈帝后。此后，供奉帝后与在位皇帝辈分超过五代，其神主依次迁祧到寿皇殿。

　　对寿皇殿、安佑宫、永佑寺，乾隆帝规定的迁祧制度是：寿皇殿、圆明园安佑宫、永佑寺，康熙帝、雍正帝及其本人不迁祧，九庙满之后，后世皇帝应进入迁祧序列。安佑宫原庙毁于咸丰十年（1860）英法入侵，寿皇殿、永佑寺（绥成殿）虽一直存在，但从康熙帝到光绪帝，寿皇殿、永佑寺共祔庙八位皇帝，此后宣统帝退位，已不可能祔庙，因此，乾隆帝所规定的九庙祔满之后的原庙迁祧制度并未施行。

　　对比养心殿东佛堂与寿皇殿、安佑宫、永佑寺的迁祧，可以发现，养心殿东佛堂供奉神牌的基本思路在于"亲亲"，只是供奉当朝皇帝的上五代帝后神牌，当辈分超过五代后，所有神牌都将进入迁祧序列；而其余原庙的供

1 《高宗纯皇帝实录》卷一四九五，《高宗纯皇帝实录》影印本（19），第1022页，北京：中华书局，1986年。

奉思路是"尊尊"与"亲亲"相结合，寿皇殿等处供奉九代皇帝，是为"九庙"，康熙帝、雍正帝、乾隆帝三代神主永不迁祧，是为"尊尊"，寿皇殿等处"九龛供满时，当由朕以下为始，以次递祧"，即除去康熙帝、雍正帝、乾隆帝三庙永不迁祧，则后面的六庙，随着与当朝皇帝关系超过六代，则依次迁走，是为"亲亲"。

（二） 嘉庆二年乾隆帝对养心殿东佛堂帝后神牌迁祧制度的改变

如上文所述，关于养心殿东佛堂帝后神牌迁祧制度，乾隆帝在嘉庆二年（1797）调整了思路。相对于嘉庆元年的谕旨，乾隆帝新的旨意有两个改变。其一是养心殿西佛堂没有改造成供奉帝后神牌的原庙，是因为他在做太上皇训政期间，并未搬到养性殿居住。养心殿之西佛堂供奉的佛像，没有搬到宁寿宫之养性殿，养心殿西佛堂没有按照东佛堂的规制监造龛位，以供奉帝后神主。其二是乾隆帝要求其去世后，将圣祖帝后神牌移供寿皇殿，则养心殿东佛堂供奉世宗帝后、乾隆帝后，成为供奉当朝皇帝的祖、父的二亲庙，这无疑大大改变了嘉庆元年所规定的养心殿佛堂供奉祖父辈康熙帝后、父辈雍正帝后、乾隆帝后、子辈帝后、孙辈帝后等五庙，此后依次迁祧的规定。

第三节　养心殿东佛堂祭祀礼仪

养心殿东佛堂的祭祖陈设、祭祀礼制，由礼部和内务府共同组织负责。咸丰二年（1852）十月初三日内阁抄出初二日咸丰帝的上谕："养心殿东佛堂圆明园殿均应供奉皇考宣宗成皇帝、皇妣孝全成皇后神牌，所有涓吉恭制并一切应行事宜，着该衙门敬谨豫备。钦此。"这道谕旨抄送到礼部，礼部将任务分派给内务府："查养心殿东佛堂、圆明园殿恭奉神牌之处，应由内务府自行查照办理可也。须至咨者，右咨内务府。"[1] 皇帝将任务交派给礼部，再由内务府具体负责实施。

---

[1] （清）礼部：《为养心殿东佛堂圆明园殿恭奉宣宗成皇帝孝全成皇后神牌之处自行查照办理事致内务府》，中国第一历史档案馆藏《清内务府来文》，编号 05-13-002-000194-0040 。

（一） 陈设

养心殿东佛堂祭祀陈设有神龛、梓龛、神牌和供桌。嘉庆二年（1797）十一月初六日，乾隆帝安排"将来万万年后，应敬将圣祖仁皇帝、孝恭仁皇后神牌移供寿皇殿，再敬将世宗宪皇帝、孝圣宪皇后神牌移供于西龛之东，嗣皇帝敬奉考妣神牌供奉于西龛之西"[1]。世宗帝后神牌移供于"西龛之东"，高宗帝后神牌供奉于"西龛之西"。"西龛之东"和"西龛之西"有两种理解方式，一是他们的神牌以"西龛"为中心，分列于"西龛"之外，是两个独立的神龛。二是他们的神牌分列于"西龛"之内，居于一个神龛之中。根据后来载沣等人到养心殿实地勘察的记述，第二种理解才是正确的。

宣统二年（1910）十一月二十七日，因第二年光绪帝、慈禧太后丧期二十七月除服后，养心殿东佛堂供奉慈禧太后、同治帝、孝哲毅皇后、光绪帝等四人神牌，载沣面奉隆裕皇太后懿旨，"由相关衙门届时查照成案，敬谨办理"，载沣等当即率同司员前往养心殿东佛堂查勘：

所有先供神龛一座，计两间，通高五尺三寸五分，面宽五尺，进深一尺五寸五分。梓龛一座，通高一尺六寸五分，面宽一尺一寸，进深四寸。神牌一座，高九寸六分，宽三寸六分，底座高一寸五分，通高一尺一寸一分。[2]

这一则史料，详细记录了宣统朝之前养心殿东佛堂供奉神龛、神龛内供奉神牌的梓龛、神牌的尺寸大小。载沣等人看到的是神龛一座，而不是两座，该神龛以"西龛"为中心，分成两间（图8-3）。

经过载沣等人实际测量，因为此次要供奉慈禧太后等四人的神牌，人数增多，除慈禧太后神牌按照现供神牌尺寸恭制外，拟将神龛面宽、进深各加添三寸，从两间改为三间，分为明间和两次间，明间里口面宽二尺三寸，两

1 《仁宗睿皇帝实录》卷三九，《仁宗睿皇帝实录》影印本（1），第459页，北京：中华书局，1986年。
2 （清）内务府造办处：《为恭制养心殿东佛堂供奉孝钦显皇后等位神牌呈报尺寸图式，由懋勤殿篆书庙号事等》，中国第一历史档案馆藏《清内务府来文》，编号05-13-002-000375-0111。

图 8-3　养心殿东配殿北稍间的神龛

次间里口面宽各一尺四寸。两次间里的梓龛和神牌的面宽均缩小，梓龛面宽六寸五分，神牌改为宽二寸二分，其余高宽尺寸悉照旧式办理。将本为两间的神龛分为三间，其分配应该是：慈禧太后神牌居明间，同治帝夫妇神牌居东次间，光绪帝神牌居西次间。

　　载洵等实际测量后，为准备慈禧太后等四人神牌升祔养心殿东佛堂，清宫造办处各作各司其职，留下了部分工作档案。通过这些档案，我们可以了解到养心殿东佛堂祭祖陈设的大致情况。

　　神龛分间，其中每个神牌要做一个独立的梓龛，据造办处金玉作档案，宣统二年做养心殿东佛堂供奉慈禧太后等四人神牌的梓龛都要安玻璃："十二月二十六日，今为养心殿东佛堂供奉神龛一座，计三间。内梓龛一座，上安广片玻璃一块，长一尺，宽五寸。梓龛三座，上安广片玻璃三块，长一尺，宽三寸。"[1] 三间神龛，供奉慈禧太后神牌用大的梓龛，玻璃尺寸大。同治帝后、光绪帝所用梓龛小，玻璃尺寸也小。

1　（清）内务府造办处：《金玉作宣统二年养心殿东佛堂神龛上应用玻璃钱粮册》，中国第一历史档案馆藏《清内务府呈稿》，编号 05-08-030-000617-0057。

神龛外檐、槅要做铜活计，养心殿东佛堂供奉慈禧太后等四人神牌所用的神龛，"计三间外檐，槅六扇，上做黄铜镀金荷叶等次活计，黄铜镀金闷荷叶二十四块，各长一寸二分，宽五分，厚三分。黄铜镀金铆钉九十六个，各长六分，径二分"[1]。铜活计数量也不少。

神牌上要写皇帝庙号、谥号等，慈禧太后等四人神牌，"至庙号篆文，应由懋勤殿翰林篆书，武英殿敬谨刊刻"[2]。

神龛前要用楠木供桌。为供奉慈禧太后等四人神牌，"今为养心殿东佛堂供奉神龛一座，上用楠木供桌一张，高三尺一寸，宽五尺三寸，进深一尺二寸"，需要的配件有大边四根、耳牙八块、心板一块、垂边四块、腿子四根、横枨四根、传代四根、楠木榻板一块。[3]

（二） 升祔与迁祧礼仪

清代宗庙升祔神主或神御，有严格的礼仪规定，其中，原庙升祔礼中，最为隆重的是奉先殿帝后升祔礼，寿皇殿、恩佑寺、安佑宫、永佑寺的升祔礼则相对简单。

寿皇殿等相对次级的原庙帝后神牌升祔礼留下相关记载的只有乾隆八年（1743）安佑宫供奉康熙帝和雍正帝的升祔礼。养心殿东佛堂的规制要小于安佑宫，且其地处内廷之地，神牌升祔规格应小于安佑宫。根据乾隆帝定下的养心殿东佛堂神牌供奉礼制，此地只供奉两代帝后，新的帝后神牌升祔，则要迁走当朝皇帝高祖辈帝后神牌于寿皇殿。宣统三年（1911），慈禧太后、同治帝后、光绪帝神牌升祔养心殿，其礼仪为：

宣统三年二月二十七日，上诣翊坤宫皇太后前请安。辰刻，诣养心殿东佛堂行礼跪送神牌，驾还养心殿。二十八日卯刻，上诣养心殿东佛堂行礼跪

1 （清）内务府造办处：《金玉作宣统二年养心殿东佛堂神龛梓宫上做黄铜镀金荷叶钱粮册》，中国第一历史档案馆藏《清内务府呈稿》，编号 05-08-030-000617-0056。

2 （清）内务府造办处：《为恭制养心殿东佛堂供奉孝钦显皇后等位神牌呈报尺寸图式，由懋勤殿篆书庙号事等》，中国第一历史档案馆藏《清内务府来文》，编号 05-13-002-000375-0111。

3 （清）内务府造办处：《油木作宣统二年养心殿东佛堂神龛应用供案钱粮册》，中国第一历史档案馆藏《清内务府呈稿》，编号 05-08-030-000617-0058。

接神牌，诣翊坤宫皇太后前请安，驾还养心殿。[1]

据上文，宣统帝之前的皇帝为光绪帝、同治帝、咸丰帝、道光帝，因光绪帝、同治帝神牌尚未升祔，所以，其跪送的是宣宗道光帝神牌，然后再跪接孝钦显皇后神牌、穆宗毅皇帝神牌、孝哲毅皇后神牌、德宗景皇帝神牌。安佑宫升祔康熙帝和雍正帝神牌要用的龙旗御仗鼓乐，因养心殿东佛堂空间有限，且其礼仪要低于安佑宫，应不会陈设。

（三）　祭祀

皇帝宗庙系统中，太庙礼仪最为隆重、繁琐，主祭者理所当然为天子。因皇帝到太庙祭祀不方便，因此，明代在紫禁城内建立奉先殿，清承明制，继承了奉先殿的祭祀制度，远比太庙祭祀礼仪简便，但每次也要劳师动众。养心殿东佛堂的祭祀礼制未见记载，据嘉庆元年十二月甲戌（初三日）乾隆帝敕谕：

> 雍正年间，于养心殿东佛堂佛龛之右，供奉圣祖仁皇帝、孝恭仁皇后神位。原以庙享岁有常期，而宫闱近地，可以朝夕顶礼，以抒思慕之诚。[2]

从乾隆帝的敕谕可知，雍正帝在养心殿东佛堂供奉康熙帝、孝恭仁皇后神牌，是因为太庙、奉先殿的祭祀有一定常规，不是随时可以去的，而在养心殿东佛堂祭拜，非常方便，可以朝夕参拜。因为可以随时去，祭祀礼仪相对简便，不会像太庙和奉先殿祭祀那样，每次都要大张旗鼓地准备。因此，我们可以推测，养心殿东佛堂祭祀，只需要简单的供品、焚香即可。

第四节　养心殿东佛堂祭祖特点

清代养心殿东佛堂祭祀帝后神主有两个基本特点，即在佛堂中祭祖，祭祀格局为二亲庙。

1　中国第一历史档案馆：《宣统朝起居注》，第594页，桂林：广西师范大学出版社，2006年。

2　《高宗纯皇帝实录》卷一四九五，《高宗纯皇帝实录》影印本（19），第1021-1022页，北京：中华书局，1986年。

（一）　佛堂祭祖

与太庙、奉先殿、寿皇殿祭祖不一样，养心殿东佛堂是在佛堂中祭祖。

佛寺（堂）作为祭祀帝后的原庙，起于宋代。宋真宗景德年间奉安历代帝后御容于禅院，开启了佛堂祭祖的先声。仁宗皇祐年间，仿照汉代郡国庙故事，在滁州、并州等州奉安御容，自后递相沿袭，与太庙典礼略同，因此，作为宋代皇帝原庙的神御殿，每位皇帝往往有多处，如太祖赵匡胤的神御殿有七处："太祖神御之殿七：太平兴国寺开元殿、景灵宫、应天禅院西院、南京鸿庆宫、永安县会圣宫、扬州建隆寺章武殿、滁州大庆寺端命殿。"[1] 其中多处为佛教寺庙。元代神御殿称为影堂，据《元史·神御殿》[2]，元代所奉历代帝后御容，"皆纹绮局织锦为之"。影堂是分散的：世祖、裕宗帝后在大圣寿万安寺，顺宗、仁宗帝后在大普庆寺，成宗帝后在大天寿万宁寺，武宗帝后在大崇恩福元寺，明宗帝后在大天源延圣寺，英宗帝后在大永福寺。元代帝后的御容，也是保存在寺院。

宋代以后，历朝将佛寺作为供奉帝后画像的原庙，一是因为崇佛，佛教传入中国后，虽曾遭受到北魏太武帝拓跋焘、北周武帝宇文邕、唐武宗李炎、周世宗柴荣等灭佛之"三武一宗法难"，但从整体上，无论是作为统治的辅助工具，还是精神信仰，佛教受到帝王普遍的推崇。二是佛寺被视为清净庄严之地，是供奉帝后画像的理想场所。

清代，佛寺（堂）供奉帝后御容也是普遍现象。雍正三年（1725）四月，雍正帝将康熙帝长期生活并驾崩于此的畅春园清溪书屋改建为恩佑寺，并将康熙帝御容供奉于此。乾隆十五年（1750），乾隆帝在避暑山庄"躬度平敞地，规建永佑寺，以奉圣祖仁皇帝御容"，当年开工，第二年秋建成。乾隆十七年（1752）建永佑寺后楼，乾隆十八年（1753）夏竣工，将永佑寺舍利塔的三楹"面塔殿"楼上作为供奉神御之楼。[3] 乾隆二十七年（1762），

1　以上宋代神御殿内容参见（元）脱脱等：《宋史》卷一〇九《礼十二（吉礼十二）·景灵宫神御殿》，《宋史》（8），第2621-2628页，北京：中华书局，1977年。
2　参见（明）宋濂等：《元史》卷七五《祭祀四·宗庙下》，《元史》（6），第1875页，北京：中华书局，1976年。
3　（清）和珅、梁国治等：《钦定热河志》卷七七，影印文渊阁《四库全书》（496），第227页，台北：台湾"商务印书馆"，1986年。

因每年乾隆帝秋季驻跸避暑山庄，而八月二十三日是雍正帝忌辰，乾隆帝思慕斋居，于是奉雍正帝神御于永佑寺东室。至此，永佑寺同时供奉康熙帝与雍正帝圣容。

即使佛堂没有前代帝后御容，在佛堂行礼也可作为祭拜先人的一种方式。乾隆四十二年（1777）二月二十三日，乾隆帝生母孝圣宪太后去世。乾隆四十三年（1778）《正月十四日作》"式礼敢遵神御屡"句注语云：

礼缘义起，予惟恪奉前规，不敢稍有过不及。如寿皇殿向奉皇祖、皇考御容，而皇祖妣、皇妣御容惟于除夕、元旦同列祖列后神御敬奉瞻拜。至圆明园之安佑宫，则祇奉皇祖皇考御容，未及列后，惟养心殿及圆明园之东佛堂，皇考时曾恭奉孝恭仁皇后神位，因亦遵奉圣母神位。至寿康宫虽遵奉慈闱颐庆年久，但其地宜留为万万年奉养东朝所居，奕禩所当敬守，若于此安奉圣母御容神位，何以示垂贻久远之图，是以不敢轻率议加，以协旧典。昨冬恭遇圣诞令辰及兹上元，前日敬诣寿康宫，惟于佛前并瞻仰宝座行礼，以展悲慕之忱。盖礼烦则渎敬，奉本不在乎多，并体古训毋丰于昵之义，斟酌以期于当。又长春宫遇年节向有悬孝贤纯皇后及皇贵妃等影之事，今圣母既不另奉圣容，因令罢长春宫悬像之礼，曾面谕皇子等存记。兹并详识之。[1]

在这道注语中，乾隆帝以"礼缘义起"为准则，列举了寿皇殿供奉皇后御容、养心殿及圆明园之东佛堂等处供奉皇后神位之事，虽然孝圣宪太后长期在寿康宫居住，但寿康宫要留作以后"奉养东朝所居"，汉代"东朝"指长乐宫，为太后所居的宫殿，乾隆帝意为寿康宫以后要作为后世皇太后居所，所以不在此奉安孝圣宪太后的御容。写这首诗的前一年孝圣宪太后的生辰纪念日以及上元节，及写本诗的前一天，乾隆帝到寿康宫纪念母亲，只是到佛前和孝圣宪太后生前坐过的宝座前行礼。佛前行礼，是纪念、祭拜的一种方式。

在这个大背景下，养心殿东佛堂供奉帝后神牌是水到渠成的事情，只不

1　（清）弘历：《正月十四日作》，《御制诗四集》卷四五，故宫博物院编：《清高宗御制诗》（12）《故宫珍本丛刊》（560），第321页，海口：海南出版社，2000年。

过与通常在佛寺（堂）供奉帝后御容不一样，养心殿东佛堂供奉的是帝后神牌，这与最为重要的皇帝宗庙太庙、奉先殿供奉帝后神牌相同。

（二）养心殿东佛堂祭祖是二亲庙格局

在天子宗庙礼制中，庙数制度是一种重要的礼制，《礼记》《仪礼》等先秦典籍均言天子七庙，即同时为七位天子建立宗庙。

养心殿东佛堂供奉的是当朝皇帝的祖父辈、父辈，为二亲庙格局，每一代供奉一帝一后，这直接来源于嘉庆二年十一月初六日的乾隆帝的安排："将来万万年后，应敬将圣祖仁皇帝、孝恭仁皇后神牌移供寿皇殿，再敬将世宗宪皇帝、孝圣宪皇后神牌移供于西龛之东，嗣皇帝敬奉考妣神牌供奉于西龛之西。"[1]

据上文，养心殿东佛堂供奉的先后有康熙帝、孝恭仁皇后（雍正帝生母，雍正帝追封，非嫡皇后），雍正帝、孝圣宪皇后（乾隆帝生母，乾隆帝继位后尊奉为皇太后，非嫡皇后），乾隆帝、孝仪纯皇后（嘉庆帝生母，乾隆帝宣示皇十五子嘉亲王永琰为皇太子时追封，非嫡皇后），嘉庆帝、孝淑睿皇后（道光帝生母，嫡皇后），道光帝、孝全成皇后（咸丰帝生母，道光帝册封，非嫡皇后），孝钦显皇后（非嫡皇后，同治帝生母），同治帝、孝哲毅皇后（无子嗣，嫡皇后），光绪帝。

据此可以看出，养心殿东佛堂供奉帝后神牌采取的是"亲亲"的原则：与清代太庙、奉先殿嫡皇后、继后以及皇帝生母都会升祔太庙，祔庙格局为一帝多后不一样，养心殿东佛堂供奉的一帝一后，配享的皇后，不一定是地位最高的嫡皇后，而是嗣皇帝最为亲近的生母，这与明代太庙只供奉一帝一后，但供奉的是嫡皇后完全不一样。升祔养心殿东佛堂的嫡皇后只有嘉庆帝孝淑睿皇后、同治帝孝哲毅皇后。孝淑睿皇后是道光帝生母，同治帝孝哲毅皇后能够升祔，是因为同治帝没有子嗣，且只有这一位皇后。

第五节 结 语

雍正帝在养心殿东佛堂供奉康熙帝以及雍正帝生母孝恭仁皇后神牌，其

---

1 《仁宗睿皇帝实录》卷三九，《仁宗睿皇帝实录》影印本（1），第459页，北京：中华书局，1986年。

本意可能只是尊奉康熙帝的临时性措施，但乾隆帝将其上升为祖制，不仅在养心殿东佛堂供奉世宗帝后神牌，还要求后世子孙遵循这项成例。

乾隆帝非常注重建章立制，对养心殿东佛堂的制度设计也不例外，但与其他制度往往"一锤定音"不一样，养心殿东佛堂祭祖经历了较大的变化。乾隆帝本计划将养心殿西佛堂也改造为供奉帝后神主的原庙，则东西佛堂可以供奉五代帝后神主。但因为他在做太上皇训政期间，并未搬到养性殿居住，养心殿之西佛堂供奉的佛像，没有搬到宁寿宫之养性殿，养心殿西佛堂没有按照东佛堂的规制监造龛位。因此，乾隆帝改变了养心殿佛堂祭祖的庙数，要求其去世后，将圣祖帝后神牌移供寿皇殿，则养心殿东佛堂供奉世宗帝后、乾隆帝后，成为供奉当朝皇帝的祖、父的二亲庙。

与太庙、奉先殿庄严的祭祀礼制相比，养心殿东佛堂供奉的只是当朝皇帝祖、父的二亲庙，配享的皇后是皇帝亲生祖母和生母，无论是升祔、迁祧礼仪，还是祭祀礼仪都非常简便，不会像太庙和奉先殿升祔、祭祀那样，每次都要大张旗鼓地准备，因此，养心殿东佛堂祭祖对当朝皇帝来说，显得非常亲近。

养心殿东佛堂祭祖还有两个未解之谜，即道光帝孝全成皇后的神牌为何从养心殿东佛堂提前撤走，以及咸丰帝神牌为何未升祔养心殿东佛堂。解决这两个问题需要继续开掘史料，进一步深入研究。

参考文献

经　部

（汉）郑玄注，（唐）贾公彦疏，（唐）陆德明音义：《周礼注疏》，影印文渊阁《四库全书》，台北：台湾"商务印书馆"，1986 年。

（唐）贾公彦：《序周礼废兴》，影印文渊阁《四库全书》，台北：台湾"商务印书馆"，1986 年。

（汉）郑玄注，（唐）孔颖达疏，（唐）陆德明音义：《礼记注疏》，影印文渊阁《四库全书》，台北：台湾"商务印书馆"，1986 年。

（宋）卫湜：《礼记集说》，影印文渊阁《四库全书》，台北：台湾"商务印书馆"，1986 年。

（周）穀梁赤撰，（晋）范宁集解，（唐）杨士勋疏，（唐）陆德明音义：《春秋穀梁传》，影印文渊阁《四库全书》，台北：台湾"商务印书馆"，1986 年。

（唐）陆淳：《春秋集传纂例》，影印文渊阁《四库全书》，台北：台湾"商务印书馆"，1986 年。

（清）陈寿祺撰：《五经异义疏证》，上海：上海古籍出版社，2012 年。

（清）江永：《群经补义》，影印文渊阁《四库全书》，台北：台湾"商务印书馆"，1986 年。

（清）秦蕙田：《五礼通考》，影印文渊阁《四库全书》，台北：台湾"商务印书馆"，1986 年。

（汉）许慎：《说文解字》，北京：中华书局，1963 年。

（晋）郭璞注，（唐）陆德明音义，（宋）邢昺疏：《尔雅注疏》，影印文渊阁《四库全书》，台北：台湾"商务印书馆"，1986 年。

史　部

（汉）司马迁：《史记》，北京：中华书局，1959 年。

（汉）班固：《汉书》，北京：中华书局，1962 年。

（晋）司马彪撰，（梁）刘昭补并注：《后汉书》，北京：中华书局，1965 年。

（唐）房玄龄等：《晋书》，北京：中华书局，1974 年。

（北齐）魏收：《魏书》，北京：中华书局，1974 年。

（唐）魏徵等：《隋书》，北京：中华书局，1973 年。

（晋）刘昫等：《旧唐书》，北京：中华书局，1975 年。

（宋）欧阳修、宋祁等：《新唐书》，北京：中华书局，1975 年。

（元）脱脱等：《宋史》，北京：中华书局，1977 年。

（元）脱脱等：《辽史》，北京：中华书局，1974 年。

（元）脱脱等：《金史》，北京：中华书局，1975 年。

（明）宋濂等：《元史》，北京：中华书局，1976 年。

（清）张廷玉等：《明史》，北京：中华书局，1974 年。

赵尔巽等：《清史稿》，北京：中华书局，1977 年。

《世祖章皇帝实录》，北京：中华书局，1985 年。

《圣祖仁皇帝实录》，北京：中华书局，1985 年。

《世宗宪皇帝实录》，北京：中华书局，1985 年。

《高宗纯皇帝实录》，北京：中华书局，1986 年。

《仁宗睿皇帝实录》，北京：中华书局，1986 年。

《宣宗成皇帝实录》，北京：中华书局，1986 年。

《文宗显皇帝实录》，北京：中华书局，1986 年。

《穆宗毅皇帝实录》，北京：中华书局，1987 年。

《德宗景皇帝实录》，北京：中华书局，1987 年。

《宣统政纪》，北京：中华书局，1987 年。

中国第一历史档案馆编：《嘉庆道光两朝上谕档》，桂林：广西师范大学出版社，2000 年。

中国第一历史档案馆编：《咸丰同治两朝上谕档》，桂林：广西师范大学出版社，1998 年。

中国第一历史档案馆：《光绪宣统两朝上谕档》，桂林：广西师范大学出版社，1996年。

（清）蒋良骥：《东华录》，北京：中华书局，1980年。

（清）朱彝尊：《经义考》，影印文渊阁《四库全书》，台北：台湾"商务印书馆"，1986年。

（清）和珅、梁国治等：《钦定热河志》，影印文渊阁《四库全书》，台北：台湾"商务印书馆"，1986年。

吴晗辑：《朝鲜李朝实录中的中国史料》，北京：中华书局，1980年。

（唐）萧嵩等：《大唐开元礼》，影印文渊阁《四库全书》，台北：台湾"商务印书馆"，1986年。

（唐）杜佑：《通典》，影印文渊阁《四库全书》，台北：台湾"商务印书馆"，1986年。

（元）马端临：《文献通考》，影印文渊阁《四库全书》，台北：台湾"商务印书馆"，1986年。

（明）申时行等重修：《明会典》，王云五主编：《万有文库》，北京：商务印书馆，1936年。

（清）允禄等：《大清会典》（雍正朝），《近代中国史料丛刊三编》，台北：文海出版社，1994年。

（清）张廷玉等：《皇朝文献通考》，影印文渊阁《四库全书》，台北：台湾"商务印书馆"，1986年。

（清）来保等：《钦定大清通礼》，影印文渊阁《四库全书》，台北：台湾"商务印书馆"，1986年。

（清）张廷玉等：《钦定大清会典则例》，影印文渊阁《四库全书》，台北：台湾"商务印书馆"，1986年。

清乾隆朝官修：《清朝通典》，杭州：浙江古籍出版社，2000年。

（清）允禄、蒋溥等：《皇朝礼器图式》，清乾隆三十一年（1766）武英殿刻本。

（清）昆岗等：《钦定大清会典事例》，台北：新文丰出版公司，1976年。

（清）昆岗等：《钦定大清会典图》，清光绪二十五年（1899）重修本。

（清）昭梿：《啸亭杂录》，北京：中华书局，1980年。

（清）梁章钜、朱智：《枢垣记略》，北京：中华书局，1984年。

子　部

（清）顾炎武：《日知录》，影印文渊阁《四库全书》，台北：台湾"商务印书馆"，1986年。

集　部

（东汉）蔡邕：《蔡中郎集》，影印文渊阁《四库全书》，台北：台湾"商务印书馆"，1986年。

（清）玄烨：《清世祖圣祖御制诗文》，《故宫珍本丛刊》，海口：海南出版社，2000年。

（清）弘历：《清高宗御制诗》，《故宫珍本丛刊》，海口：海南出版社，2000年。

（清）奕詝等：《清宣宗文宗穆宗德宗诗文》，《故宫珍本丛刊》，海口：海南出版社，2000年。

（清）汪由敦：《松泉集》，影印文渊阁《四库全书》，台北：台湾"商务印书馆"，1986年。

（宋）朱熹撰，（清）李光地、熊赐履等奉敕编：《御纂朱子全书》，影印文渊阁《四库全书》，台北：台湾"商务印书馆"，1986年。

（明）陈子龙等选辑：《明经世文编》，北京：中华书局，1962年。

（清）葛士濬：《皇朝经世文续编》，图书集成局，清光绪十四年（1888）刊本。

（清）盛康辑：《皇朝经世文统编》，光绪二十三年（1897）武进盛氏思补楼刊本。

资料汇编及研究论著

中国第一历史档案馆编：《御笔诏令说清史：影响清朝历史进程的重要档案文献》，济南：山东教育出版社，2003年。

中国国家博物馆编：《中国国家博物馆馆藏文物研究丛书·明清档案卷·清代》，上海：上海世纪出版股份有限公司、上海古籍出版社，2007年。

王国维：《观堂集林》，北京：中华书局，1959年。

王晖：《商周文化比较研究》，北京：人民出版社，2000年。

杨志刚：《中国仪礼制度研究》，上海：华东师范大学出版社，2001年。

刘源：《商周祭祖礼研究》，北京：商务印书馆，2004年。

刘阳：《昔日的夏宫圆明园：城市记忆·老图像》，北京：学苑出版社，2005年。

郭善兵：《中国古代帝王宗庙礼制研究》，北京：人民出版社，2007年。

王雪萍：《〈周礼〉饮食制度研究》，扬州大学2007届博士生毕业论文。

徐广源、韩熙：《太庙和皇帝的"家务事"》，北京：中国国际广播出版社，2012年。

张玉兴：《明清之际的探索·张玉兴文集》，北京：社会科学文献出版社，2012年。

张玉兴：《评摄政王多尔衮》，《社会科学辑刊》1981年第6期。

刘潞：《清入关后首次宫廷政变》，《故宫博物院院刊》1985年第4期。

梅新林：《〈诗经〉中的祭祖乐歌与周代宗庙文化》，《浙江师大学报》（社会科学版）1999年第5期。

王光尧：《清代瓷质祭礼器略论》，《故宫博物院院刊》2003年第2期。

丁春梅：《中国古代诏书纵横谈》，《档案学研究》2005年第1期。

赵文良：《避暑山庄供奉清帝圣容处所浅谈》，《历史档案》2005年第4期。

李治亭：《多尔衮死因考》，《沈阳故宫博物院院刊》，2006年。

李景屏：《顺治追夺多尔衮》，《文史知识》2006年第4期。

刘鸿武：《紫禁城奉先殿修建概略》，《历史档案》2009年第3期。

[日]楠木贤道：《清太宗皇太极的太庙仪式和堂子——关于满汉两种仪式的共处情况》，《清史研究》2011年第1期。

后记

　　2006年，我从首都师范大学文学院戏剧戏曲学（古代文学）专业硕士研究生毕业后，入职故宫博物院，转眼间已有15年了。

　　紫禁城之历史、建筑、文物，博大精深，包罗万象，在这里的时间越久，就越感觉到对紫禁城的未知远远大于已知。我所能做的，就是踏踏实实抓住一个点深入研究。

　　2013年，我申报了故宫博物院院级课题"清代皇帝宗庙制度研究"。皇帝宗庙，是皇帝家事与国政的连接点，汇聚了帝统与宗统的延绵。研究皇帝的宗庙制度，可以把握一个王朝的气象与盛衰。

　　皇帝宗庙制度发轫于商周时期，以后历代历朝，宗庙制度在总体稳定的基础上各有损益，在清代成为绝响。研究清代皇帝宗庙制度，首要的工作就是梳理历代皇帝宗庙制度变迁，其工作量可想而知。不过，皇帝宗庙制度从商周开始就形成了基本的范式，如庙数制度、迁祧制度、昭穆制度，颇似理工科的科学原理，掌握了这些范式，就掌握了理解皇帝宗庙制度的钥匙。

　　研究的过程中必须全身心地投入，有付出总有收获，在本论题推进过程中，我就一个一个论题，撰写了系列论文，并陆续发表，最后的成果汇集成了《清代皇帝宗庙制度研究》这本书。本书编辑过程中，经专家、责任编辑、作者的反复推敲，修订了原发表文章的多处错误，删除了重复内容，增添修改了部分文字，以使各章节之间构建合理的逻辑顺序与呼应关系。

　　每每坐在电脑前，翻开书本，敲击键盘，总有一种踏实而平和的感觉，而在我身后，总有家人与领导、师友的关爱。感谢对我寄予厚望并养育我的父母，感谢含辛茹苦的妻子，感谢给予我学术源泉的导师左东岭先生，感谢国家清史编纂委员会副主任朱诚如先生在百忙之中为本书作序，感谢故宫博物院任万平副院长、赵国英副院长、张荣馆长、宋玲平处长、左远波编审、赵中男编审、刘舜强研究馆员、沈欣研究馆员的指导和帮助，感谢北京市劳动人民文化宫邓骁先生的协助，同时也感谢故宫出版社编辑熊娟女士等为该书出版付出辛勤劳动的同仁。

张小李

2021 年 12 月 1 日

于紫禁城寿安宫

图书在版编目（ＣＩＰ）数据

清代皇帝宗庙制度研究 / 张小李著 . -- 北京 : 故宫出版社 , 2022.2
（紫禁书系 / 宋玲平主编）
ISBN 978-7-5134-1447-0

Ⅰ . ①清… Ⅱ . ①张… Ⅲ . ①祭祀遗址—研究—中国—清代 Ⅳ . ① K878.64

中国版本图书馆 CIP 数据核字 (2021) 第 234645 号

紫禁书系/ 宋玲平主编

清代皇帝宗庙制度研究

著　　者：张小李

出 版 人：章宏伟

责任编辑：熊　娟

装帧设计：王　梓　杨青青

责任印制：常晓辉　顾从辉

出版发行：故宫出版社

　　　　　　地址：北京市东城区景山前街4号　邮编：100009
　　　　　　电话：010-85007800　85007817
　　　　　　邮箱：ggcb@culturefc.cn

印　　刷：天津图文方嘉印刷有限公司

开　　本：787毫米 × 1092毫米　1/16

印　　张：14

字　　数：235千字

版　　次：2022年2月第1版
　　　　　　2022年2月第1次印刷

印　　数：1-1000册

书　　号：ISBN 978-7-5134-1447-0

定　　价：96.00元